新装

アニミズムという希望

講演録　琉球大学の五日間

山尾三省 著

野草社

アニミズムという希望――目次

第一話——土というカミ

アニミズムについて

今日から五日間、一日に九十分を三コマですから、四時間半ずつ五日間お話をするわけですが、通しのテーマとしては、アニミズムということを頭に入れてというか、胸に置いて考えていてください。アニミズムという言葉は、ご存じの方もたくさんいらっしゃると思うんですけれども、アニマという言葉がその源なんですね。ラテン語のアニマ（anima）。アニマというラテン語の意味は、生命あるいは命、あるいは精霊、霊魂。霊魂という意味がいちばん強いかもしれません。自然の万物の内には、このアニマが宿っている、精霊あるいは霊魂が宿っているという考え方がアニミズムというものなんですね。

ですから、宗教史的に見れば、宗教のいちばん最初、そもそもの始まりというのは、アニミズムから出てくる。アニミズムからやや展開してシャーマニズムになる。この琉球地域の風土の中で、現在でも力を持っているノロやユタと呼ばれる方達の存在は一般的にいえばシャーマニズムという範疇《はんちゅう》に入るだろうと思うんですけれども、そのシャーマニズムに発展して、その後でやがてユダヤ教とかキリスト教とかイスラム教とか仏教であるという、いわゆる民族的な世界的な大宗教に発展してきたというのが、従来の発達宗教史観なんです。宗教もまた発達していくという見方だったわけです。

ですけど、これはもう文明全般にしてもそうですけども、何かが発展する、進歩するのが万全の価値であるという考え方というのは、最近はあまりはやらなくなってきましたね。はやらないといったらおかしいですけども、ぼくは進歩が善であるというふうにあまり考えてないんです。

特に今世紀の後半以後、哲学的には実存主義や構造主義がはやりだしましたが、そのような立場に立ってみると、たとえばぼくが現在住み、暮らしている屋久島という島があって、そこにある種の文化・文明があるわけですが、その文化・文明とたとえばヨーロッパやアメリカという文化・文明とではどちらが優れているかということを考えるのは、あまり意味のないことです。ミクロネシアなりメラネシアなりの島の文化が、ヨーロッパの文化と比べて劣っているという見方をするのが発達文明史観ですが、そういう文明史観に対して反省が起こって、どのような文化あるいは文明も、価値としては同じなんだという考え方が一般的になってきたと思います。七〇年代以降は、それが世界の思想の主流になってきているわけですけれども、宗教観においてもそれは同じです。ですから仏教であるとかキリスト教であるとかイスラム教、そういういわゆる大宗教がもっとも進んだ宗教で、シャーマニズムのような、あるいはこれから展開していくアニミズムというような宗教はいちばん遅れた、つまりもっとも劣った宗教形態であるという考え方は、もう進歩主義学者達の過去の幻想になりつつあるんです。

いずれにしても、アニマというひとつの概念、精霊・命・霊魂、そういうものをテーマにして、これから五日間の話をしていきたいと思っております。

それにはいろんな理由があるんですけども、ひとつには、日本の神道というのはアニミズムというものに立脚している宗教です。日本の神道については、またお話することがあると思いますけども、沖縄あるいは奄美、屋久島も含めて、いわゆる南西諸島と呼ばれている風土にいちばん息づいている宗教といいますか、宗教と呼ぶのが嫌いであれば、息づいている生活形態、文化といいますか、それはアニミズムというものに基づいているとするのが、適当ではないかと思うからなんです。

具体的なことを申しますと、皆さんは琉球大学で勉強してらっしゃるわけですが、この島でフクギと呼ばれている木がありますよね。フクギを知らないという方、もしかしていらっしゃったらちょっと手を挙げてくれませんか。——ということは、五、六人以外の方はすべてフクギを知っている。フクギという、漢字表記をすれば幸福の福と木と書くんだと思いますが、そのフクギの大きな木が那覇市内にもたくさん自生しているし、庭木としても植えられている。一年中葉が落ちないで青々としている照葉樹です。そのフクギがどこにでも見られる沖縄の風景というのは、この地域における生活の内実というものと分かちがたい関係を結んでいるんですね。普段は意識していないかもしれないけども、フクギという植物が家の庭なり、あるいは街にあふれているということの中で、限りない豊かさを知らないうちにぼく達は受けているわけです。

ぼくはお隣の鹿児島県の屋久島という島に住んでいますが、その島は杉が大変よく知られています。原生林に入っていって、天然の巨大な杉があちこちに見られる奥岳へ行けば、ただそれだけで、何かあるもの、を与えてもらえます。何ともいえないいい気持といいますか、深い気持といいますか、力感といいますか、そういうものを与えられます。そういうことが日本および世界のどこの地域に行っても、それぞれの風土に無限に秘められているわけです。そういう事物が世界には無限に存在しているんですね。それを森羅万象といいます。森羅万象の中には、生命として、精霊として、霊魂としてのアニマが宿っています。そういう原初心性としての感受性をアニミズムというんですね。森羅万象のうちにはアニマが宿っているという考え方をアニミズムといいます。

もうひとつアニマという言葉に関していいますと、これはユング（一八七五〜一九六一年）の心理学、ユングという人は深層心理学、あるいは潜在意識界からの心理学という分野を探った人ですけども、この人が提出した重要なコンセプトの中に、アニマという言葉とアニムス（animus）という言葉の二つがあります。これは二十世紀の出来事ですから、そんなに昔のことではないんですが、ユングの心理学においては、男性の潜在意識のうちに宿っている女性的なものへの憧憬の原理をアニマと呼びます。一方で女性の潜在意識のうちに宿っている男性的なものへの憧憬の原理をアニムスといいます。アニマとアニムスは、両性の意識の潜在場所にあって、現代でいえばＤＮＡレベルの基層にあって、生命の展開を祈願しているんですね。

アニマという言葉の中には、そういう意味もあります。原初的には、精霊、命、霊魂という意味ですけども、二十世紀に入ってユングがアニマないしはアニムスという概念を付け加えたことによって、その言葉の意味がかなり膨らんできたということですね。

ついでに言いますと、もう皆さんはアニメーションで育った世代ですから、何らかの意味でアニメの影響を受けていると思います。このアニメーションというのはもちろんこのアニマから来ていますね。たくさんの絵のコマをつないで生きているがごとくに画像を構成するわけですから、アニメーションというのは、生命なり霊魂を付与された画面ですね。ですから、アニメーション世代の皆さんは、アニマというものと深いところでつながっているともいえます。現代に再生されたアニマの世界、それが宮崎駿さんに象徴されるアニメーションという方法論なのだと思います。

ぼくも宮崎駿さんのように映像としてアニマの世界をお伝えできるとよいのですが、自分としては詩を読むという方法、方法といいますか詩を読むという行為において、それをお伝えしていこうと思っています。今日の資料として、お手元に配ってあるのは三篇ですけども、他にもたくさん詩を読ませていただきます。そしてその詩の解説をしたり背景を探ったりしながら、アニミズムという話を進めていこうと思っています。

歌の起源

詩の朗読に入る前に、詩そのものについてですね、詩ということについて、とても大事なことがあるので、それをお話しします。

白川静先生は象形文字としての漢字がどういうふうにして造形されてきたかという漢字の起源学が専門の方なんですが、その方が書いた『中国古代の民俗』という、講談社の学術文庫から出ている本があります。この本の中に、歌の起源ということが書いてあります。詩歌の起源ですね。その部分を最初にちょっと読ませていただきます。

　歌謡の原質が、本来呪的なものであったことは、すでに『中国古代の文化』第六章「歌舞と遊芸」の一において述べた。文字学的にみると、歌とは、神に祈ってそのことの実現を強く責め求めること、すなわち呵責することを原義とするものである。

呵責《かしゃく》する。神に向かって何々してくれ、何々してほしいという形で訴え責める。それが歌の基である。この呵責の呵が詩歌の歌という文字を構成している源なんですね。歌によって呵責して神からの恵みをかち取るのが歌の起源だというふうに、白川先生はおっしゃっております。もう少し読んでみますね。

謡も肉を供えて祈るときの「稱《たた》へ言《ごと》」をいう。おそらくその声は、特殊な抑揚とリズムをもつ、いわゆる般若声のようなものであろう。

ここまでが漢字における歌謡という文字の解釈なんですが、次にはこれをウタ、日本語のウタに移して考察されているんです。それについてこういうふうに書いておられます。

国語の「うた」も「雄略記」の「……やすみしし わが大君の遊ばしし猪《しし》の病猪《やみじし》の宇多岐《うたき》かしこみ……」、あるいは『播磨風土記《はりまふどき》』託賀郡《たかのこおり》の、阿多加野《あたかの》の名の起源説話に、品太《ほむだ》の天皇のみ狩に、矢を受けた猪が、「阿太岐《あたき》」をなしたという「うたき」「あたき」と関係のある語であろう。神に訴えせまるときの、聖なるものに近づくための特殊な音声である。そのようなときの抑揚や律動が、ことだまとしての機能を高めるものとして、完成されたものが歌である。

雄略天皇が狩りに行くわけですよね。狩りに行って、猪《しし》は鹿を指していると思うんですけども、鹿を矢で射たわけですね。その時に、矢で撃たれた病猪《やみじし》の宇多岐かしこみ、という言葉が出てきて、矢を射たれて苦しんでいる鹿が、天に向かって吠えているといいますかね、ウォーという、生きるか死ぬかの叫び声ですね。そういう叫び声を上げているその様子を〈宇多岐かしこみ〉というふうに表現している。この「ウタキ」というのが日本語の「ウタ」という言葉の始まりではないかというふうに推察されているわけです。

もうひとつ似たようなのが『播磨国風土記』の中に出てくるわけで、こちらは矢を受けた鹿が〈阿《あ》太岐《たき》苦しんだ〉という言葉で出てくる。白川先生が推測されるには、この「うたき」あるいは「あたき」が「ウタ」の原初であろうと。ぼく達が今この言葉から連想出来るのは、雄叫《おたけ》びという言葉ですね。「うたき」「あたき」「雄叫び」。

ここでぼくが何を伝えたいのかといいますと、ウタの原初というのは、そのようなものであったと思いますが、それではぼく達は現代、一九九九年のこの時代に生きていて、猪《しし》が天に向かって叫ぶような、そのような言葉としての「うたき」、あるいは「あたき」、あるいは「雄叫び」を、持っているかということなんです。

もちろん持っているとおっしゃる人もいるかもしれません。それはとても素晴らしいことだと思います。ただここで注意しておかなくてはならないのは、「うたき」「あたき」をすることが、ただネガティヴな叫び声であるばかりでは、ぼく達の人生はあまりにも辛い。本来的には、欠けてあることの自覚、ネガティヴな場から発せられる叫びではあるけれども、やはり嬉しい、楽しい、喜ばしい、幸せだという、言ってみればポジティブな「雄叫び」「うたき」「あたき」も、ウタの内には必然的に含まれてくるわけで、そういうものに迫っていくといいますか、それを自覚していくことが必要です。

ぼくの立場からしますと、詩という言葉、自分のうちにある「あたき」「うたき」「雄叫び」のようなものを、ネガティヴにつけポジティヴにつけ自分の言葉に定着して、それをどこまでも掘り深めていくこと、それが自分の仕事だと思っております。それは誰でも人であり生物である限りにおいては、この「あたき」「うたき」「雄叫び」という原初の感情、原初の生命振動というものを持っているわけですから、これは決して詩の世界だけの特殊な話ではなくて、生きものである限り共通している世界の話だと思います。それであくまでぼくという立場からではあるんですけども、詩を読みながら、これからさらにもっと広いお話をさせていただきたいと考えているわけなんです。

話の前置きが長くてなかなか本題に入っていけないんですが、時間もたっぷりありますので、もうひとつだけ詩の朗読に入る前に大切なことをお伝えしましょう。

この文庫本は『青い花』というタイトルの小説です。十八世紀の末にドイツローマン派というひとつの文学の流れが起こってくるんですけども、その流れを代表する作家でノヴァーリス(一七七二〜一八〇一年)という人がいます。詩人ですね。作家というよりは詩人です。

この『青い花』という作品は岩波文庫に入っています。ぼくが手に入れたのは十年ぐらい前だったですが、当時は絶版で、この文庫本一冊が古本で二千円したんです。友だちに古本屋をやっている人がいたもんですから、もしノヴァーリスの『青い花』が出たら何が何でも手に入れてくれとお願いして、やっと手に入れたんですけども、この本の扉に、作者のすごい言葉が書いてあります。黒板に書きますから、筆記用具を持っていらっしゃる人はぜひともこれだけは写してください。

すべて詩的なものは童話的でなければならぬ。
真の童話作者は未来の豫言者である。
あらゆる童話は到るところにあってどこにもない、かの故郷の世界の夢である。

こういう前書きを書いて小説を書きはじめる人はすごいと思いますね。この前書きが欲しくて、実はこの本を手に入れたんですね。言葉というものは、たった一行であっても、もし自分の胸に、あるいは魂に、ぐっと入り込んでくる言葉というものがあれば、それはそれだけで、たった一行で、一生の宝物になります。一行、ただ一行の真実を言葉に出来たらその人は詩人ですよね。ということは、誰でもただ一行の真実の言葉を書くことが出来るんです。そういうことを「童話」という言葉が示し現わしています。

たとえばこれが、すべて詩的なものは哲学的でなければならない、というと、哲学が嫌いな人にはもう詩は何の意味もなくなっちゃいますけども、ノヴァーリスにおいては、童話という言葉で来ているんですね。なぜ童話かというと、童話というのは、素朴な命そのものの世界です。素朴な命そのものが、素朴に感受している世界。それを物語るのが真の童話ですから、単純だし嘘がなく、直接に生命に触れていて難しくない。

なぜこの話をここで紹介したかというと、ぼくの詩は難しくないんです。ややこしい詩では決してありません。それでも純粋に素朴ではあり得ないのが残念なんですが、詩といってもいわゆる現代詩人と呼ばれる人達がつくりあげてきた、難解なだけでほとんど意味のない日本の現代詩の流れから、ぼくは別の立場に立つようになりました。ですから詩に対して何が何だか分からないというふうに思っている方がいらっしゃるようでしたら、その考え方はすぐに変えていただけるんじゃないかと思います。ぼくの詩はやさしいんです。誰にもわかる童話のような詩です。

神を求めて泣きなさい

これからの五日間は、『びろう葉帽子の下で』（野草社）という、この詩集から読んでいきます。詩というものは耳で聞くだけでもいいものだと思いますから、あまり詩の朗読というものを耳にされる機会がないと思いますけれども、気持良くなって眠たくなったら眠られてもいいですから、気持を楽にして聞いてみてください。

最初に「川辺の夜の歌」という詩を読んでみます。

　　川辺の夜の歌

私の胸の内で
一人の聖者が神の愛に酔いしれて　涙を流しながら踊っている

涙は両方の眼からあふれて　頬まで流れている
その人の名はチャイタニア

私の耳の内に
一人の聖者が語った言葉が　今なお深く残っている
神を求めて泣きなさい
神を求めて泣きなさい　そうすればお前は神を見ることが出来るだろう
その人の名はラーマクリシュナ

私は白く泡立つ谷川のほとりに住む　ひとりの新しい農夫
夜になると
流れ下る川の音を聴きながら
いつになったらその川の音とひとつになって
涙にくれる日がくるだろうかと
待ちつづけている

こんな詩です。チャイタニアという人は、十五世紀から十六世紀にかけて南インドでヒンドゥー教の一宗派をおこした大変な人なんですが、その人のことはちょっと省くとして、ラーマクリシュナについて説明しましょう。この人はノヴァーリスより八十五年後、一八八六年に五十歳で亡くなった人ですけれども、十九世紀後半のカルカッタを中心に活動して、近現代インドの社会の中では桁外れの聖者として名前を知られている方です。ロマン・ロランがその伝記を書いています。この人との出会いの中で、ぼくは自分の生き方というものを非常に深く決定づけられましたので、ちょっとラーマクリシュナのことについてお話をさせていただきたいと思います。

ある時、ちょうど皆さんと同じぐらいの年齢のナレンドラという名前のカルカッタ大学の学生が、ラーマクリシュナの評判を聞きつけて、その人に会いに行きます。ラーマクリシュナの評判というのは、神人《パラマハンサ》、神の人と書いてパラマハンサというんですが、それは神を実現した人という意味です。ヒンドゥー社会では最高の尊称なんですね。そういう評判の人を、本物かどうか試してやろうと、カルカッタ大学の優秀な学生であったナレンドラ（後のヴィヴェーカーナンダ）は出掛けて行ったわけです。出掛けて行って、あなたは神を見たとおっしゃいますけれども、本当に神をご覧になったんですかと、目の前で一対一でたずねるわけですね。

それは若いナレンドラにとって、試してやろうという気持と同時に必死といいますか、本当に真剣そのものの問いかけだったと思うんですが、その時にラーマクリシュナが何と答えたかというと、「はい、私は神を見ました」と答えたんですね。「今あなたを目の前にしているよりも、もっとはっきりと神を見ました」と、ラーマクリシュナは答えている。それは驚くべくことですね。

今ちょっと皆さんが神ということに関してどのぐらい興味がおありかということがつかめませんので、あまりこの話を深く進められないのは残念なんですけども、少なくともぼくなんかが学生時代、皆さんと同じ年齢の頃に、神を見たという人がいたとして、その人に「本当に神を見ましたか？」と聞いて、「はい、見ました」と即座に言われたら世界観が変わるといいますかね、それぐらいのショックを受けると思いますが、ナレンドラの場合もそうだったんですね。ものすごいショックを受けて、すぐ聞き返したわけです。「では、どうすれば神を見ることが出来るのですか」と。その問いに対する答えが、今詩に読んだ言葉なんです。ラーマクリシュナはこう言ったんですね。「神を求めて泣きなさい、夜も昼も神を求めて泣きなさい。あなたが泣くほどに神を求めれば、必ず神を見ることが出来ます」と。

この言葉がぼくの人生を変えてしまったんですね。ぼくの学生時代というのは、サルトルやカミュの無神論的な実存主義哲学が大流行していて、実存主義者であるか、あるいはマルクス主義者でなければ人ではないような時代だったんですけれども、学生生活を終わってしばらくたった頃にラーマクリシュナの言葉に出会ったことによって、もし自分が生きているうちに神を見ることが出来るのであれば、神を見たいという願いに変わってきたんです。

私は東京の神田で生まれたんですが、三十七歳の春まではそのまま東京暮らしをしていました。やがて「神を見よう」と、屋久島へ移り住むことに決めたんですが、そういう生き方を決めてくれたのがこの言葉。

たった一行、この一行ですね。

「神を求めて泣きなさい」。

この一行が私の生き方を導いてくれた最深の詩です。

ただし神ということに関しては、これはなかなか難しいです。今はオウム真理教というような事件がまだ尾を引いている社会ですし、沖縄にもいろいろ宗教的な誘いというものがあると思うんです。何が本当の神かということは、それを見る本人が決めることですから、オウム真理教だけに限らず、すべての宗教世界において常に危なさがつきまといます。「神を見る」ことを願う人は、その神が本当の神であるかを、常に全知性を尽くして検証しなくてはなりません。検証して検証して、その最後に残るものが、真に神と呼ぶにふさわしいものといえるでしょう。このことを神道では「審神《さにわ》」といいます。

そういうことは別として、生きていく上で神と呼べるものを持てるか、持たないかということは、とても大事なことになると思います。もちろん一生を無神論で生きることはそれはそれなりの素晴らしいことだと思いますけれども、もし神や仏の呼び名を持つことができるならば、それはそれでまた素晴らしい人生の過ごし方であることは、これまでの様々な宗教者の歴史が証明しています。あとから話す機会もあると思いますけど、インドにおいていちばん最初に神という概念が出てくるのは、紀元前十一世紀です。『リグ・ヴェーダ讃歌』という書物に出てきますけれども、その神々の歴史はほぼ三千年間も続いているわけです。そういうふうに古くから継承されてきた間違いのない世界というものを自分のものにすることが出来れば、それだけ確かな人生というものを送れると思うんですね。

まあ、そういうことは別に置きまして、ぼくの個人的な体験としては、「神を求めて泣きなさい」という言葉の感動に導かれてここまできました。でもぼくが今いちばん好きな神は「カミ」と片仮名で書くカミですね。漢字の「神」ももちろんぼくの中にありますけども、これは英語で表現すれば

「God」、片仮名のカミは小文字で「god」と表記する神なんですね。

小文字の「god」という英語表記はないんですけども、これはぼくが勝手につくりました。小文字のカミでもいいんですね。人生に慰めを与えてくれるものがカミであり、善いものが何でもカミです。美しいものは何でもカミですし、喜びを与えてくれるものは何でもカミです。それを丁寧にひろっていくと世界の内にはカミガミがあふれている。森羅万象の内には精霊が宿っているというカミガミの世界。そういうところにこの頃ようやくたどり着いてきましたけれども、ラーマクリシュナが「神を求めて泣きなさい」と言ったその神は大文字の神です。

土というカミ

二つ目の詩を読んでみます。「土と詩」というタイトルの詩です。

土と詩

土がそのまま詩であれば
僕は幸福をつかんだのであろう
詩がそのまま土であれば
僕は幸福そのものであろう

だが
土の詩人は疲れて歌うことがない
詩人の土は無言である

幸福はいらない
ただ生きてゆく
ただ生きて心を実現してゆく

土は無限の道場
詩はそこに正座する

今日の午前中は、この講義に出てくださった方に、「土は無限の道場、詩はそこに正座する」という一行をさしあげたいと思います。

二十世紀の文明というのは、主として土から離れていく文明でした。那覇市もそうです。那覇市だけではないですが、すべての都市、すべての西欧的文明世界といいますか、いわゆる先進国といわれている国々や、発展途上国といわれている国々の都市もそうだと思いますけども、この二十世紀という百年をかけて、土から離れていくということを必死に築いてきたと思うんです。それが間違っていたとは思いもせずにですね。それは人間の欲望といいますか、人類の願いだったんですけどね。

たとえば、この季節に蚊が一匹刺せば気持が悪いです。かゆいし、あとで化膿すれば痛いです。まあ蚊ぐらいはなんとかなるんですが、この琉球大のキャンパスにはハブがいるらしいという話を聴いて、ハブに噛まれれば死ぬおそれがあるから恐いです。そういう様々な不快あるいは恐怖というものから離れていこうとするのはひとつの必然ですから、この二十世紀文明の方向が全面的に間違っていたとは思いませんけれども、ひとつの大いなる特徴として、土という根源から私達がこの百年かけてどんどん離れてきたことは間違いない事実です。そしてそのことに、ようやく反省というものが起こってきている。これは当然のことだと思うんですね。

この沖縄本島という海にかこまれた地理的な条件から考えると理解しやすいと思うんですけども、私達人間というのは、陸上生物ですね。陸上生物ということは、土がないと生きられない生物だということです。三十五億年前ですか、初めて海の中で発生した生物が、少しずつ少しずつ変化増殖して、ある時陸に上がろうと決意したわけですよね。陸に上がるということ、陸上生活者になったということの中には、私達はもうとうに忘れてしまってますけども、陸というものが持っている根源性、本当に深く本質的なものがあると思いますね。私達は人という生物であるわけですが、陸上生物のひとつであるということから逃れられないと思うんです。そのことをいつの間にか、この百年の中で私達は忘れかけてきている。もう一度、私達が陸上生物であるということを、取り戻さなければならない時が来ているんじゃないかと思うんですね。

このことに関連して、この時間の終わりとしてもう少しお伝えしますと、今、先進諸国が共同で宇宙ステーションをつくろうとしてますよね。あと三年か五年かそのくらいのうちに、共同の宇宙ステーションをつくろうという計画です。おそらく次の世紀の五十年後、皆さんが七十代前後になった頃には必ずやその宇宙ステーションに旅行するような時代になってくるだろうと思います。百年単位で言えば、もっと広がってその次には火星に行くでしょう。

宇宙ステーションに行く時には、もちろん食料を持っていかなければいけませんね。空気が必要です。水が必要です。そういうものを全部持っていく。そこに一年や二年、三年ぐらい暮らすのだったらそれでもいいと思うんです。だけどそこで十年暮らす、あるいは三十年暮らすということになり、宇宙ステーションというものを暮らす場所、住む場所、あるいは死んでいく場所というふうに長い目で考えはじめた時に、そこに持っていかなければならないものとして、必ず土がくると思うんです。きっと宇宙ステーションに人間が土をもっていかねばならない時がくる。

ということは逆にいえば、人類は莫大な費用と時間をかけて、そこにもうひとつの小さな地球をつくることになります。愚かなことですね。それだったらもともとここにある、この惑星を大切にしたらいい。ですからおそらく人類は、もともとそこに大地というものがある月に行くか火星に行くかあるいは木星に行くか、別の惑星に行ってそこを場として土として、そこで暮らす方法を考えるだろうと思います。宇宙ステーションにはおそらく土は持っていけないいんじゃないかと思うんです。ということは、宇宙ステーションはあくまでも実験的なひとつの場所であるということにならざるを得ないだろうと思います。

場がないと、私達は生きていけません。場という文字は土へんから成り立っていますが、場というものの基本は土なんですね。その土というものを、私達はともすれば忘れがちなんですね。西欧世界ではいちばん最初にギリシャのタレスという人が、紀元前七世紀ですけども、世界の原理は水だと言いました。それはご存じだと思います。その次に出たアナクシメネスという人は、空気がこの世界の源なのだと言いました。その次にヘラクレイトスという人が出て、いやそうじゃなく世界の原理は火だと言いました。この世界は火から成り立っていると。

そして最後で出てきたのがエムペドクレスという哲学者だったんですね。この人はシチリア島のエトナ火山に飛び込んで自殺をしたという伝説を持っている人ですけども、この人が最後に出てきて、水だけでもない空気だけでもない火だけでもない、それに土を加えてその四つの元素によって世界は成り立っているということを主張しました。そのぐらい土というものは見落としがちなものです。いちばん最後に出てくるものですね。

人類が生きてるということの基本は土にあるんだということをお伝えして、つまり土こそはカミの中のカミであることをお伝えして、一時限目の話は終わりにさせていただきます。

第二話——山に向かって

まことの光

午前中は「土は無限の道場、詩はそこに正座する」という言葉を贈ったんですが、ここで詩というのは、生きること、息をすることと同じ意味であると思っているんです。土の上に正座する。それは理論ではないんですね。原理でもないし倫理でもないんです。ぼくの実感で言うならば、それは深い喜びのひとつの形だと思います。陸上生物だから土を大事にしなければいけないという倫理、あるいは理論ではなくて、土の上にあるということが、本来の喜びを私達にもたらしてくれるという自然な事実です。

今日お渡ししている資料のうちから、「歌のまこと」というタイトルの詩を読んでみます。「まこと」という言葉は、最近の日本語の中では評判がよくないといいますか、あまり使われない言葉になってきました。ですけども、ぼくが知っている限りでは、この沖縄という風土の中、この本島から先島《さきしま》諸島にかけて、あるいは北のほうは奄美大島から屋久島・種子島までの南西諸島にかけて、その地域にあっては「まこと」あるいは「まごころ」という言葉がまだ生きている、そういう言葉であると思っています。「まこと」という言葉が生きている風土というのは、じつは最上の人間の社会でして、その意味でもこの地はいい社会であり大学であるというふうに思っています。

歌のまこと

ひとりの男が
まことの歌を胸に探り
この世の究極の山へ登り入った
山は深く
雨さえも降り
実は
淋しい登山であった
同伴者がいなくはなかったが
真の同伴者は
己《おのれ》一人
まことの歌をうたうものでしかなかった

それがまことの歌なのか
まことらしき歌なのか
明確でないところに　この登山の困難があった

ひとりの男が
まことの歌を胸に探り
この世の究極の山へ登り入った
山は暗く
雨さえも降り
実は淋しい登山であった
あたかも
まことの確証はその淋しさの中にこそ在り
樹に花咲く時は
虚《うつろ》なことであるかのようであった

人間というのは、いつも生きているその時その時に、いろんな局面があるわけですけれども、この詩の中では「この世の究極の山へ登り入った」という表現を使っています。「この世の究極の山」というのは、もしかすると、皆さんにとっては今この場所にいることであるかもしれません。琉球大学のこのような場で一年次、二年次、あるいは三年、四年、大学院の方もいらっしゃるかもしれませんけれども、今この大学という場所にあるということは、究極ではないと感じていらっしゃる方がいるかもしれません。究極の場面、シーンですよね。究極のシーンはいつか自分に来るかもしれない、だけど今は、その準備段階だというふうに感じていらっしゃる方がいるかもしれません。ですけど、そうではないんですよね。究極ということは、いつでも今この場にしかないんですよね。ですから今この場が究極の場であり、比喩でいうならば究極の山に踏み入ったということであると思うんです。

その時に「まこと」というものが、「まこと」というのはあくまでも自分の「まこと」ですからね、よその人の「まこと」ではなく自分の「まこと」、それが本来の意味を放ってきます。今はやりの言葉でいえば、アイデンティティ。この言葉は最近はずいぶん使われつくして、むしろ古くなってしまいましたが、アイデンティティという言葉を「まこと」という言葉のルビにして「まこと《アイデンティティ》」とすると、アイデンティティという言葉がいっそう深い意味になります。アイデンティティというのはまことのことなんですね。自己のまこと……。

それを探っていくと、今朗読しましたように、あたかもまことの確証はその淋しさの中にこそある、というふうに感じられることが多いかもしれません。本当に孤独になった時に、まことの光というのは出てくる、輝きだしてくるんだろうと思います。ぼくの経験からしますと、そういう印象です。この孤独というものは、ですから決して悪いものじゃないんです。最近では、孤独ということは、どちらかというとネガティヴなもの、よくないものという風潮があるようですが、孤独の中にこそというか、孤独においてしか見えてこないもの、理解されえないものもあるんです。それが「まこと」に近いものなのか、あるいは「まこと」そのものであるかが判断できるのは、真実の孤独においてなんだと思います。まことというのは自分自身の命の本質そのもののことですから。

けれども、まことには関係性というもうひとつの側面があります。それが同伴者です。同伴者というものが、それなりの力を発揮してくれることはもちろんうれしいことです。同伴者といってもただの友達のほかに、恋人であるとか夫であるとか妻であるとかという形も同伴者のひとつになると思いますけども、その同伴者との関係といいますか、その関係性の中にまことを十分に立てていくという側面があります。ですから、まことをただ孤独の内にのみ閉じこめておく必要はないんですが、この言葉を「真事《まこと》」と漢字で表わして、「真　事《アイデンティティ》」とも表わしていくと、孤独ということは避けて通ることが出来ない。孤独の孤という字は、淋しい字ではありますけども、避けて通ることの出来ないひとつの「まこと」であると思います。このことについてはまた、二、三日後に別の詩を読む時にお伝えしたいと思います。

次に「この道」という詩を読みます。

この道

屋久島の
山に向かって　頭《こうべ》をたれる
海に向かい　掌《て》を合わせる

今　父は
お前とお前の二人の弟と　母さんと共に

この島の　この道を歩いている
この道は父が　父の知識の力と　心の力のすべてをそそぎこんで
父自身とお前達のために選んだ道だ

父は麦ワラ帽子に守られて
鎌を片手に　この夏の野の道を歩く
一人の詩人として　貧しい心の山畑を開く
お前は背番号13を負って
一人の島の中学生として　人間の深淵をのぞき見るかも知れぬ

この道は　帰ることのできない道
お前も　父も　弟達も母さんも　もう帰ることはない道
行きつづけるだけの道だ
だから父は　自分自身へと同じように　お前に
ただ行きつづけることだけを告げる

屋久島の
山に向かって　頭《こうべ》をたれる

これは、いつも読みながら感じるんですけど、先ほどの、この世の究極の山が今この場所であるということと同じように、私は私において、皆さんは皆さんにおいて、それぞれの場を生きつづける以外にないんです。それぞれの場の何かを意味として生きつづける以外にはない。

その何かを、私としては最初に読みましたように、「屋久島の　山に向かって　頭《こうべ》をたれる　海に向かい　掌《て》を合わせる」と表現しているわけです。これはもちろん屋久島だけのことを言っているわけではありません。沖縄にはそれほど高い山はありませんけれども、島内に何百か所とあるはずの御《ウ》獄《タキ》や拝所《ウガンジョ》と呼ばれている森がありますよね。このウタキやウガンジョは、まさに頭《こうべ》をたれる場所であるわけですけども、先ほどの話に戻れば、土から成り立っている。私達陸上生物というものを生み出し支えている土から成る森である。その森というものが持っている根源的な生命に対して拝むわけですよね。それを拝むことは豊かなことです。その周囲には東シナ海といいますか、海が取り囲んでいるわけですけども、その海に掌を合わせるということにつながっていきます。今の時代というのは宗教というものを求める人はあまり多くありません。信仰に入った人はそれなりに活動したりするわけですけども、社会全体としては、科学理論および技術の発達を中心にしたさまざまな要因から宗教というものの価値が下落してしまった。世界的に宗教というものの評価が低くなってしまった時代だと思うんですね。

頭《こうべ》を下げるという行為はちょっと別において、掌《て》を合わせる、ということがあります。こうやって手を合わせるのが合掌という形なんですけども、普段は、ぼく達日本人はもうあまりこういう形をとりません。けれども近頃はやりはじめてきたヨーガの形の中では、その基本になる形がこの合掌なんです。それはどういうことかというと、人間の体は左と右に分かれていて、真ん中に一本の背骨が通っていますね。背骨というものを中心にして左右対称になっているわけです。合掌というのは、その左右に分かれている身心というものを、背骨にそってひとつに合わせる。そうすると、この左手の持っている左側のエネルギーとこちらの右手が持っている右側のエネルギーとがひとつになります。小さい時から私達の中に埋め込まれてきた右、左、あるいは中心という感覚といいますか、意識があるんですね。そのような意識ないし肉体の事実が、合掌という形の中で一つに調和されるんですね。それがヨーガの基本の形になります。

　今皆さんと一緒にこうやって合掌していただいてもいいんですが、そうすると新興宗教の精神講座みたいになるのでやめておきますけども、これから帰られて、もし思い出されたら、ご自分で一人になった時に、試みに正座をして、背筋を真っすぐ伸ばされて、そういう形で試しに合掌をされてみてください。正座がいいんです。肩の力は抜いたほうがいいですね。そうするとそれだけで、身も心も大変気持のよい姿だということが即座にお分かりになると思うんです。これは自分でそういう姿をとってみればすぐに分かるんです。気持がいいのを身心が実証しますから。これは非常に性能のいい精神安定剤のようなものです。合掌ひとつでとても静かな心地よい気持になると思います。

　この基本を、気持のよさをベースにして身心を鍛練していくのがヨーガですが、この講義のアニミズムというテーマからすれば、その合掌を拝所《ウガンジョ》であれば拝所、御獄《ウタキ》であれば御獄に捧げる。海であれば海に捧げる。山であれば山に捧げる。捧げるということは、その対象と一体になる個人的でもあり共同体的でもある儀式なんですね。拝所《ウガンジョ》に向けて合掌することは、自分の身心を合掌によって調和することに加えて、拝所《ウガンジョ》の森なら森、海なら海とも一体となって調和することです。私達人類を生み出した源は、なんといってもその森であり、海にほかならないのですから、そこに調和することが基本なんですね。

人は誰もが幸福になりたいといいますか、人生の意味を見つけたいといいますか、完全に生きたいといいますか、そういう願いを持っています。その願いを持って様々にずっと追求しつづけていくことが人生ですが、ぼくもそのように歩いてきて、二十歳から数えればすでに四十年もたちましたけれども、それだけの時間の経過の中でいちばん深い幸福、あるいは意味性は自然としてのカミの中にあることを実感しています。人間や人間の文明の中にももちろんありますけども、根源的には自然としてのカミの中にあるということは、確信を持って言うことが出来ます。その自然の真実といいますか喜びをどう自分のものにしていくのかということが課題で、それは宇宙のまことと自分がどういうふうに関わっていくか、あるいはどうそれを見つけ出していくかということにもなりますね。それは皆さんがそれぞれの自分の人生という旅において見いだしていくものですが、一言でいえば「まこと(真事)」というのは自然宇宙としての対象であると同時に自分自身なんですね。自己と対象とが調和してひとつに融合した時に、「まこと」であり自己自身であるものがそこに現出するわけですから、それを見つけ出していくのがここで追究している、新しい現代のアニミズムということなのです。

唯識哲学

次に「月夜」という詩を読みます。

月夜

㈠

十一夜の明るい月が
黒々とした森の上にある
大きなエイの形をした白雲が　空の真中にあり
その尻尾は月に向かい　虹を作っている
心身病み
ときどき　もう死ぬのかなと思ったりするが
こんな美しい月の夜には
改めて襟《えり》を正し　自分自身という港に向かって出発しようと　思う
千古めぐりめぐる　不滅の月夜の
夢と現実
現実と夢

二つ合わせて　大きなひとつの夢だ
十一夜の月が
そろそろ森の端にかかろうとしている
大きなエイの形をした白雲が　空の真中にあり
その尻尾は月に向かい　虹を作っている

㈡

十一夜の明るい月が
黒々とした森の端にかかろうとしている
大きなアリクイの形をした白雲が　空の真中にあり
そのくちばしに当たる部分に　虹ができている
強く母を思う
父を思う
眼に見え　心に映るものは　すべてこれは自由の像《かたち》だ
希望がある像《かたち》
希望がない　という像《かたち》
それは　自由という　ひとつの大きな苦しみだ
十一夜の明るい月が

黒々とした屋久島の森の上にある
大きなアリクイの形をした白雲が　空の真中にあり
そのくちばしには　虹ができている

(三)

森の端《は》に　月は沈もうとしている
ひととき
神という慰めを与えてくれた　十一夜の清らかな月が
空に明るさを残して
黒い森の向こうに沈もうとしている
母豚は眠っているか
五匹の仔豚も眠っているか
山羊のローラは　眠っているか
生活を神にしようとする思い
神を生活にしようとする思い
二つの思いは　どこにでもあるひとつのつつましい現実だ
森の端に　月が沈もうとしている
空の明るさをそのまま残して

美しいということは、神のひとつの属性と言われています。けれどもぼくの立場からすると、美しいものはそのままカミなんです。午前中も話しましたけども、大文字で書いた神（God）と、片仮名のカミの世界……。月夜というのは、ただ月があるだけのことですけども、月の夜に月を見ていれば、そこに雲が流れているし、その雲がまたいろいろな形をとりますよね。それを見ているだけで生が充たされることもあるでしょう。一時間も二時間もの長い時間じゃないんですけども、五分、十分、わずか五分、十分の短い間でも月を眺める。森の中で月を、そして形を変えていく雲の姿を見ていれば、その五分なり十分なりの短い時間の中に、月と雲という慰めと喜びがあります。それを与えてくれる月なり雲の姿というのがカミなんだと思うんですよね。

カミというものがどこから人間に宿ったのか、人間の精神にカミという言葉がいつ宿ったのかということは分かりませんけれども、太古の昔よりもっと昔の昔の頃から、人間に深い喜びを与えてくれるものに対して、人はそれをカミと呼んできたのではないかと思うんです。ですからカミの起源は、美しいもの、喜びを与えてくれるもの、安心を与えてくれるもの、慰めを与えてくれるもの、畏敬の念を起こさせるもの、そういうものは何でもカミであり、現代においてもそれはいささかも変わらないと思うんです。

この詩の中でひとつまたお伝えしたいのは、仏教のほうの概念になるんですけども、唯識《ゆいしき》、という考え方があります。この唯識というのは、仏教のいわば認識論なんですけれども、仏教の中でいちばん深いものの観方《みかた》だというふうに考えていただければいいと思います。

意識の働きを、見る、聴く、嗅ぐ、味わう、触れるの五識、およびそれらを総合して思考する第六の意識に分け、さらにその奥に、第七の末那識《まなしき》という意識と第八の阿頼耶識《あらやしき》という意識を設定します。普通にぼく達が世界を見ているこの意識の奥にある自己性を、末那識っていうんですね。末那識のマナというのはサンスクリット語のマナス（manas）＝意識からきているんですけどね。それからさらにその奥にあるもうひとつ深い意識、これは午前中にお話しましたユングの深層心理学、つまり個人の自我を超えた、民族的・古代的な集団的無意識と呼ばれているものに当てはまるものだと思いますけども、日本の仏教では、中国の仏教でもそうですね、阿頼耶識というふうに漢字が当てられています。サンスクリット語のアーラヤ（ālaya）＝蔵《ひそ》むからきているもので、すべての人間を根底から支えている累《るい》的といえるほどにもっとも深い意識です。ユングではなくフロイトの心理学でいえば、いわゆる潜在意識を二つの層に分けて、より深い人間性の探究と認識論を展開したのが唯識哲学であったといえます。

なぜ唯識哲学の話をするかといいますと、その第八識である阿頼耶識からすると、世界の万物は私達のその阿頼耶識という鏡に映し出された映像に過ぎない、ということになるんです。心外無別法《しんげむべっぽう》といいまして、つまり心のほかには世界などないというのです。世界は私なり皆さんなりの第八識という鏡に映し出された映像にすぎない。具体的な例を引きますと、今そちらで二人の方が小さい声でひそひそ話をされてるその姿、世界は、ぼくがそれを見ないかぎりぼくにとって実在しませんが、見てしまったかぎりにおいて、このいささか難解で退屈な唯識哲学を講義している自分の第八阿頼耶識に映し出されたものとして実在する、ということなのです。別の言葉でいえば自分という意識に映った世界しか私達は見てないんですね。

そのことに気がついて世界を見直すと、世界を観るというひとつの技術といいますかね、世界というものはただに世界から与えられてくるものではなくて、自分の意識において意識的に世界を映し出すということが出来るようになる。そうすると世界というものの層が、ただ世界から与えられるだけではなくて、こちらが主体となって映すわけですから、こちらの意識の変化や深まりによって映すわけですから、世界の主題というものが自己そのものとして存在しているということになります。むろん世界は客観存在として私達に影響を与えると同時に、私の阿頼耶識としての存在意識が世界に造形を与えるといいますか、そういうこれまでとは別の世界観というのが唯識哲学からは生まれてきます。これは、最近の一時期ずいぶん読まれたカルロス・カスタネダという人が、一連のドン・ファンの物語りを通して伝えようとしたことでもありますね。

自分の意識によって、世界が変わるということは、ご自分で試してくだされればすぐに分かると思うんです。そのための簡単な方法をひとつ紹介しましょう。

「人、山を見、山、人を見る」という、中国の唐代に出た百丈懐海《ひゃくじょうえかい》という有名な禅僧の偈《げ》があります。禅僧が悟りを開いた時につくる詩を偈というんですね。

より正確にいうとこの偈は、

万象之中独露身　　万象の中、独露身

更於何処著根塵　　更《さら》にいずれの処に於てか根塵を著せん
回首独倚枯藤立　　首《こうべ》をめぐらせて独り枯藤に倚りて立てば
人見山兮山見人　　人　山を見　山　人を見る

という七言絶句なんですが、その終わりの一行に出てくるわけです。

そうすると師匠がそれを見て、「よしお前は悟りに至った」と。それを印可《いんか》というんですね。大学でいえば卒業証書です。師匠が偈を調べて、これで大丈夫というふうに分かると、その印可という卒業証書を与える。「人、山を見、山、人を見る」という偈は、そのように百丈懐海の悟達を証明した心境なのですが、授業が終わってから皆さんがこの教室を出られて、もし山なり森なりを見ることができる場所に立ったら、その山なり森なりをご覧になってください。遠くの山や森、あまり遠すぎるとだめですけども、それをしっかりとご覧になれば、山が、観ている皆さんを逆に観ているのがその瞬間に分かってきます。

山でなくてもいいですね。たとえば一本の木を観てもいい。人がじっと木を観れば、木が人を観る。そういうふうにして世界は成り立っているんです。もし皆さんが世界である山、世界である木を観ないならば、そこには世界はありません。観れば逆に、山が木が皆さんを観るでしょう。観るということには、そういう不思議が宿されているのです。

聖老人

次に今日お配りした資料の中に入れてあるんですが、「聖老人」というタイトルの詩を読ませていただきます。これはぼくの住む屋久島が、今縄文杉の島ということで知られるようになってきた、その縄文杉を歌った詩なんですけども、「聖老人」というタイトルをつけたのは、皆さんはもう記憶してないかもしれませんがこの沖縄の近くに、鹿児島県になりますが徳之島という島がありまして、この徳之島に泉重千代さんという方がいらっしゃったんです。泉重千代さんは百十八歳で亡くなったんですけど、今から十五年ぐらい前ですかね。亡くなる当時はギネスブックに載りました。世界の最長寿の人間というわけです。

その人が、ぼくが屋久島に移り住んだばかりの頃にまだ百十六歳だったのかな、はっきりは覚えてないんですが、生きていらっしゃって九月十五日の老人の日になると毎年新聞などで報道される。すごいなあと常々思っていました。やっぱり人間は百歳を超えるということはすごいことなんだと思うんですよね。それで泉さんのニュースが伝わってくるたびに、この人はただ百十何歳という歳をとっているというそのことだけですでに「聖老人」なんだというふうに思っていたんです。縄文杉を歌う時に、泉重千代翁のイメージが重なって、「聖老人」というタイトルになったんですけども、泉重千代翁だけでなく、すべての百歳を超した老人達、九十歳を超した老人達は、それだけですでに「聖老人」であると思います。

聖老人

屋久島の山中に一人の聖老人が立っている
齢《よわい》およそ七千二百年という
ごわごわとしたその肌に手を触れると
遠く深い神聖の気が沁み込んでくる
聖老人
あなたは　この地上に生を受けて以来　ただのひとことも語らず
ただの一歩も動かず　そこに立っておられた
それは苦行神シヴァの千年至福の瞑想の姿に似ていながら
苦行とも至福ともかかわりのないものとして　そこにあった
ただ　そこにあるだけであった
あなたの体には幾十本もの他の樹木が生い繁り　あなたを大地とみなしているが
あなたはそれを自然の出来事として眺めている
あなたのごわごわとした肌に耳をつけ　せめて生命の液の流れる音を聴こうとするが
あなたはただそこにあるだけ
無言で　一切を語らない
聖老人

昔　人々が悪というものを知らず　人々の間に善が支配していたころ
人間の寿命は千年を数えることが出来たと　わたしは聞く
そのころは　人々は神の如くに光り輝き　神々と共に語り合っていたという
やがて人々の間に悪がしのびこみ　それと同時に人間の寿命はどんどん短くなった
それでもついこの間までは　まだ三百年五百年を数える人が生きていたという
今はそれもなくなった
この鉄の時代には　人間の寿命は百歳を限りとするようになった
昔　人々の間に善が支配し　人々が神と共に語り合っていたころのことを
聖老人
わたくしは　あなたに尋ねたかった
けれども　あなたはただそこに静かな喜びとしてあるだけ
無言で一切のことを語らなかった
わたくしが知ったのは
あなたがそこにあり　そして生きている　ということだけだった
そこにあり　生きているということ
生きているということ
聖老人
あなたの足元の大地から　幾すじもの清らかな水が沁み出していました

それはあなたの　唯一の現わされた心のようでありました
その水を両手ですくい　わたくしは聖なるものとして飲みました
わたくしは思い出しました
法句経九十八
　村落においても　また森林においても
　低地においても　また平地においても
　拝むに足る人の住するところ　その土地は楽しい――
法句経九十九
　森林は楽しい　世人が楽しまないところで　貪欲を離れた人は楽しむであろう
　かれは欲楽を求めないからである――
森林は楽しい　拝むに足る人の住するところ　その土地は楽しい
聖老人
あなたが黙して語らぬ故に
わたくしはあなたの森に住む　罪知らぬひとりの百姓となって
鈴振り　あなたを讃える歌をうたう

もう新聞ですとかテレビですとかでいろんな形で報道されてますから、ご存じの方も多いとは思うんですが、屋久島へ行きますと樹齢七千二百年と言うんですけども、樹齢自体はどうもそれほど古くはないようです。どうやって七千二百年と測ったかといいますと、ウィルソン株という樹齢二、三千年の杉の切り株があるんですね。周囲が二十メートル以上あるのかな、大きな切り株があります。その切り株の年輪は数えることが出来るわけですね。そうすると、その切り株の周囲の長さと年輪の数から計算して、まだ生きている杉の樹齢も数字的に推定することが出来るわけです。その方式でもって、九州大学の真鍋大覚さんという方が縄文杉の周囲の長さを測って、七千二百年という数字を出したわけです。ですから一応学問的にも根拠のある数字ではあるんですけれども、いちばん近くは学習院大学の先生が、放射性炭素による測定をして、その結果によると、最低二千五百年ぐらいから最長五千年ぐらいということで、七千二百年というほどには古くなさそうだということになっています。島の人達も皆その測定年数は知ってることなんですけども、樹齢は長いほうがいいですから、屋久島の神話として七千二百年ということを、今でも皆言っているんです。

樹齢のことは別にして、ぼくは屋久島へ移り住んで二十三年、ですからちょうど皆さんの人生と同じぐらいその島に住んできたわけですが、そこがもう自分の島という感覚になっているもんですから、今でもこうやってここに立っていながら目をつぶって縄文杉の姿を思い浮かべれば、すぐ目の前にその姿が出てきます。その杉に会うには、山の中に入って、少なくとも五時間は歩いて登山しなければならない。ですからそうしょっしゅう会うわけにはいかないんですけども、これまで何回かその根方に立ちその杉を礼拝することが体験出来て、今ではこうして遠く離れていてもその杉をイメージすることが出来るようになりました。そういう対象をひとつでも持っていると、いつどのような場所であっても、それを瞑想することが出来るんです。瞑想というとまた宗教的になりますけども、それをイメージすることによって心の深さを取り戻すことが出来る感じです。つまり、一本の杉というカミの感覚ですね。

この縄文杉という杉は個人的なことなんですけども、屋久島にぼくを導いてくれた木なものですから、とても大事な木です。ただの木なんですけど。それで、その最初の出会いをお話しますので聞いておいてください。

二十三年前に屋久島に移り住んだんですが、それまでは先にも言いましたように東京に住んでいました。けれども、どうしても美しい海の見える土地に住みたいと思ったんですね。自分の人生ですから、そのような場所でぞん分に仕事をして、遊びもし、そして死んでいきたいと思ったんですね。それでそのような場所を探しにいったわけですけども、この沖縄本島のついお隣の与論島まで来たんです。与論島まで来て、そこで一軒の家を借りて、午前中はインド哲学や仏教の勉強をしながら午後になると毎日海へ行って泳いだり貝を採るような生活を約一年つづけました。

当時はまだ沖縄はアメリカの占領中で、与論島は日本の最南端の島だったんですが、その与論島の海は東洋の真珠と呼ばれるほどに美しくて、ぼくはぞん分にその幸福を味わいました。けれどもわずか一年もたたないうちに、その海を眺めることにあきてしまったんです。海は一年前と変わらず美しいのですが、その美しさにむしろあきてしまったんですね。その時に、自分はあくまでも海が好きだけども、山のない島では長く暮らしていけないことが分かりました。与論島には、山というものがないんです。そこで今度は、山のある島ということで屋久島へ行ってみることにしたんです。

屋久島を訪ねて、開拓地のあるおじいさんの家に泊めていただいたんです。十二月だったんですけども、そのおじいさんが夜語りに、この島の奥岳には樹齢八千年にもなる杉があるという話を聞かせてくれました。当時は一般的には縄文杉のことなどはまったく知られていなかったですから、とても信じられない話だけど、そのおじいさんが嘘を言っているとは思えないわけです。千年の杉というなら分かるけど、八千年などという杉は信じることができない。でもおじいさんがほら話をしているとは思えない。そういう話を聞いて焼酎をごちそうになっているうちに、突然ものすごい雨になって、その雨の勢いで停電してしまったんです。

そのまま別の部屋で休ませてもらったんですけれども、その家にはちょうど生まれて一週間ぐらいの赤ちゃんがいました。おじいさんの孫だったんですね。真っ暗闇の中のすさまじい雨の音に混じって赤ちゃんのかぼそい泣き声が時々聞こえてくるんですね。その泣き声と雨の音を聞きながら、何か眠れなくなってしまって、その夜は夜明けまでふとんの中で話に聞いたばかりの縄文杉のことを想っていました。

その夜更けに、実際に声が聞こえたわけではないんですけれども、「お前はこの島に住みなさい。この島に住めば一生を安心して暮らすことが出来る」というような、その杉からのメッセージを聞いたような気がしたんです。それはあくまでも自分がそういう気がしただけで、奄美や沖縄のユタの人達が天の声を聞くように聞いたわけではないんですけども、自分の胸の中でそういう声を聞いて、その時にこの島に住もうと決心したんですね。ただ移り住むだけではなくて、この島に死んでいく者になっていくことを決めたんです。

縄文杉はそういう木なもんですから、この「聖老人」という詩は、ぼくにとってはとても大事な詩であり、したがって皆さんにお配りした資料の中に入れたわけです。このことに関してさらにひとつだけつけ加えたいことがあります。それは今お話ししましたように、縄文杉は、ぼくにとっては縄文杉というひとつのカミの樹なんですが、皆さんもご自分の木というものをこの世界のどこかに見つけるといいと思うんですね。ただ一本の樹木でも、それを自分のカミの樹として持つことができるなら、世界はそれだけで意味を回復します。

離島生まれの方は、もちろん自分の故郷の島でもいいし、この本島でもいいんですけども、あるいは他県からこの地に来られて四年間なり勉強されて帰っていく、あるいは移り住む、いろんな立場の人がいらっしゃると思いますけども、この沖縄という土地に自分のカミの木を見つける。これはあまり呑気な顔でいてはなかなか見つからないと思います。ある意味で自分の生死《しょうじ》、生きる死ぬと書いて、これを仏教では「ショウジ」と読みますね。ぼくも生死《せいし》と読むよりは生死《しょうじ》と読むのが好きなんですけども、その生死《しょうじ》をかけるといいますか、自分の生きることと死ぬことをかけて大事に出来るような樹木というものを探すことですね。

それは、そう簡単には見つかりません。今日そのことを思ったから、すぐ明日は見つかるというものではないと思います。その尋ねる気持ちが真剣であればあるほどちょっと時間がかかると思います。ですけど、一か月なり、あるいは半年なり一年もかけてそのような木を探せば、必ずこの琉球大学近辺でも、あるいは御獄《ウタキ》の森、城《グスク》の森でも、森だけに限りませんけれども、自分の生死を託すほど大事にする木というものを見つけてしまうと、生きるということがずいぶん豊かに、楽になります。楽しくなります。困った時にはその木に会いに行けばいいし、遠すぎる時にはイメージすることも出来るんですよね。楽しい時であっても、その木に喜びを告げることが出来ます。やっぱり人間というのは不思議なもので、苦しい時の神頼みといいますよね。苦しいことが本当に起こるんですね。誰でも必然のように苦しいことに出会う。そういう時にその木が助けてくれるんですよね。イメージするだけで助けてくれる。

それはまったく個人によって成り立つ個人のための宗教です。パーソナルな宗教ですね。パーソナルな宗教の神様を「カミ」といいます。これはパブリックな「神」とは対照的なものです。キリスト教というのは、パブリックに皆で共同の幻想をキリストという神に持ちます。あるいは仏教はブッダという仏に持つんです。ですけども、皆さんがご自分の木というものを見つけて、その木を自分のカミにすることができれば、それはパーソナルなカミです。もちろんそれが共同幻想化されてパブリックな神になってもいいですよ。そういう木を見つければいいんじゃないかなと思うんですね。

これはもちろん個人的なことですから、自分の木なんか好きじゃないという人は、別に自分の木を見つける必要はないんです。岩で自分の岩を見つければいいし、星が好きであれば、星で自分の星を見つければいいんです。何にでもこれは応用出来ます。自分のパーソナルなカミを持つ。持てると生きることがずいぶん楽に、豊かになりますね。

第三話——小《くう》さ愛《かな》さ

「部族」

少し息を抜きましょう。窓の外の景色をご覧になってください。

このエアコンディションの効いている教室から、あの五階建ですか、六階建ですか、蔦《つた》が這《は》いのぼっているレンガ色の建物に、真夏の陽がしんしんと振りそそいでいるのは、ぼくには琉球大学の美しさを象徴するもののように感じられます。出来ることなら、自分の子供達を将来この大学で学ばせたいと思います。

皆さんには見慣れた風景かもしれませんが、外部から来た者にとっては、この夏の光、蔦の緑の輝きとレンガ色の建物がおのずからつくり出す調和には、生命の根源を潤《うるお》す沖縄ならではのものがあります。

しかもあの三階あたりでしょうか、建物の真ん中あたりに大きなシーサー（沖縄の民家の屋根に飾られる、魔除けの獅子の焼き物）が二つ並んでいて、そのシーサーに部分的に蔦がからんでいる。これは多分蔦が全面的にあそこを覆おうとすると、どなたかが手を入れるのでしょう。このシーサーだけは生かすという文化意志が伝わってきます。

シーサーがあそこにあることによって、一般的には合理精神の場である大学に、非合理な魔除けという精神もまた伝えられているんです。こういうキャンパスで勉強ができ、青春を過ごせる皆さんは大変幸せなんだと思います。とてもいい風景を見せていただいているという気がしています。

実はもし機会があれば読ませていただこうと思って用意してきたエッセイがあるんですが、あのシーサーのある風景を見ていたら、それを読むのは今だ、という気がしてきました。この『生命の島』というタイトルの雑誌に載せたものですが、屋久島で出ている季刊誌です。けれども、これを読む前に、少しぼくの個人史みたいなものを話させていただきます。

先にもお伝えしましたけども、昭和十三年に東京の神田というところで生まれて、三十七歳まで東京にいたんですが、その中で一九六〇年代の末の頃ですから、三十二~三歳の頃に、何人かの仲間達と一緒に「部族」というひとつの集まりをつくりました。

「部族」というのは、英語でいうとトライブ（tribe）というんですけどもね。最近はアメリカインディアンという言い方をあまりせず、ネイティブアメリカンという言い方をしますけども、ネイティブアメリカンの人達は様々な部族《トライブ》から成り立っています。たとえばアパッチという人達は、アパッチ部族《トライブ》なんですよね。ネイティブアメリカンだけじゃなくて、アジアでもアフリカでも、現在もいろんな民族、部族の人達がいますけども、一九六〇年代の末頃に、そういう「部族」というものをイメージした集まりをつくりました。

若い時代というのは理想が強いですし、一九六〇年代から七〇年代にかけては日本の反体制的な政治運動というものがいちばん盛り上がった時でもありましたから、ぼくらはぼくらなりに世界に革命を起こしてやろうと思ったんですよね。今でもそういうことを思っている人達はいらっしゃるかと思いますけども、じゃあどういうふうにして革命を起こすかというと、一九六〇年当時のぼくらの学生の頃というのは、マルキシズムというひとつのものの考え方が全盛時代だったわけです。

一九六〇年、皆さんはまだ生まれていらっしゃらないわけですけども、その年に日米安全保障条約が改定されました。それに反対する学生や労働者の運動が猛烈な勢いで日本全国に広がりました。そのいわゆる六〇年安保闘争が終わって、安保条約は十年ごとの改定ですから、また一九七〇年の反安保闘争の盛り上がりというのが猛烈な勢いで日本全国に展開されていったという、学生運動のいちばんの黄金期が六〇年から七〇年にかけての十年間だったんです。そういうある意味で幸せな時代に、ぼく達の世代は青春を過ごしました。ぼくは一九六〇年は大学三年だったですから、もろに安保世代と呼ばれる世代に属しています。学生運動としてもむろんマルキシズムが中心思想だったわけですが、それは日本共産党あるいは民青と呼ばれた共産党系の学生組織とは完全に分離して、政治の世界におけるニューエイジなんですけども、新しい学生運動をつくることに成功した人達が全学連というものをつくりあげて、そして革命運動を展開していくわけです。

そういう中で、ぼくとしてはマルキシズムといいますか、新しい政治運動であるにせよ全学連のやり方というものに何か全体主義的な感じがして、全面的にそれに同調することはできませんでした。自分の実存性、午前中に申し上げました「真事」と書いてそれを「真事《アイデンティティ》」と読むようなその自分自身というものと、政治運動はかけ離れている。毎日のようにデモには行きましたが、全面的にはその中に入っていけないという感じを持っていたんですね。けれども、今もそうですが、当時にあってはなおさら日本の社会の現実は変革されなければならないという実感はあるわけです。

そうした中で、じゃあどうすればいいのかということを六〇年代を通してずっと考えていたんですが、「部族」というひとつのアイディア、ひとつのヴィジョンを持つことになりました。「部族」というのは、マルキシズムのように一挙に国家を革命して労働者・学生の政府をつくるのではなくて、親しい仲間が集まってその仲間によって自由と平等と博愛の小さな集団社会＝コミューンをこの社会の内に現実につくり出していく、という考え方です。

チェ・ゲバラというキューバの革命家がいたのは、皆さんも名前ぐらいはご存じかと思うんですが、カストロ首相の相棒でした。アメリカのひざもとで共産主義革命をやっちゃったんですから、それはすごい世界史上の出来事だったわけですね。その時にゲバラは、「世界に百のキューバを」と言ったんですね。「世界に百のキューバを」という、今思い出しても胸が痛むほどに美しいスローガンを出したんです。それを日本の学生であったぼく達は聞いているわけです。でもその方法論ということに関しては、先にも言いましたように、自分達が実際に革命軍をつくって日本の政府を転覆するというような方向には、ぼくは行かなかったんです。

「百のキューバを」というゲバラの言葉に刺激されて、仲間だけの小さいコミューンでいいですから、「部族」というのは小さい仲間の集まりですから、そういう小さいコミューンを日本はもとより世界各国に千も二千もつくり出していく。日本中に千も二千もの小さいコミューン、つまり「部族」ができれば、その分だけ日本の社会も世界も変わっていかざるをえない。共産主義というのは、コミュニズムですから、コミューン主義ですよね。コミューン主義というのは、生産を共同でやって、貧富の差のない自由で平等な社会をつくりあげていくということです。何も多数の血を流して国家を転覆するという方法論だけが革命ではない。小さい自分達の自由と平等からなるコミューン、五十人なら五十人、百人なら百人の小さいグループでいいから、そういうグループの中でそういう理想を実現したい者が小さい社会であるコミューンをつくりあげて、そのコミューン間のネットワークを通して社会を全面的に変えていこうというふうに考えたわけですね。

そういう「部族」という発想を持って、六〇年代の末からそれぞれの地域にコミューンをつくるということが始まりました。鹿児島県のトカラ列島の諏訪瀬《すわのせ》島というところには「がじゅまるの夢族」と呼ばれるひとつの場所ができました。その島で畑をひらいて、家をつくり共同生活を始めたわけです。長野県の富士見高原というところでは小さい規模ですけども土地を買って、そこに若い人達が入っていってやはり家を建て共同生活をしながら畑をつくることが始まり、そこは「雷 赤鴉《かみなりあかがらす》族」と呼ばれました。あとは宮崎県の一ツ葉海岸というところで、これは公共の土地でしたけども、かなりフリーな場所だったもんですから、黙認というような形で、海岸地帯の松林の中にコミューンをつくる活動が展開されました。そこは「夢みるやどかり族」と呼ばれました。東京では、国分寺にあった大きな古いアパートを借りきって、そこで共同生活をし、「エメラルド色のそよ風族」と呼ばれる活動が展開されました。このほかにも何か所かそういう部族の名前で呼ばれる場所が出来てきたんですが、それこそ北海道から沖縄まであえて部族名は名乗らなくても、小さなコミューンをつくるという動きはあちこちで展開していったんです。

ところが当時のマスコミからは、そういうことの全体に対してヒッピーというひとつのレッテルを貼られてしまったんですね。髪の毛を長くしてヒゲを生やし、好きなことをやっている連中という評価。当時は、アメリカの西海岸でも、フラワーチルドレンという呼び名の、長髪でヒゲもじゃらの若い人達がたくさん集まり始めていて、やっぱりコミューンをつくり始めていたんです。ぼくらが直接それから影響受けたわけではないんですけども、ほとんど同時発生的にそういうことが始まっていたんです。

そのアメリカの若者達はやがてヒッピーと呼ばれるようになりますが、それを日本に移しかえて、和製ヒッピーという風俗現象のような名前でマスコミからは侮辱されまして、ぼくなんかずいぶん悔しい思いをしました。「部族」はコミューン運動でしたが、それと同時に、大地に還れということをスローガンにした対抗文化《カウンターカルチュア》の運動でもありました。一九六〇年代、七〇年代と、日本経済が高度成長の波に乗るとともに、社会の全体がシステム化されて自然破壊への道をつきすすんできたんですが、ぼく達はその当初からほぼ本能的にその方向性は間違っていることを直感していました。だからこそ、あえて未開を意味する「部族」という高貴な呼び名で自分達を呼んだんです。「部族」とは自然をこよなく尊敬して生きていく者の呼び名であったわけです。

けれども、現実の「部族」そのものにおいては、自分達の思想が未熟であったし、技術といいますかね、共同生活の方法論や畑づくりひとつにしてもすべてのことが未熟で、形としては一九七〇年代の初め、七二年ぐらいを境に社会の表面からは消えていきました。とはいえ、それが過去のものになったわけではありません。ぼくももう「部族」という呼び名にはこだわりませんが、その共同体性という精神と、自然を尊敬する生き方とは、一九八〇年代以後の環境問題を核とする展開の中で、社会的に最も重要な課題として普遍化されざるをえなくなってきました。この市場主義経済の中で、ぼく達の立場はいぜんとして少数派ではありますが、今ではもう「限られた地球に無限の発展はありえない」ことは、小学生でも知っているもうひとつの大きな枠組みとなりました。

小さ　愛さ

話を最初に戻しますが、この『生命の島』という雑誌を今屋久島で編集しているのが、その「部族」の頃からの友達で、いろいろなことがあった後に彼と語り合って屋久島に入ることになったんです。

今はもう同じ集落では暮らしていませんけども、そういう友達が出している地元の雑誌ですので、ぼくも文章をずっと寄せているんです。このつい先日出来たばっかりの雑誌に、たまたまなんですけども、沖縄の言葉をタイトルに使ったエッセーを書いたんですね。それを読ませていただきたいと思います。

先ほどの休み時間に見たんですが、この教室の向こうにある掲示板に、「琉球方言研究会」というもののビラが貼ってありました。沖縄、先島諸島から奄美までの琉球諸島の言葉を研究する会に参加者を募るビラが貼ってあるのを見て、さすがは琉球大学であると心を強くしました。

エッセーのタイトルに使った「小さ《くう》　愛さ《かな》」という沖縄のこの言葉は、今のぼくにとって非常に大事な言葉なんです。その非常に大事なところをこれから読むエッセーの中で感じていただければ嬉しいと思います。原稿用紙にして十枚近くありますので、ちょっと長いんですが、聞いていただけると嬉しいです。

小《くう》さ　愛《かな》さ

一

木の芽流しの雨があがって、久々に青空が戻ってきたうれしい一日に、自分だけでひそかにスミレ道と呼んでいる林道の一角へ、スミレの花を見に行った。

スミレにも当り年とそうではない年があるようで、みっしりと群生して眼を見張らされるほどに咲きそろうこともあれば、あちこちに散在してぱらぱらと咲いているだけの年もある。今年の花数は少ない方で、期待したほどではなかったが、約二百メートルにわたるその一角には、小さいという徳において心を揺さぶる紫青の花々が、絶えることなく点々と咲きそろっていた。

背中を暖めほぐしてくれる四月の豊かな陽差しを浴びて、ひとつひとつの花に声にも言葉にもならぬ挨拶を送りながら歩いていくと、不意とかすかなせせらぎの音が聴こえてきた。山裾から浸み出してきた水が集まって、道脇に細い流れをつくり、細い流れなりのささやかな水音をたてているのであった。

白川山《しらこやま》のわが家の近くでは、昼も夜も激しい音をたてて谷川が流れくだっているから、その音を聞かぬ日とてはないが、そのようにささやかに静寂そのものをもたらしてくれる水の流れは無い。

それゆえに、小川とも呼べぬほどの細流ながら、水というものがほぼ水平にかすかな音をたてて流れているその辺りは、ぼくにとってはひとつの異界であった。無人の林道沿いに不意に現われ出た、「春の小川」という異界だったのである。

二

文部省唱歌「春の小川」が、尋常小学四年生用の唱歌として発表されたのは、大正元年（一九一二年）十二月のことである。

鈴木三重吉によって、《……世間の小さな人達のために、芸術として真価ある純麗な童話と童謡を創作する、最初の運動を起こしたいと思ひまして、月刊雑誌「赤い鳥」を主宰発行することに致しました》とて、日本の童話、童謡史上あまりにも有名な「赤い鳥」が発刊されたのが大正七年七月のことである。

それゆえ「春の小川」は、それに先立つこと六年にして、まだ明治の色濃い当時の少年少女達の胸にその純麗なる童謡の代表として、心から歌われていたことになる。

春の小川

高野辰之　詞　岡野貞一　曲

春の小川は　さらさら流る。
岸のすみれや　れんげの花に、

においめでたく　色うつくしく
咲けよ咲けよと　ささやく如く。

春の小川は　さらさら流る。
蝦《えび》やめだかや　小鮒《こぶな》の群に、
今日も一日　ひなたに出でて
遊べ遊べと　ささやく如く。

春の小川は　さらさら流る。
歌の上手よ　いとしき子ども、
声をそろえて　小川の歌を
うたえうたえと　ささやく如く。

それ以来すでに一世紀近く、この歌はおそらくはすべての日本人の春の喜びにおいて歌い継がれてきたのだが、現在の歌詞と多少異なるのは、昭和十七年に「初等科音楽」に再録された時に、文語体は初等科の子供達には似合わないとて、〈さらさら流る〉を〈さらさらいくよ〉、〈ささやく如く〉を〈ささやきながら〉等々に若干の修正をしたのだそうである。

昭和十七年といえば、その前年に太平洋戦争が始まり、日本軍はマニラやシンガポールを占領する一方で、ミッドウェー海戦を制したアメリカ軍がガダルカナル島に上陸して、東京を初空襲した年である。

そのような年にあっても、軟弱な歌として排除されることなく「春の小川」が、文部省によって歌いやすく改められさえして歌い継がれたのは、すでにこの歌が排除のしようもなく国民の間に行きわたっていたことと、小さな生命の讃歌という何人も拒み得ない普遍性をこの歌が持っていたことを物語っている。

三

沖縄の俚言《りげん》に、〈小《くう》さ　愛《かな》さ〉ということがある。

沖縄といっても広く、本島を中心とした地域なのか、先島地方の俚言なのかは分からず、いつ頃から伝えられるようになったのかも分からないが、その言葉の内には、〈命《ぬち》どぅ宝《たから》＝命こそ宝〉という俚言に込められているのと同様の、沖縄近現代史の深い悲惨に耐えつづけてきた生命への鑽仰《さんぎょう》が、こめられていることをぼくは感じる。

近現代の沖縄の人達が体験してきた悲惨について、ぼくなどに語る資格はないからここでは別におくが、〈小さ　愛さ〉という言葉が人々の間に俚言として伝えられたことは、当然のことながらその歴史と無縁ではないように思う。それゆえに、身心の痛みを伴わないでその言葉を使うことはどうかとも思うが、何年か前に耳で聴いたか本で読んだかして初めてその言葉に触れて以来、それは過去の言葉でも沖縄の俚言でさえもなく、ぼく自身の現在と未来を導き示す鍵《かぎ》言葉

（キーワード）のひとつとして、深く胸の中に刻みこまれてしまった。

〈小さ　愛さ〉というと、それは春の小川のほとりに咲くスミレの花のような小さなものを愛《かな》しむことのようだが、ただそれだけでなく、じつはぼく達自身の生命の相もまたそのスミレの花と同じく、小さく愛しいものであることを意味していると思う。

一九六〇年代以後の高度経済成長とともに、ぼく達には大きいことは善いことだという幻想がまつわりつき、宇宙制覇という言葉に象徴されるように、人間にできぬことは何ひとつないかのように開発・躍進することを善としてきた。それはそれで人間性の側面であり、敢えて否定することはできないが、その反面においてぼく達は、千年前とも二千年前とも同じく、この地上において、つまりこの場において生死《しょうじ》してゆくほかはない、まことに小さな生物の一種でもある。

沖縄発の〈小さ　愛さ〉という俚言は、そのことを改めて思い起こさせてくれる深い言霊《ことだま》として、ひとたびそれに触れるや、そのままぼくの胸に深く刻みこまれたのである。

というのが、「小さ　愛さ」というエッセーですけども、言葉には言霊《ことだま》があるというふうに、日本では昔から言っているんですよね。詳しいことは忘れましたけども、「万葉集」の中にすでに言葉が言霊だということが書かれています。つまりその「万葉集」が編纂された時代から、あるいはそのはるか昔から、言葉というものと言霊というものが同質のものだということが認識されていたんですね。これはすごいことです。日本人の伝統なんですね。

深い言葉というものは、霊魂を持っている。それは人間というものが霊を持っているのと同じことですね。言霊という言葉は、ぼくの大好きな言葉のひとつなんですけれども、この「小さ　愛さ」という言葉の中に、まさしくその言霊が響いているのを感じるんです。この言葉の中には、もしその言霊を感じるならば、人生を変えるほどの力が宿っています。この琉球の各地にはもちろん無限にたくさんの言葉があるでしょうし、無限にたくさんの文化もあるでしょう。そういう意味で世界のそれぞれの地域の内には宝というものが無限に秘められていると思うんですけども、その中でぼくが出会った宝のひとつは「小さ　愛さ」というこの言葉です。愛という字をカナと読むこの読み方の深さと素晴らしさですね。英語のラヴ（love）には、決してそのような響きはないと思います。同じ愛ではあるけれども、カナと呼ばれる愛と、ラヴと呼ばれる愛の間には大きな距《へだた》りがあることを感じます。カナと呼ばれる愛の内には、なにかしらかなしいほどに愛《いと》しいものがあり、それは愛というものの本質を、つまり霊性をひどく適切に表現しているようにぼくには感じられます。

あそこの建物の蔦のからまったシーサーの風景を見ていたら、今この「小さ　愛さ」というエッセーを読まなければいけないと思いました。市場経済の発展やグローバリズムにも喜びはあるだろうが、この大地に根ざした千年二千年の文化伝統の内には、それ以上の確かな喜びがあることをお伝えしたかったのです。

火を焚きなさい

詩に戻ります。お渡しした資料の二つ目に載せてあると思うんですが、「火を焚きなさい」という詩を読ませていただきます。

火を焚きなさい

山に夕闇がせまる
子供達よ
ほら　もう夜が背中まできている
火を焚きなさい
お前達の心残りの遊びをやめて
大昔の心にかえり
火を焚きなさい
風呂場には　充分な薪が用意してある
よく乾いたもの　少しは湿り気のあるもの
太いもの　細いもの
よく選んで　上手に火を焚きなさい

少しくらい煙たくたって仕方ない
がまんして　しっかり火を燃やしなさい
やがて調子が出てくると
ほら　お前達の今の心のようなオレンジ色の炎が

いっしんに燃え立つだろう
そうしたら　じっとその火を見詰めなさい
いつのまにか――
背後から　夜がお前をすっぽりつつんでいる
夜がすっぽりとお前をつつんだ時こそ
不思議の時
火が　永遠の物語を始める時なのだ

それは
眠る前に母さんが読んでくれた本の中の物語じゃなく
父さんの自慢話のようじゃなく
テレビで見れるものでもない
お前達自身が　お前達自身の裸の眼と耳と心で聴く
お前達自身の　不思議の物語なのだよ
注意深く　ていねいに
火を焚きなさい
火がいっしんに燃え立つように
けれどもあまりぼうぼう燃えないように

静かな気持で　火を焚きなさい

人間は
火を焚く動物だった
だから　火を焚くことができれば　それでもう人間なんだ
火を焚きなさい
人間の原初の火を焚きなさい
やがてお前達が大きくなって　虚栄の市へと出かけて行き
必要なものと　必要でないものの見分けがつかなくなり
自分の価値を見失ってしまった時
きっとお前達は　思い出すだろう
すっぽりと夜につつまれて
オレンジ色の神秘の炎を見詰めた日々のことを

山に夕闇がせまる
子供達よ
もう夜が背中まできている
この日はもう充分に遊んだ

遊びをやめて　お前達の火にとりかかりなさい
小屋には薪が充分に用意してある
火を焚きなさい
よく乾いたもの　少し湿り気のあるもの
太いもの　細いもの
よく選んで　上手に組み立て
火を焚きなさい
火がいっしんに燃え立つようになったら
そのオレンジ色の炎の奥の
金色の神殿から聴こえてくる
お前達自身の　昔と今と未来の不思議の物語に　耳を傾けなさい

これは自分でもとても好きな詩のひとつです。ぼくもあちこちへ詩の朗読に行きますが、その時には、よく読ませていただく詩のひとつです。

火というのは、本当に心を慰め深めてくれるものですけどね、今はこういう世の中になりましたから、山に行っても焚き火をすることが出来ない。焚き火禁止の山が多いですから携帯用の燃料を持っていって、それで火を焚かなければならない。そういう時代になりましたけれども、海辺では、ここで火を焚いていけないという所は少ないようです。ぼくの家ではまだ五衛門風呂という昔のやり方で風呂を焚いてますので、日常的に火に親しんでいるんですけども、屋久島でも年々そういう家は少なくなっています。

同じ火でもプルトニウムの火というのがありますよね。沖縄地域には幸いなことに、原子力発電所はないですから、原発のことを心配したりする人は多くはないと思うんですが、鹿児島県の場合には川内市《せんだいし》の原発というのがありますので身近です。日本中で今五十五基の原発がありますね。その原発では日々にウランを燃やしてプルトニウムを生産している。核兵器の原料になるプルトニウムです。その内部も火ですけれども、その火は残念なことにプルトニウムをはじめとする猛毒の核廃棄物を出しつづけています。プルトニウムは廃棄物じゃなくて潜在的核兵器として生産されているんですね。

プルトニウムの場合はその放射能の半減期が二万四千年といわれています。半減期が二万四千年ですから、ぼく達の短い人生からすれば半永久的に消えることのない猛毒の廃棄物を原発は出しつづけています。あの火は事故を起こせば何十万人という人の死につながるし、無事故であっても半永久的にこの地上に猛毒を残す火ですから、それに替わる火を私達は見つけ出していかなくてはなりません。焚き火で燃やす生の火、あるいは炭の火というのは、ただ炭酸ガスと灰を出すだけで、今炭酸ガスが問題になってはいますけども、焚き火程度の炭酸ガスであれば、それは植物に吸収されて再び食物に合成されるんですし、その後に残る灰というのは、植物にとって非常に有効なアルカリ性の肥料分になるわけですから、これもまた食物に再合成されるわけです。

自然というものが持っている循環する豊かさというものに、この焚き火の火というものは繋がっているんですね。ぼくはなにも、日本中の風呂を五右衛門風呂に戻せというような無茶をいうのではないんですが、これからのエネルギーの基本は、ひとつには毒性の廃棄物を出さないこと、もうひとつにはそれが再生産されて何万世代にもわたって利用されつづけていくことだと考えています。太陽力、風力、地力、小規模の水力、水素発電などに加えて、薪という太古からのエネルギーも、美という観点からも大いに活用されるべきだと思っています。

日常的に火というものが使えない、見ることが出来ないぼく達の現代生活ですから、これもよくお話をするんですけども、もし火と親しみたいのであればロウソクの火が一番手っとり早いと思います。ロウソクの火は、人類が百万年以上の太古から燃やしつづけてきた生《なま》の火のひとつです。自分の部屋で、まず一本二百五十円ぐらいの太いロウソクを用意してみてください。太いロウソクを立てて火をつけ、電気を消して、正座をしてその火を見詰めたら、それで十分な効き目があります。本当に効き目があります。どんな効き目かはご自分で試してみられたらいいと思いますけども。

このロウソクの炎に関して、とても素晴らしいことわざがひとつあります。先ほどの「小さ　愛さ」じゃないですけども、インドのことわざで、「千年の闇も一本のロウソクの火で消える」と言われています。千年の闇も一本のロウソクの火で消える。火というものの本質、人間というものの本質を短く言い表わした、素晴らしい俚言だと思います。

生命地域主義

あまり時間がなくなりましたので、他にも読みたいなと思っている詩もあるんですが、今日お配りした最後の「夢起こし」という詩に移りたいと思います。

夢起こし

――地域社会原論――

わたくしは　ここで夢を起こす
どんな夢かというと
大地が人知れず夢みている夢がある
その夢を起こす
大地には　何億兆とも知れぬいきものの意識が　そこに帰って行った深い夢がある
その夢は椎の木
その夢は小麦
その夢はカミ
わたくしは　ここで夢を起こす
無言で畑を起こす一人の百姓が　一人のカミであることを知り
無言で材を切る一人の大工が　一人のカミであることを知り
無言で網を引く一人の漁師が　一人のカミであることを知って
わたくしもまた　カミガミの列に加わりたいと思う

わたくしはこの島で　夢を起こす

地球上だけでなく　宇宙の何処まで行っても　ここにしかないこの島で
地球ながら宇宙ながらに　足を土に突っ込んで
その深淵をのぞきこみ
そこに究極の光を見たいと思う
わたくしは　ここで夢を起こす
どんな夢かというと
竹蔵おじが死に　松蔵おじが死に　ウメばいが死に　リュウばいが死んで行った
その大地が
人知れず夢みている夢がある
その夢は船
その夢はばんじろう*
その夢はカミ
わたくしは　人々と共にここで夢を起こす
その夢はしんしんと光降る静かさ
その夢は深い平和
その夢は　道の辺の草
わたくしは　ここで夢を起こそうと思う

*ばんじろう　グァバの与論島での呼び名

今日お読みした詩は全部そうなんですが、屋久島に入ってから一年からせいぜい二年ぐらいまでしかたっていない、ごく初期にできたものです。

この詩には「地域社会原論」というサブタイトルがつけてあります。今回この講義を持つように推せんしてくださったのはアメリカ文学の山里勝己先生なんですけど、実は二年ほど前に山里先生とご一緒にアメリカ西海岸のシエラネバダという山の中に住んでいるゲーリー・スナイダーという詩人を訪ねたことがあるんですね。ゲーリー・スナイダーはピューリッツア賞やボリンゲン賞をもらったアメリカのビートジェネレイションを代表する詩人ですが、先ほどお話した「部族」の活動をしていた頃に若い日の彼が日本に来てましてね、京都の大徳寺というお寺で座禅をしていたんですね。その頃に知り合って、友達になったんですが、三十年近くはお互いに連絡をとりあっていなかったんです。そのゲーリー・スナイダーが四年前に読売新聞社の招待で日本に来て、その時の講演の骨子が新聞に載っていたんです。その記事の中にこの「地域社会原論」といいますか、それに近い言葉がキーワードのひとつとして載っていたんです。

ちょっと長いので英語のスペリングがあっているかどうか心もとないですが、バイオリージョナリズム（bioregionalism）という考え方がそれです。バイオというのは、ご存じのとおり今バイオの時代になって、「生命」ですね。リージョンというのは地域です。日本語に訳せば生命地域主義といいますかね。具体的にいえば、例えばこの沖縄というか沖縄本島というひとつの地域が、そこに住む全生物とともに私達にとってかけがえのない大切なものである、という考え方です。この地域にすべての生命的な要素が備わっていて、その生命的な要素の一員として人間というものも存在している。ですからこの生命というのは、生態、山里先生はバイオリージョナリズムを生態地域主義というふうに訳されています。ぼくは生命と訳すんですが、別の言葉でいえばひとつの生態系、この沖縄本島という海を含む生態系の中の一員として人もあるんだという考え方ですよね。

人が生態系を破壊していくということは、同時に人自身を破壊していくんだという、そういうことに繋がってきますから、当然今あちこちでいうところのエコロジーという考え方です。けれども、バイオリージョンという考え方で重きをなしているのは、リージョンなんですね。この「地域」ということに中心が置かれているわけです。地域の中に、私達の人生があるし、私達を含む生物非生物の森羅万象が存在します。

一九七〇年代の初め以来会っていなかった人が、三十年近くもたった今になって、自分の中で発酵させていたのと同じ地域社会原論みたいなところで発言しているのを知って、同じ道を歩いているんだと分かり、大いに喜びました。多分一九七七年に書いた先の詩の中で、ぼくはぼくで自分の住んでいる島に人生を尽くすと同時に、そこから世界という夢を夢見ていくという生き方をしようとしていたわけです。そうしたら太平洋を隔てた遠くに住んでいたはずの彼が、このバイオリージョナリズムという言葉でもって、ほとんど同じことを考えていたのだということを知ってびっくりしたんですね。ああやっぱり海を隔てても繋がっているんだ、同じスピリットなんだということが、この言葉をとおしてバッと分かってしまったんです。

ああこれは会いたいなと思っていたんですね。そうしたらたまたま出版社の人がゲーリーとの対談の企画を持ってきてくれたんで、山里先生にいろいろと間に立っていただいて、会いに行くことになったんです。

この地域ということからいいますと、これもまた沖縄のことになりますが、山之口貘賞をもらった高良勉さんという詩人がいらっしゃいます。この本島の玉城《たまぐすく》村出身の人です。この人のエッセイの中に、「この沖縄の地において垂直に飛翔する」という表現があります。高良さんとは以前にお会いしたことがあるのですが、垂直に飛翔するとは、この地からたとえば大阪を見る、あるいは東京を見る、あるいはニューヨークを見る、ということではありません。それは垂直ではなくて、水平に見ている視野なんですね。垂直に世界を見るということは、この地においてこの地の天を見、地底を見るということです。高良さんの立場も、やはりバイオリージョナリズムという新しい世界思想なのだと思います。

現代は、グローバリズムとか地球時代というようなことが主流で、ともすれば私達は今、屋久島であるとか沖縄であるとかで生きることは、ちっぽけな小さな地域にしがみついているような気持になりがちなわけです。こんな時代ですから、海外へ出ることも海外から訪れることも本当に加速度的に便利になってきていますね。インターネットや資本の流動なども含めて地球時代ということは確かなリアリティがあるんですけど、私達の一人一人がそこで生き、暮らし、死ぬというリアリティは、よくあるイラストレーションのように地球という球体の上に立っているわけではありません。地球という全体を神のように把握してその上に立つというようなことは、私達一人一人に出来るはずもない。それは情報としては入ってくるし、旅に出ることもむろん出来るけれども、私達の現実に生きる場所といいますか、暮らす場所、愛する場所といいますか、死ぬ場所といいますか、それはこの地域以外にないんですよね。ですから、地球の本当のリアリティーというものは、この地域、この場以外にはありません。世界中のどこに旅をしようとも、その地域、その場にこそ人間のリアリティはあり、実存があるんです。

その地域、この場に立っているということが、そのまま地球に立っているということです。地域という時に、これまでの古い地域という考えは、たとえば沖縄という地域、私の屋久島なら屋久島という地域があって、この地域だけが何よりも大事だということでした。屋久島でいえばお隣は種子島です。種子島は、別の地域ですから、あれは大事じゃないんですよね。これまでの古い地域という考え方だったら自分の村が大事で隣の村は大事じゃない。それをナショナリズムと言います。ナショナリズムは自然発生的な情念ですから、それ自体は少しも悪いものではないのですが、今世界で一番問題になっているのは悪しきナショナリズムです。悪しきナショナリズムからすべての戦争が始まります。

ですけど、地域というものがそのまま地球だということになれば、私が屋久島にいて種子島は関係ないんだ、隣の島だから私達は関係ないんだとは言えなくなるんです。私が屋久島に住めば住むほどこの沖縄に住めば住むほど、他の地域が同じようにかけがえのない地球である、地域であることが分かってくる。このことをぼくは、地球即地域、地域即地球、という言葉で言い現わしています。

地域でありながら、悪しきナショナリズムを超えてそこを地球として掘り下げていくということです。これを再度沖縄の俚言《りげん》で表現すれば、命《ぬち》どぅ宝、ここに生きてあることが宝だということです。そして、ここことは即ち地球であるということです。

第四話——家族について

流域の思想

昨日の三時限目に、「地域即地球」、あるいは「地球即地域」というひとつの考え方をお伝えしました。その時に、アメリカの比較的最近の動きとしては、バイオリージョナリズムという考え方があり、「地域即地球」という考え方と同じような運動が現在展開されているというお話を伝えたと思うんです。そのことに関してもう少しだけ昨日時間がなくて説明出来なかったことを補足いたします。

地域というものをひとつの生態系、あるいは全生命のネットワークした場として見ていくことをバイオリージョナリズムというんですけども、これを、生命地域主義というふうに訳しても、あまり具体性がありませんね。そのことをもう少し分かりやすく説明しますと、沖縄という地域に関していえば、あまり大きな川がないという特徴がありますから、ちょっと説明するのが難しい気がするんですけども、川の流域というものを思い浮かべていただければいいんですけれども、地球上の大体どの地域もそうですけれども、山と川と平野を中心に地域というものが形成されていますよね。本州のほうから来られている方は、それぞれの地域の川を考えていただければいい。

山、あるいはひとつの山脈があって、その山脈から川が流れだし、盆地あるいは平野を経て海に注ぐというのが、これは地球上のどの地域を考えてみても、一般的な地理風景です。山と海を繋ぐ川というひとつのラインがあって、その川筋に沿った流域というものを形成しているわけです。いちばん源流域にある山村から少しずつ少しずつ平野に向かって町なり中小の都市が形成されていって、そしてだいたいどこにおいても河口地域の平野部に大きな都市が建設される。

山脈、川、平野、海、村、都市というものは、それぞれに独立して存在しているのではなくて、川というものの働きによって、分かち難くひとつに結ばれています。その当然のことに気がついた人達が最近、やっぱりこれはここ十年ぐらいのことですけど、ウォーターシェッド（water shed）、つまり「流域」という考え方をつくりだしてきたわけです。アメリカへ行かれた方ないしはアメリカの地図がある程度頭の中に入ってらっしゃる方は分かると思うんですけど、合衆国の中南部にフォーコーナーズと呼ばれている地域がありますよね。ユタ州とアリゾナ州、コロラド州とニューメキシコ州の四つが、直角に交わった二本の直線で出会っている一角です。合衆国の地図を見ればすぐ分かることですが、そのフォーコーナーズに限らず、アメリカの州分けは大体において直線によって区切られていて、自然の地形には全く沿っていません。自然の地形からいったらそういうことはあり得ないにもかかわらず、地図の上ではっきりそういうふうに線引きされていて、線引きの上側は何州、下側は何州、右側は何州、左側は何州と分割されている。

自然の地形、要するに川の流れている道すじ、あるいは山並みの姿ということとは全く無関係に、人工的にひとつの州という線引きがされている。こういうことは、日本の県境いなどの場合にはあまりされてないです。これがさらにはっきりしてるのがアフリカです。アフリカの地図をご覧になればこれまたすぐ分かると思うんですけども、直線で州と州ではなく国と国が分割されていますね。それはヨーロッパ列強がアフリカを植民地にした時に、机の上でやった仕事ですよね。ここからここは、フランスならフランスのもの、ここからこっちはオランダのもの、こっち側はベルギーのものという形でもって、まったく直線で線引きしている。そういう地理を無視した考え方というのは、明らかにおかしいということからも、ウォーターシェッド、流域の思想ということが今新しく考え直されてきている。特にアメリカの西海岸では、この運動が盛んなようです。

西海岸でいえば、詳しい地図が書けないですけど、ここにサンフランシスコがあって、その下にロスがありますね。そうするとここに海岸山脈《コーストレインジ》と呼ばれている海岸線沿いのあまり高くない山脈があります。そしてここに大きな平野があって、これがセントラルバレーですかね。その東側のシエラネバダ山脈から、幾筋もの川が流れていくんです。そうすると山々から海に至るひとつの地、この川でいえばこの地、この川でいえばこの地、という感じでもって川伝いにひとつの共通地域を形成していることがよく分かります。バイオリージョン、あるいはウォーターシェッドという考え方で見ていくと、海岸地帯の人達と山岳地帯の人達は川をとおして事実としても気持の上でも繋がっているんですね。

これをサンフランシスコなりロサンゼルスという独立したひとつの都市という考え方に立ってしまうと、もうシエラネバダもセントラルバレーも関係なくなっちゃうわけですね。そうではないんですね。私達の生活は、どうしても川から水をもらわなければならないわけですから。そうすると命の源の水がシエラネバダに降る雨であり、その水がサンフランシスコ湾に至る過程において、農業をはじめ飲み水も含めてあちこちで取水されていくわけですから、非常に深い関係があるということにやっと気がつきはじめて、サンフランシスコであるとかロサンゼルスであるとかサンディエゴであるとかというような独立した都市ごとの住民運動ではなくて、全流域というものを視野に入れた新しい地域についての思想が、やっと考え方として定着してきたわけです。去年（一九九八年）の暮れに、ゲーリー・スナイダーと対談をした『聖なる地球のつどいかな』というタイトルの本を出しました。その中でゲーリーが言っていることですが、今アメリカではあちこちでそういうウォーターシェッドの運動を盛んにやっているし、ゲーリー自身もそのことに深く関わっているんだそうです。

　これはまたちょっと話が飛びますけども、その対談の企画をしてくれたのは「山と溪谷社」というところなんですが、そこの編集をやっている人が、東京の東村山市に住んでいるんですね。東村山というのは、埼玉県と東京都の境あたりに多摩湖という人造湖があるんですけども、その多摩湖から小さい川が流れだして東村山をとおり、埼玉県に入って荒川という大きな川に合流して、その荒川が東京の中心部をとおって東京湾に流れ込むわけですね。

　その編集者の人が住んでいるのは多摩湖から東村山までを流れている北川と呼ばれる小さい川、川幅はせいぜい十メートルほどの小さい川のほとりなんですけども、その川が東村山市は東京近郊のベッドタウンですから、住民がどんどん増えるにしたがって家庭排水その他による汚染がすすんで、川の水がうんと汚れてドブ川みたいになってきたわけですね。そこで、この川をもう一回清流に戻そうという市民運動を始めたわけです。北川のほとりに住んでいるから、北川をきれいにしようという運動なんですが、北川が少しでもきれいになれば、それが流れこむ荒川の本流がきれいになる。荒川の本流が少しでもきれいになれば、東京湾の海の水が少しでもきれいになるということなんですね。

　一方では別の地域で荒川の水をきれいにしようという運動をしている人達がいるし、東京湾の水をもっときれいにしようという運動をやっている人達もいるわけですが、そういう別々の地域の人達の運動と自然なネットワークができてきます。彼がやっているのは、距離にしてわずか五キロぐらいの小さい川の範囲ですが、源流の秩父山地から下流の東京湾までの広大な流域がネットワークされてくるんですね。北川をきれいにしていくということで、それも市民運動ですから、そんなに毎日毎日やるわけにはいかないですけど、月に一回日にちを決めて川を清掃しようということで、会員を集めたわけです。「北川かっぱの会」という名前の集まりです。皆で楽しく川をきれいにしよう、あるいは子ども達と一緒に川に行って、夏には川遊びをしよう。川の両側は現在は全部コンクリートで固めているわけですが、そのコンクリートの壁を取り外して、そこを自然の土手に戻して、木を植え草を植えてもういちど市民がそのまま斜面を下りていけるような川にしようと、行政に働きかけて今年の予算で、部分的ですけども、コンクリートの壁を取り外すというところまでこぎ着けたんですね。それと同時にこんどは北川の流域に住んでいる住民達に呼びかけて、家庭排水を一滴もその川に流しこまない運動もすすめています。

「北川かっぱの会」は、五年前の最初の集まりでは二十人ぐらいの本当に小さいグループだったんですけども、一生懸命そういう活動することによってだんだん参加者が増えてきて、今では会員数が百五十人を越していると聞いています。ぼくも屋久島に住んではいますが、その会員の一人です。そして今年の四月の統一地方選挙では、「北川かっぱの会」の会員から市会議員が一人、賛助会員から二人、合計三人の市会議員が当選してしまったそうです。

　これなどは非常にうまくいっているバイオリージョナリズム、ウォーターシェッド運動の例だと思います。ゲーリー・スナイダー達がアメリカの西海岸でサンフランシスコ川の浄化、彼らはサンフランシスコ川に鮭を呼び戻そうという運動をやってるようですが、まったくお互いに連絡もとってないのに太平洋の西と東で同じようなことをやり始めているというのが実態なんです。まさに二十世紀末のいいほうの響き合いですね。というのは、これほど情報というものがどんどん発達していますから、どこかで何かいいことをやっていると、それはまたたくまに別の地域に伝わっていくわけで、世界中のあちこちで同時多発的に面白い考え方、楽しい考え方がどんどん広がっていきます。そういう事実を見た時に、このウォーターシェッドないしはバイオリージョナリズム、日本語になおせば流域の思想、生命地域主義というものは、ぼく達一人一人がこれから関わっていくものの一つとして、ビジョンとしても非常に楽しいし、そして実際に楽しく出来る仕事だというふうに思うんです。

個人的な願い

ネイティブアメリカンの少年のことを書いた本で十年ぐらい前に出たんですが、『リトル・トリー』という本があります。「めるくまーる」という出版社が出しました。もしここの生協にでもあればぜひ読んでいただきたい本のひとつなんですが、その中にこういう話が出てきます。

リトル・トリーという名前のインディアンの男の子がある時川遊びに行くんですね。小川に行って網で魚を取っていると、何だか見たこともない、小さい魚じゃなくて何かおたまじゃくしみたいな珍しい生き物をすくいとるんですよ。それを持って、リトル・トリーはおじいさんとおばあさんに見せにいくんです。こんな珍しいものが取れたよってね。おばあちゃんはその生き物の匂いをかいでみるんです。そうするととってもいい匂いがするんですね。おばあちゃんが喜んで、お前はいいものを見つけてきた、私は何十年も生きてきたけどこんないい匂いのする生き物は初めてだと大いにほめてくれます。これを石鹸の中にすりこむことにしようってね。おばあちゃんは石鹸を自分でつくるんですね。石鹸というのは案外簡単につくれるんですね。てんぷらなんか揚げた廃油を利用して、ごはんの残りを醗酵させたものを混ぜて、一週間くらい毎日かきまぜていると自然に石鹸が出来上がる。正確なつくり方に興味のある方はマニュアル本に当たるといいんです。おばあちゃんもそういう種類の簡単にできる石鹸をつくったと思うんですが、その石鹸の中にその虫をつぶしこもうと考えたわけです。そしてその時のおばあさんのせりふがいいんですね。「お前は今日はとってもいいことをした」と、そのおばあちゃんが言うわけです。「誰かがいいことをすれば、そのいいことはすべての人に伝わっていく」、だからお前は今日は本当にいいこと、皆のためにいいことをしたんだというふうに、リトル・トリーをほめるんです。

その本の中で、感動したところのひとつなんですけれども、ウォーターシェッドという考え方のこれはひとつの基本です。流域の思想などというと考え方が大きくなってしまうようですけれども、たとえば皆さんの暮らしの中で合成洗剤を使えばそれだけ川が汚れていく。一人が使えばそれだけ川も海も汚れていくわけです。その合成洗剤を、ちょっと値段は高いかもしれないけどナチュラルな石鹸に切り換えれば、その分だけ川の汚れは少なくなります。一人一人が出来ることというのは、身の回りを探していけばいくらでもあるし、その中で地球といいますか地域全体が少しでもよくなるという思想が、『リトル・トリー』のおばあさんの話には示されていると思いますね。

今お話したことは、流域の思想、あるいは生命地域主義という考え方のほんの一端なんですけども、具体例をお話したのである程度この考え方に対してイメージをつくっていただけたかなと思います。

さて、今日の詩のテーマに入っていきますけども、その前にちょっとまた逆戻りしてすみませんけど、ウォーターシェッドということに関係してもうひとつだけお話したいことがあります。

昨日最初にお話したように、今回のぼくの話のテーマはアニミズムということでした。アニミズムというのは、世界の森羅万象の中に霊魂あるいは精霊が宿っているという考え方なんですけども、その森羅万象ということの中でいちばん重要な要素のひとつが川ですね。もうひとつは山です。そしてもうひとつは海です。海、山、川というこの三つが森羅万象の核心をなす項目だと思いますが、今お話したウォーターシェッドというのは、いちばん大事なものの三つのうちのひとつとしての川ですよね。

沖縄は比較的平坦な島ですから、川についての神話はあまり多くはないように思いますが、ここらでは井戸のことをカワというようですね。井戸端のことをカワ。そのカワというものは、そのままカミの場所として祀られていますよね。本州の川もその源流域に行けば、多くの地方で龍が祀られています。龍、ドラゴンですね。この龍というのは、架空の生き物だというふうにいわれているわけですけども、ぼくが思うにその実体というのは川であるはずです。山の高みから眺めれば川の流れというものがうねうねと曲りながら流れ下っていく姿が見えるはずです。たとえば長野県の諏訪湖に源を持ち太平洋にそそぐ、天竜川という川があります。その反対の日本海側には九頭《くず》竜川という川がありますよね。そのように川というのは、竜神というひとつのカミの名がつけられているほどに、古代から人間の生活に密接な関係を持って畏敬《いけい》されてきた対象なんですね。琉球の場合には井戸をカワと呼ぶ中で、カワというものを根源の善きもののひとつとして祀ってきたんだと思うんです。

これはぼくのまったく個人的な願いなんですけど、せっかくのこういう機会ですので、お話をさせていただきます。ぼくは東京の神田というところで生まれ育ったということは、昨日お話しましたが、そこには神田川という川が流れています。十キロほど西の井《い》の頭《がしら》というところから流れ始めて隅田川という東京ではよく知られた川に流れこみます。隅田川から東京湾に入っているんです。つまりその隅田川の支流のひとつの神田川という川は、ぼくが中学生の頃、すでに真っ黒なドブ川でした。聖《ひじり》橋という有名な橋の上に立って、特に夏場なんかに川を見下ろすと、ひどい悪臭が立ちのぼってきて、今でもその川はそのような状態であることは変わりがないです。ですけども、この二十年ぐらいの間に環境問題といいますか、そういう意識が少しは深まってきたので、十年ぐらい前でしたか、たまたま東京へ行って橋の上から見ていたら、そこに鯉が泳いでいるんですね。あの真っ黒だった水が幾分、灰色までいかないですけど、黒灰色ぐらいまで戻ってきて、鯉が泳いでいるという姿がぼくの眼に焼きつきました。その時にぼくは思ったんですね、この神田川の水をもう一度飲める水に戻したいと。まったく個人的な願いですけどね。

これは明治時代以来、近代の百年という時間をかけて私達が全員で汚してきた川なんですね。皆さんに直接関係あるわけじゃないんですが、私達は神田川にかぎらず日本中のすべての川をこの百年をかけて皆で汚してきたんですね。百年かけて汚してきたわけですから、それが十年や二十年で元に戻るとは思いませんけども、私達の意識がその方向に向きさえすれば、現代の下水道技術というものをもってすれば、百年をかけないで元の川に戻せるんじゃないか。東京という大都市の神田川といういちばん汚れの激しい川が、日本中の川の汚れの象徴だとすれば、その川の水をもう一度飲める水に戻すという運動は、日本中のどこの川の水も飲めるというような、そういう風土を取り戻していくことにつながります。日本中の川の水がどこに行っても岸辺から飲むことが出来るような、そういう世界を新しく自分達の願いによってつくり出していく。さっきのリトル・トリーの話じゃないんですけども、ぼくならぼくという個人にとっての美しいビジョンを提出して、もし皆さんがそれに共鳴していただければ、その分だけ世界は変わっていきます。それと同時に皆さんそれぞれの、昨日から申し上げているようにパーソナルなビジョンとしての深い願いというものを提出されて、それに共鳴する者が願いを合わせていけば、それだけ世界は明るくなっていきます。

家族について

今日は最初に「家族」というタイトルの、短い詩を読ませていただきます。

家族

家族は　全世界への旅の始まり
慈と悲への　旅の始まり
そして

その旅の終りに見えるひとつの灯《ともしび》
家族は　厳粛な真理の現われ
はだかのわたくしが映される
鏡

この詩を聴かれた方に、それぞれの家族があるわけです。あるいはある種の痛みを感じながら聴かれた方がいらっしゃるかもしれません。あるいは喜びをもって聴かれた方があるかもしれません。いずれにしても、家族というものが自分の鏡であるということは逃れようのない事実なんですね。痛みをもって受け止めるにせよ、喜びをもって受け止めるにせよ、私達は家族というものの一員である。

皆さんはまだ学生ですから、自分の子どもという形での家族というのは持っていらっしゃらないと思いますけども、親ないしは祖父母というような家族は当然持っていらっしゃる。それぞれに千差万別の家族というものを体験あるいは経験していらっしゃると思いますけども、それに対比されるもうひとつの、家族に対比されるもうひとつの価値観がありますよね。家族という価値観といいますか事実に対して、もうひとつの極に個人の自由という、これまた厳然たる価値観があるわけです。

この問題をどういうふうにして解決していくかということが、特に一九四五年の敗戦以来ですね、日本に民主主義というひとつの思想が輸入されて以来五十五年近くたつ現在も、大きな問題として存在しつづけているわけです。半世紀以上たったわけですけども、私達がいちばん苦しんできた、あるいは問題としてきた問題のひとつがこれなんです。家族と個人という、あるいは家族をもう少し広げて社会と言ってもいいんですが、その問題だったんだと思うんですね。

今日なぜその問題を出したかというと……。おそらく皆さんの世代で家族と個人とどちらが大事なんだというふうに自分に問われた時に、それはもう当然個人のほうが大事だというふうに言われると思います。あるいはひょっとすると、ここは沖縄という風土ですから、いや自分は個人も大事だけども家族も同じように大事だというふうに感じられる方もいらっしゃるかもしれません。名簿を見ると、七十数名のこの講義への登録者の内、半分近くの方は沖縄人《ウチナンチュー》ですから。

ぼく自身のこれまでからすれば、家族などというものよりも明らかに個人、私個人が生きているということのほうが大事であるということを価値観として生きてきました。ですから、個人の自由ということに関しては、絶対にまちがいなくそれを支持するという立場の人間です。戦後民主主義の落とし子です。戦後の民主主義の落とし子として、基本的人権は私達個人にあるという考えを持っています。個人の自由というのは、基本的人権に基づいているわけです。基本的人権に基づく個人というものは何ものにもまして価値があるというのが民主主義の根本ですから。

この基本的人権に基づくところの民主主義、あるいは個人の自由ということは、ぼくはどこでも申し上げるんですけども、千年思想だと思うんです。少なくとももう千年は持つ思想だと思います。基本的にそのような思想としてぼくはそれを支持します。これを一口に戦後民主主義という言葉で呼びますね。今、戦後民主主義というのを一番熾烈に激烈に、社会思想として闘っている場は沖縄ですよね。去年は大田知事が変えられたわけですけども、米軍基地が集中していることを含めて、一番激烈に戦後民主主義の要求を闘ってこられた県民だった。

何度も言いますが、ぼくはあくまでもそれを支持する立場の人間です。それにもかかわらず家族というものが、個人とまったく同じようにやはり価値のあるものだという考え方に次第になってきました。支持しなくてはならない個人というものの中味がだんだん分かってきたというか、見えてきちゃったんですよね。この詩をつくった時期に少なくともそれが自分に見えてきた。個人の自由あるいは基本的人権という思想の中には、属するという考え方がまったくないんですよね。

おそらく皆さんの年齢では、自分が何かに属するということはいちばん嫌われることだと思いますよね。自分が自発的に何かに参加するんだったら十分やるけれど、何かに属させられてその支配のもとに何かをするということは嫌だというふうに、深く感じていると思うんです。私もそうでした。今でももちろんそうです。一人一人が何かに属する、国家に属する、あるいは地域に属する。少なくとも国家に属するというような考え方は今でも私には出来ないわけで、私は国家に属したくない。地域といいますか、日本列島という地域に住む列島人には属しているけれども、日本国家には属したくない。そういう気持ちは今でも強いです。

ですけども、私達が両親から生まれてきたということは逃れようがないんですね。ということは、自分は好むと好まざるとにかかわりなく、基本的に両親に属しているということです。それからもうひとつは、どんなに属するのが嫌だとしても、こうして呼吸をしている以上、この地域というものに属さざるをえない。あるいはもう少し広げて、われわれがこの地球という惑星に人間存在という生を受けているのは、地球というひとつの生命圏に全面的に属しているということも見えてくるわけですよね。

地球とか地域というと、リアリティが稀薄になりますから、もっと身近な問題としてお話すれば、どうしても私達は家族というものに属さざるをえない。少なくとも両親に属さざるをえない。あるいは兄弟姉妹があるとすれば、兄弟姉妹であらざるをえないんですね。そういう個人の自由というものとはある意味でまったく反する世界が、基本的に人間の条件として同時に並存しているということが分かってきたんです。

どちらがより深い人間の条件なのかは結論を出す必要はまったくないと思うんですけども、今いろいろなことが言われています。学級崩壊であるとか、社会が崩壊しているとか、いろいろなことが言われている。その中で、これはアメリカ社会にいちばん象徴的に噴出していると思うんですけども、エリクソンという心理学者が、今のアメリカの若者達は、〝あり余る自由のさ中で立ち往生している〟という表現を使ったわけです。あり余る自由のさ中で立ち往生している。今のアメリカの若者達は家族を初めとするあらゆるくびきから解放されて、ではどこに行っていいのか分からない、というのが現状だというんです。それはアメリカの若者達だけではないんですね。日本の若者達にしても、有りていにいえば皆さんの年代層の若い人達が、それこそあり余る自由の中で、どうその自由を使ったらいいのか分からずに立ち往生している、という状況が生まれていることは、多分実感されていると思います。

こうした状況にあって、その自由のあまりの閉塞の中から一歩前へ出ていく。むろんそれにはいろいろな形があると思うんですけども、その中のひとつは家族というものをもう一度選び取ることであると思うんです。家族という第一の直接的な人間関係の基本から、人間の自由の再構成ということを始めるわけです。家族それから地域、そしてもう少し広大な地球という概念にそれは広がっていくわけですけども、まずいちばん最初の基本の家族というものと改めて取り組み直していくということですね。

昨日ちょっと触れましたけども、高良勉さんという詩人がいらっしゃいます。その高良さんが生まれた玉城村《たまぐすく》というところに十年ほど前に連れていっていただいて、そこでおばあさん、高良さんにすればお母さんですけども、ヤマト言葉を全然語れない方とごあいさつをして、少しだけ沖縄の村の家族というものに触れさせていただいたことがあるんです。その体験は、一口で言えば、高貴で貴重なものでした。

これは琉球の村だけではないと思うんですね。日本の本州ないしは九州の村でも、屋久島の村でも、古い村に行けばやはり昔ながらの家族制度というもののなごりがあって、おじいさんおばあさんがいてそれに若夫婦と子ども、いわゆる三代同居している所は少なくなったとはいえめずらしくはありません。そこの村では年寄りがいちばん尊敬されているというか、年寄り、長老というものの位置が社会的に最も高貴なのとして、共同幻想として保たれつづけているわけです。それは皆さんからすれば封建制度のなごり、あるいは古い共同体のなごりとして脱却しなければならないものと映るかもしれない。確かに家長制度のような制度には大きな欠陥があるけれども、年寄りがおひな様のように大事にされている世界というのは、これから私達がつくり出していく社会にあっても、是非とも大切にしたい肝心な風景であると思います。

きっと皆さんもいろいろな問題を抱えているにしても、兄弟、姉妹、両親あるいは祖父母というものをイメージされるならば、そこに何かしら善いもの、美しいもの、懐かしいもの、あるいは嬉しいものを感じてらっしゃると思うんですね。そうであるとすれば、それは価値であり、カミなんですよね。善いもの、美しいもの、ありがたいもの、カミの原初はそこにあります。美しいもの、善いものとしての家族というものは、自分自身の自由というものを大事にしていくのと同様に大事にしていかなければいけません。

ですから、もし家族という言葉が、もう価値観として廃《すた》ってしまったとすれば、オルタナティブ、オルタナティブというのはもうひとつの、という意味ですが、オルタナティブな新しい家族というものをこれからつくっていくというふうに考えたほうがいい。それも未来に対するひとつのビジョン。これも先ほどのウォーターシェッドと同じように、未来の川を水が飲める新しい川に戻していくという発想と同じように、未来の新しいビジョンになってくるんではないかと思うんですね。

もう一度、「家族」を読んでみましょう。

家族

家族は　全世界への旅の始まり
慈と悲への　旅の始まり
そして

その旅の終りに見えるひとつの灯《ともしび》
家族は　厳粛な真理の現われ
はだかのわたくしが映される
鏡

皆さんは若いから、まだ自分が死ぬということはあまり現実の問題になっていないかもしれませんけれども、旅の終わりというのは、自分が死ぬという、この個体が死んでいくのが、旅の終わりになります。その時に一人できっちりと孤独に死んでいくというのも死に方だと思いますけども、やはり家族がいたほうがいいんではないかな。妻なら妻、夫なら夫、子どもなら子ども、最も親しい者達、その中で死んでいくというのが願わしいのじゃないかと思います。

「家族は厳粛な真理の現われ　はだかのわたくしが映される　鏡」

家族だけではありません。世界はすべて、自分という心に映る鏡、世界は全部鏡です。どのような世界も自分の心に映し出された鏡です。家族という自分にいちばん近い肖像は、自分というものをいちばん親密に映し出してくれる鏡なんです。

大工という夢

次に「夕日」という詩を読ませてもらいます。

夕日

一日の畑仕事を終えて
妻とお茶を飲んでいると
右の後頭部が妙に明るかった
振りかえってみると
山の端に今や沈もうとしている太陽が
神の瞳のように明るく輝かしく　そこにあるのだった
〈ああ　いい夕日だな〉と私はつぶやいた
〈そう　いい夕日〉と妻は答えた
明るく輝かしい夕日が沈んでいってから
妻は晩御飯の仕度にかかり
私は豚の餌をもらいに一湊《いっそう》の町へ下った
神よ
すべての農夫農婦の胸に
明るく輝かしい夕日が沈んでゆきますよう
神よ
農業が愛されますよう

もうひとつ「大工」という詩を読みます。

大工

太郎　中学三年
後輩にあとをゆずって　野球部を引退したお前に
この夏休みの宿題を与える
大きくなったお前と　やがて大きくなる次郎
二人の部屋を　自分達の手で建て増しすること

父は棟梁
図面を引き　ネダ材のホゾを切る
お前は弟子　柱材にホゾ穴を掘る
次郎はやがて十二歳　今はまだ川でうなぎの仕掛に熱中している

何をすることが　本当に楽しいことなのか
何をしているときに　胸に希望があり　それが静かな力となるのか

父は子に教えようとし
父はまた　子から学ぼうとしている

大工
おおいなる　たくみ

この詩が出来たのは、やっぱり二十年近い前なんですけども、この時に中学三年だった息子が、もう三十代半ばの社会人になりました。つい最近の新聞で、皆さんご存じだと思いますけど、子ども達の将来の夢の中でいちばんなりたい職業の第一位に大工がなりましたよね。あれを見た時、本当に嬉しかったですね。ふた昔くらい前は男の子の夢の第一位は野球選手。それからしばらくしてから今度はサッカー選手に変わったんですね。野球ないしはサッカーが第一位。女の子の第一位はバレーボールの選手。あるいは美容師さん、あるいは看護婦さんだったと記憶してますけども、つい一か月ぐらい前のアンケートで、子ども達の夢の第一位に大工が躍り出たといいますか、大工さんになりたいという子ども達が第一位になったのはとても嬉しい。

なぜそういうふうになったのか。いわゆる識者達の評論によれば、子どもの夢が小さくなった。たとえば昔であれば野球選手になりたい、あるいはサッカー選手になりたいと考えていた子ども達が、もうこれだけ情報が入ってくると、小さいながらにもそんな大きな夢を望むよりも、自分はサッカー選手になれないという客観性がすでに備わっている。夢が自分に見合ったレベルになってきたから、大工さんが第一位になったんだというような評論をしていましたけども、それは大工という夢をあまりにもばかにしているとぼくは思うんですね。

子ども達はサッカー選手や野球選手のような情報を受け入れているのと同時に、屋根に登って棟を上げている大工の勇ましく誇らしげな姿をどこかで見ていると思うんですね。そしてそれに引かれるものを感じたから、大工という職業をやりたいなあと思ったと思うんですね。その素朴な子ども達の夢にぼくはかけたいと思います。

もちろんサッカー選手になるのは悪いことじゃないです。野球選手になることもちっとも悪いことじゃない。夢を見るということはどんな夢であろうと悪いことではないですけども、その中で大工という新しい夢が出てきたということは、何よりも嬉しいことです。

詩を読むのが少なくて話が主体になってしまいましたけども、午前中はこのぐらいにして、また午後から聞いてくださるようお願いいたします。

第五話——新しい自然神話

生きることの意味

午後の最初は、今日お渡しした資料の詩を読みます。

カワバタさん

カワバタさんは　一湊《いっそう》林道専門の林道人夫である
一湊林道専門の林道人夫は　カワバタさん唯一人である

カワバタさんは　毎日若草色の軽自動車を運転してきて
林道の悪所を補修している
林道の両側の草刈りもしている
草は刈っても刈ってもまた伸びるし　道は補修しても補修しても
ひとたび大雨が降れば　元の川底のような荒んだ姿に帰ってしまう
カワバタさんは終日ものも言わず

出会ってもニコリともせず
いつも少しだけ不機嫌な表情で仕事に励んでいる
というより　人に出会う時だけそういう表情になり
一人の時は山や道と同じ顔をしているのかも知れない
時にはほうと　ひとりごとを洩らすのかも知れない
カワバタさんの仕事は　生涯の仕事である
明日はやめる仕事ではない
カワバタさんの仕事は　シジフォスの神話のように意味のないくりかえしの仕事である
草は刈っても刈ってもまた生い繁るし
道はなおしてもなおしても　ひとたび雨がくれば元の川底道に戻るからである
けれども
カワバタさんの顔には　意味のない仕事をしている人の苦しみは宿っていない
やがて死すべき人の　何処にでもある日に焼けた
少し不機嫌な静かな皺があるだけである

カワバタさんは　一湊林道専門の林道人夫である
一湊林道専門の林道人夫は　この世にカワバタさん唯一人である

続けて「シジフォス」という詩を読みます。

シジフォス

シジフォスという人は
神から　永遠に死ぬことができないという刑罰を受け
身にあまる巨岩を山頂までかつぎ上げると
その岩は音をたててふもとまで転げ落ちる
再びその岩を山頂までかつぎ上げるが　岩はふたたびふもとまで転げ落ちる
永遠に死ねず　永遠にこの作業を続けることが
シジフォスに与えられた刑罰であったと聞いている

この刑罰を
刑罰から逃れさせているものが　いくつかはある
シジフォスが　身にあまる巨岩を山頂までかつぎ上げ終えた　その時の喜びであり
巨岩が山を転がり落ちて行くのを眺める時の　一瞬の休息であり
さらには

ふたたびその岩をかつぎ上げるために
ゆっくりと山を下って行く時の
あたりの風景が与えてくれるしばしの深い慰めである
刑罰とは　ひとつの切口である
刑罰とは　ひとつの切口の風景である
刑罰は永遠に続き　喜びと慰めもまた永遠に続く
わたくしの真正な夏目漱石は　この刑罰と慰めの山の下にたたずみ
すみれほどな　小さき人に　生まれたし
と　願った

「シジフォスの神話」というのは、今読んだ詩の中にあるのが、大雑把な筋書きなんですけど、それをご存じだった方はいらっしゃいますか。ちょっと手を挙げて……。ということは、そういう神話があったということをほとんどの人が初めて聞かれたわけですね。やっぱり時代が移ったんだなあという感慨があります。

昨日もちょっと言いましたけど、一九六〇年にぼくは大学の三年生だったんです。その頃はマルキシズムという思想が全盛で、そのマルキシズムに対抗する形で、実存主義哲学というものがもてはやされました。マルキシズムというのは社会全体を変革していく政治思想ですから、全体主義的な傾向の強い方向性ですよね。もう一方で個人というものの自由を追求する方向性が実存主義という哲学の考え方だったんです。その頃の学生にいちばん人気のあったのがサルトル、ジャン・ポール・サルトルとアルベール・カミュという二人のフランス人作家であり哲学者でした。カミュは確かノーベル賞をもらいましたね。サルトルはノーベル賞をあげると言われたけど断わりました。

そのカミュの本に『シジフォスの神話』という作品があります。ぼくらの学生時代は、マルクスの諸著作と同じくカミュの『シジフォスの神話』やサルトルの『嘔吐』『自由への道』を読んでいないと一人前の学生じゃないという、そういう雰囲気があったほどにサルトル、カミュというのは、よく読まれていました。まあそんな時代だったんですけども、今こうしてお聞きしてみて、『シジフォスの神話』というものを聞いたことのない人がほとんどだとすると、四十年近くたって、やっぱり時代というものがずいぶん変わったなあというような感慨を持ってしまいます。

午前中にお話をした、ありあまる自由のさ中で立ち往生をしている、というような現代の状況は、ある意味で若い人達ばかりの状況ではないと思うんですね。三十代、四十代、あるいは五十代、ぼくら実存世代に至るまで、ある意味で日本全体がこれからどうしていいか分からない、どういうふうにしていけばこの国といいますか、ぼく達の社会がいい未来を迎えられるかということが分からない。ということは、世界の自由主義市場経済体制の中で日本の社会全体が立ち往生している状態であると思うんですよね。

環境問題がこれだけ不可避の問題として認識されてきたわけですから、環境問題を大切にすればするほど経済活動がある意味で制御されてしまいますから、経済を取るか環境を取るかというふうになって、むろんもう環境を捨てるわけにいかないですよね。経済も捨てるわけにいかない。じゃあ環境問題にかなった経済に専念出来るかといったらそういうわけにはいかない。大きく見て日本の社会が、経済の問題と環境の問題との間で立ち往生している。

それは日本だけのことでないんですね。EUもアメリカ社会も同じです。経済活動を進展させていくと環境が破壊される。環境を守っていけば経済活動は低下せざるをえないというジレンマの中で、じゃあどうすればいいのかという新しい、明るい次のヴィジョンを見ることが出来ないという、ある意味で不幸な時代を私達は生きていると思うんですね。

自由主義市場経済というありあまる自由のさ中で立ち往生している私達の現状というものを、たしか東京都立大学の若手の社会学者なんですけども、宮台真司さんという人が書いた本の中に『終わりなき日常を生きろ』（筑摩書房）というタイトルの本があったと記憶しています。『終わりなき日常を生きろ』、逆にいえばそういう言葉が力を持つほどに、現在は日常性というものの意味がなくなってしまった時代なんだと思うんですね。午前中はかなり明るい未来のヴィジョンの話をしましたけど、そういう未来へのヴィジョンというものがあれば、終わりなき日常を生きろなどというテーマもスローガンも出てこないんですけど、それが閉ざされている。そうすると毎日毎日が意味のない日々の繰り返し、つまり、刑罰を受けているシジフォスということになります。

一方ではもちろん、生きていくことに意味を見いだしていらっしゃる方もいると思います。大学を出て教師になろう。あるいはちゃんとした会社に就職をしてひとつの階段を登っていこうというふうな形で未来にヴィジョンを持つことはできる。それぞれのヴィジョンといいますか、願いを持っていらっしゃるとは思いますけども、その中で、教師になることはどういう意味を持つのか、会社員になることはどういう意味を持つのかと、積極的にもう一度その意味を問い立てた時に、特に心がわくわくする、あるいは自分の生命が充実してくるような、そういう意味性を持つのはなかなか難しいと思います。生きることを心から満足させてくれるような、意味性を見いだすことは非常に難しい。

お手元に資料としてお配りした「シジフォス」の詩の中で、最後のほうに「刑罰とはひとつの切口である　刑罰とはひとつの切口の風景である」という言葉がありますが、それを伝えたくて今日の資料としてお渡ししたわけなんです。どんなに日常生活に積極的な意味が見いだせなくとも、言いかえれば無意味というものがどんなに支配しているかもしれないけれど、ぼく達はその中で生きていかなくてはならない。永遠に死ぬことが出来ない刑罰を与えられて、しかも重い岩を背負って山を登る、山頂に登りつけばその岩は転げ落ちる、山を下りていってまたそれをかつぎ上げる、という意味のない作業を永遠に繰り返すことがシジフォスに与えられた刑罰です。この刑罰は、四十年前のぼく達が学生であった頃にはそれとして深い意味を持っていたわけですが、皆さんの現在の日常生活の中にも移し変えられるような要素を充分に持っていると思うんです。生きることの積極的な意味を喪失した現代社会の構造の内にあっても充分に応用出来るものだろうと思うんですね。

世界と自己の間に横たわっている無意味性という断絶を、カミュは「不条理」という言葉で呼びました。カミュの『シジフォスの神話』という哲学的エッセイのサブタイトルは「不条理についての試論」というものでした。「生の不条理」、生きて在ることの不条理という言い方をしたんですが、今はそういう哲学的な言葉など必要じゃないほどにその感情が一般化されて、簡単に言うとシラケという言葉になります。シラケている。一人一人の人が自分なりの仕方でシラケているのと同時に、社会全体としても積極的な価値観を持つことができずにシラケている。

私が生まれた今から六十年ほど前、昭和十年代に日本国家は大東亜共栄圏をつくるんだという大きな目標を持って戦争へと突き進みました。もちろん戦争反対ということを必死になって唱えた人達もたくさんいたけども、国家全体としてはひとつのファシズムの中で、大東亜共栄圏あるいは鬼畜米英というような当時の価値観において突進していったわけですね。その価値観は、弾圧されたり監獄に入れられたりした平和主義者達にとっては、いかにも不条理なものでした。戦後になって日本国は、欧米の指導のもとに本格的な資本主義国家の建設に取り組みました。昭和三十年代、一九六〇年代のぼく達が学生であった時代は、経済発展ということを旗印にしたその資本主義がいよいよ波に乗り始めた時だったのですが、ぼく達学生はその波にも当然といえば当然なのですが、不条理を感じ取っていました。現在は、その経済発展という戦後の最大の課題が行きづまり、「有限の地球に無限の発展はありえない」、宇宙船地球号という認識が一般化した時代です。社会の全体が最大の目標につまづいてしまったのですから、「無意味性」「シラケ」という感情が社会全般にいきわたってしまうのは、これまた当然のことであるわけです。

それでは、日本の社会の全体は積極的な意味性のないこのシラケた消費社会のままでよいのかといえば、決してそうではないことを、皆さんの一人一人は感じておられると思います。そこに、四十年前にはやった「シジフォスの神話」を、もう一度新しくみる必然性が生じてくるのです。

社会全体もそうですけども、私達の一人一人が生きることに積極的な意味を見いだせないとすれば、それを見いだしていくということこそが私達の仕事といいますか、務めであり、自分がもしこの世界において何かの積極的な意味を見つけたとすれば、それを伝えていくのがぼくならぼくの役割ではないだろうかと思うわけですね。そのことについて言えば、昨日来伝えていますように、見る視点といいますか、見る視野を変える。世界は自分の心の映しだということを言いましたね。世界がこの心の映しであるからには、逆に自分の心のありようを変えていく。今のシジフォスの詩でいえば、その世界の姿というのは、大きな岩を積み上げて山に登る、その岩が転げて落ちる、その岩をまたかつぎ上げるという、これはまあ主として労働という側面ですけども、意味もなく大学へ来て、そこを卒業し、社会に出て結婚し、意味もなく子供を産んでそれを育て、やがて死んでいくという、世界の無意味性のただ中にあって、逆にそのただ中にこそ意味を見つけ出していくという姿勢です。

その見方を変えていけば、シジフォスが重い岩をかついで山を登って行くその一歩一歩の風景の内には、その歩行に特有の風景が生じてくるはずですし、シジフォスが山を登り終わったその瞬間の深い喜びというものもまた彼に必ずあったはずですね。空身で山を下っていくしばしの時間は、登りの時がきつければきついほどじっくりと味わえる楽しい時であるはずだし、再び岩をかつぎあげるその瞬間にも、よしやるぞという、新たな決意というものがあると思うのです。

世界を不条理という視線から見るのではなく、生命に与えられる小さな喜びの相から見ていくならば、今度は大岩を担ぎ上げて登っていくという行為そのものが、喜びのためのひとつの労働として転換されてきます。それはまったく百八十度変わってくるわけですね。同じ労働でありながら、心のありようを変えただけで無意味性から喜びへと逆の方向に転換することが出来るんですね。

そういうことを、お伝えしたかったんです。世界を刑罰として見れば、それはまさに刑罰の風景です。しかしながらその中の喜びと見れば、刑罰とはひとつの切口の風景にすぎないことを、お分かりいただけるかと思います。ですから今皆さんが、自分には十分に夢もあるし、それからやることもある、自分の生活に意味を持っているというふうに思われるのであれば、労働ないし今ここでなら学習ですが、それが無意味になるということはありえない。世界と自己との間に存在するのは、不条理・無関係という関係性であると同時に、鏡という関係性でもあるんです。自己が強く美しく生きようと願えば、世界は千年変わらずに、生きるに値する世界として立ち現われてくるのです。「シジフォス」の前に「カワバタさん」という詩を読んだのは、生涯の仕事というものをとおして、一見して無意味と思われる世界の深みをどんどん掘り下げていった人の、意味ある世界というものを、お伝えしたかったからです。

心のあり方、あるいは生命のありようというものを静かに見つめてみると、無意味なものは世界には何ひとつないということが言えると思います。もし皆さんがこの世界には意味がない、あるいは自分の生活に意味が見いだせないということを感じていらっしゃるならば、それは皆さんの生命のあり方、あるいは心のありようが何か間違っていることの証明です。むろんこのような世界ですから、そこに意味性を見いだしていくことはとても困難なことですけど、人間が生きるということは意味性を見いだすということなのですから、どうしてもそれは見つけ出されなくてはなりません。聖書に、「求めよ。さらば与えられん」とあるように、探す、意味を見いだす、見つけだすということを真剣にされれば、それは必ず見つかると思います。

新しい自然神話

それからもうひとつ、「シジフォス」という詩をとおしてですけども、お伝えしたいことがあります。それはですね、神話ということなんです。

神話というと、皆さんはたとえば日本神話というものを想い浮かべるかもしれません。皆さんの世代では、日本神話は学校では教えてきませんでしたから、知らない人もたくさんいらっしゃるかもしれませんけども、日本神話のいちばん代表的な物語は、アマテラスオオミカミという女神。世界秩序としてのアマテラスオオミカミの弟にその秩序を破壊するスサノオノミコトという神様がいて、これが暴れに暴れたんで、アマテラスは天の岩屋に隠れて、岩の戸を閉めてしまったんですね。つまり、秩序が失われて暗闇の世になるわけです。世界が真っ暗になってしまった。人々が困って、何とかもう一度アマテラスにこの世に出てきてほしいというんで、そこでアメノウズメノミコトという女神を送りだして岩戸の前で裸踊りをさせるんですね。そうしたら岩戸の前に集まった神々が楽しく皆で声をたててわらったといいますね。その時のわらうという字が、咲《わら》うと書いてあります。八百万《やおよろず》の神々がわらったという時に、この花の咲くという字を使ったんですね。あまり楽しそうに神々が咲《わら》っているんで、アマテラスが少しだけ天の岩戸を開いて、何をしてるんだろうと覗いてみた。それを待っていたのがタジカラオノミコトという、これはもう神話というより童話の世界ですけど、力持ちのタジカラオノミコトという神様がいて、その神様がちょっと開いた岩戸をガラッと引き開けて、それで岩戸が開いてしまったので、アマテラスはまた再びこの世に戻り、世界が明るくなったというのが、日本神話としてはいちばんよく知られているものですよね。

日本神話だけではなくて、ギリシャ神話というものを皆さんはご存じだと思います。ギリシャ神話にもたくさんの神々が出てきます。ゼウスという天の神様、あるいはポセイドンという海の神様、それからガイア、今はこの女神が大変有名になっていますが、ガイアという大地の女神、そういう神々が登場するギリシャ神話は、西欧文明の源の神々として、現在でも私達にまで知られているわけです。そういう意味でいうと、アメリカ合衆国のような最近の国といいますか、歴史の浅い国にはあまり神話が多くありませんけれども、アメリカインディアンを含めて世界中の国々は、全部その国なり部族なりに特有の神話というものを持っている。シジフォスの神話というものもギリシャ神話のひとつなんですね。

今日お伝えしたいことは、実はその古代の神話ではないんです。ぼく達は神話というと、もうそれだけで古代のものだというふうに思ってしまうんですが、そうではないんだということを伝えたいんです。それはどういうことかというと、人間というのはどんな時代にあっても常にその時代の神話を持つ動物なんだというふうにぼくは考えているんです。たとえば紫式部あるいは清少納言というような文学、日本の国風文学の始まりというのが平安時代にあったと言われるわけですけれども、その平安時代には平安時代に特有の、今の時点でいえば貴族文化というか宮廷文化みたいな、そういう神話というものが、社会の中にはずっと維持されていたと思うんです。江戸時代には江戸幕府というものを頂点とするひとつの幕府神話というものが、その時代を生きていたすべての人々の胸に、たとえば将軍様という呼び名ひとつにしても、将軍なんて見たこともないのに、神話として生きていたわけです。

それは明治に入っても文明開化という神話において続くわけです。そしてつい六十年ほど前の最近の日本の神話というのは太平洋戦争ですね。日本は神の国で、天皇を頂点とする神の国で、神国日本がリーダーとなって大東亜共栄圏をつくるんだという神話が、日本全国をまとめてしまったんですね。もちろん反対した人達もたくさんいた。そういう人達は監獄に入れられたり、排除されたり抑圧されたり、あるいは殺されてしまうという少数派の神話を形成しつつ第二次世界大戦に突入していったわけですね。その神話は一九四五年の時点で敗戦という形で終わった。次にまた私達は新しい神話をつくり出してきたんですね。その神話は民主主義という神話です。午前中もお話したように、何人《なにびと》も侵すことのできない基本的人権に基づくところの戦後民主主義という、欧米発の新しい神話を、私達は自分達の神話として受け入れたんですね。

ですけどこの民主主義という神話も、現在ではちょっと色褪せてきたといいますか、もう民主主義という神話は特別に輝かしい光を放たないわけです。神話というのは、その時代時代において万人の心を奪う特別の光を放つからこそ、神話と呼ぶのです。私達の時代にはもうひとつか二つの新しい神話が生まれてきました。それはひとつには「経済」という神話です。もうひとつは、その経済を支えている技術といいますか、「科学」という神話です。この二つの神話、その底にはむろん民主主義という少し古くなってきた神話もありますけども、ぼく達は今、この経済と科学の進歩という二つの神話の中で生きているんではないかなという気がするんです。

ではなぜそれを神話と言うかというと、実体といいますか総体としての「経済」なんて見えないわけですよね。失業率が何%、成長率が何%という数字としては示されますが、その実体は江戸時代の「将軍」と同じく見ることはできない。経済は成長しなければいけないというふうに毎日マスコミが言い立てて、誰もがいつしか経済は成長しなくてはならないと思いこむようになります。今は、不況、不況ということを言ってますね。不況の反対は経済成長ですから、それを価値として押しつけてくるというか、誰が押しつけるのか明確でないのがまさに神話の神話たるゆえんなのですが、それをやるわけです。そうするとぼく達の中に、いつの間にか経済というものは成長しなければいけないという、無意識のうちの価値観が出来てくるわけです。あらゆる時代を支配している、その時代特有の無意識の価値観、それを神話と呼ぶんです。どのような時代にあってもそういうものを持っていないと、ぼく達は安心して暮らしていけないんですよ。人間というのは、なぜか、そういう生物なんですよね。

現代の社会を支配している二つの神話というのは、「経済」という神話、そして「科学の進歩」という神話だということをお話したんですけれども、今回の受講生の名簿を見ると、理工系の学生がとても多いですね。特に電気科が多いです。理工系の方の聴講が目立って多いというんで、ぼくはとても嬉しいんですけどね。ぼくは詩という立場からお話してますが、詩というのは文学の立場ですね。理工系の学問というのは、どちらかというと科学及び科学技術に結びついていく分野ですから、ある意味で反対の立場だと思うんですけども、ぼくは本来は科学というものと宗教や文学や芸術といった二つの分野は分かちがたい姉妹、二人姉妹あるいは二人兄弟だというふうに思っているもんですから、理工系の方の聴講が多いことが嬉しいのです。

そこで、この「経済」という神話、あるいは「科学」という神話、この二つの神話がいきいきといつまでも神話としての光を持っていられるかということを問わなくてはいけないんですね。

科学の進歩ということは別におくとして、経済というものが、この限られた宇宙船地球号において、無限に発展していくことはありえないというこの二、三十年来の反省を、新しい神話として共有するべき時に私達は立っています。「科学」は無限に発展しますよ。人間が生きている限り。ですけど「経済」には無限の発展ということはありえない。なぜならば、経済活動は資源を使わなくてはなりません。資源を使ってそれを生産物にし消費するのが経済活動ですから、資源が有限である限りは、経済活動は決して無限に発展していかないんです。つまり無限の発展という経済の神話は、今では明らかに終えんを迎えて、それに替わる新しい神話を持たねばならない時を私達は迎えているわけです。

それからもうひとつは、「科学の進歩」という神話ですね。これは、先ほども言いましたように、人類が生きている限りは科学というのは必ず進歩します。決して後退しない。これは携帯電話ひとつを見てもはっきり分かりますよね。携帯電話の機能がより悪くなるということは決してないんです。これは日進月歩で、どんどん進んでいきますから、値段をより安くということを含めて、後退するということはありません。

それと同時に核兵器、原子爆弾というものをつくりだしたのは科学です。科学の技術ですね。科学理論というものに基づく技術というもので、科学の進歩は無限ですけども、これは両刃《やいば》の刃ですね。私達に無限の便利さや喜びをもたらすでしょうけども、その反面で危険性も無限にもたらしてくる。これのいちばん悪い例が昨日もお話ししましたように、原子力発電というひとつの技術ですね。これは科学理論に関していえば核物理学で、それ自体は少しも悪いものではないにもかかわらず、それが技術に応用されて原発技術なり、核兵器技術なりに展開されると、エネルギーを出すたびに毒性廃棄物を何万年という年月にわたって排出します。

そういう種類のことは私達のこの世界を見回して、どこにでも出てきます。携帯電話にしてみれば、これは非常に便利でいいものであるけれども、有害な電磁波というものが出るそうですね。その電磁波が私達の生体にとって毒性があることはもう何年も前から指摘されております。科学製品といいますか、科学の生み出すものは常に未知のもののわけですから、危険性と利便性との両刃を持っているのが常なんです。科学は無限に進歩するけど、そこには絶えず利便性と危険性の二つがひそんでいることを、私達はチェックしつづけていかなければなりません。つまり、科学もまた万能の神話ではありえないことが、現代の常識になってきたわけですね。

現在の私達を支配しているものは「経済」という神話、あるいは「科学の進歩」という神話であるわけですが、それらが神話たりえなくなった現在は、さらに第三の神話とも呼ぶべきものが登場しつつあります。今少しずつ、環境問題といいますか、自然というものの重要さといいますか、そうした感受性がもう一度よみがえってくる新しい神話が、もう胸のあたりまで立ち上ってきています。これを「新しい自然神話」というふうに呼びたいと思うんです。「新しい自然地球という神話」と呼んでもかまいません。

ここまでくると、神話という呼び方があまり適当ではなくなってくるかもしれません。今までお話した「神話」という言葉を、「共同幻想」という言葉に替えてもらってもいいです。神話と言うとどうしても古代の物語のように考えてしまいますから、それを共同幻想という言葉で呼んでも内容的にはほとんど同じです。共同幻想というのは、今ここにぼくを含めてこれだけの人数がいますよね。ですから、これだけの人間が、何かひとつのことを価値として共有すると、それが共同幻想になります。

今「経済」ということをテーマにお話すれば「経済」というひとつの共同幻想を私達はここで持つことになります。それが社会全体の規模になった時に、社会全体の神話になり共同幻想というものになっていくんですね。

その時代時代の神話。その時代その時代の共同幻想。「新しい自然神話」というのは、私達がこれからつくり出し、共有していく新しい共同幻想のことでもあるわけです。午前中ちょっとお話したような、美しい自然と進歩していく科学技術が共存出来る美しい未来、自然地球を絶対の基盤とした新しい次の世代の文明といいますか、今、池澤夏樹さんという作家が「すばらしい新世界」という小説を「読売新聞」に連載してますけど、「すばらしい新世界」というものをあくまで自然に基礎を置いて、あくまでも自然に属しながら、私達の次の未来として、神話として、共同幻想としてつくり出していく、ということですね。

今までお話したことの中で、多分理解していただけたと思うんですけども、神話というのは、国家によって強制的に押しつけられるものでもマスコミの操作によって誘引されるものでもないんですよね。過去にそういう不幸で悲惨な時代がありましたが、その反省に立ってこれからは、私達一人一人がその真事《まこと》においてつくり出していくその結果が神話になるんです。結果として神話になるんですね。

神話の本質は何かといったら、一人一人の願いの集積にほかなりません。私達一人一人がいぜんとして経済をもっと発展させたい、お金持ちになりたいという願いを持つならば、社会全体は必然的にそれを神話としつづけるでしょう。また一人一人がもっと科学を進歩させたいと願う以上は、次の社会はもっと科学が進歩した社会になっていきます。私達の願いの総体が次の社会、次の世界をつくっていく。ですから、私達が一人一人の願いというものが、新しい神話をつくっていく主体なんです。

この時間の最後にお願いしたいのは、一人一人の願いをはっきりさせてほしい。皆さんが現在持っておられる情報や知識のすべてを尽くして、その上に立って、人類として、その中の個人として何を心から願うのかということを、よくよく考えていただきたいのです。

第六話——私は誰か

心を以って心に伝える

短い詩ですが、詩を読みながら話を進めさせてもらいます。最初に「山茶花」という、山茶花は山の茶の花ですね。「山茶花」という詩を読んでみます。

山茶花

秋が深まる
湯呑みに熱い白湯《さゆ》を注ぎ　ありがたく味わう

山茶花の花は　葉の裏側に咲こうとする
白い美しい花なのに　葉の蔭にかくれて少しだけ花びらを見せる
それは多分　理由があることだ
山茶花の濃い緑色の葉は　白い花にもまして美しい
山茶花の濃い緑色の葉は　神の葉だ

秋が深まる
湯呑みに熱い白湯を注ぎ　ありがたく味わう

沖縄には山茶花の花は咲きますかね？　あまり見ないですか。ひょっとするとあまり見ないかもしれませんけれども、少なくとも屋久島までは野生の山茶花が見られます。普通花というものは葉っぱより外側に出て堂々と咲くんですけど、山茶花という花は、葉の蔭に隠れて咲くんですよね。どういうわけかしらないけど、そういう習性を持っていて、山茶花というのは本当にシャイな花だという感じがします。

シャイということについてですけども、一般的にはアメリカ人なり西洋人なりに対して、あの人達はあまりシャイではない、堂々と自分のパーソナリティーを主張することが出来る、というふうにわれわれ日本人は感じていますね。日本人はシャイだ、東洋人はシャイだということが言われているわけです。時々、自分はシャイだからというふうな言い方を皆さんも使うことがあるかもしれない。西洋のパーソナルな文化との関係の中でシャイであるということは、どちらかというとネガティブな評価になってしまった時代ですね。ですけど、山茶花という花の姿からすると、なぜかしらないけど葉の蔭に隠れて、半分隠れた姿で、言ってみればシャイな姿で花を咲かせるという習性の植物もあるわけですよね。

これはその植物の個性であって、決してポジティブでもなければネガティブでもない。ただあるがままの山茶花という植物の特性だと思うんですね。そういうふうに考えてみると、あまり自分の個性というものを主張しないで、どちらかというと一歩引いた形で対応する人間関係というものをつくりあげてきた東洋の人々の知恵といいますか、人間関係における関係の持ち方というものは、決してネガティヴなものではなく、東洋人のひとつの特徴としてとらえることが出来ると思うんです。

欧米に行って欧米の人達と交わる時に、自分がシャイであると、損をしてしまうということは多分往々にしてあると思いますから、努力をして開放的に堂々と自分の意見を主張するという、そういう関係を持つことも大事だと思いますけども、それと同時に東洋文明の特徴のひとつである、自分を一歩引いて相手を立てるという人間関係の持ち方というものは決してネガティブなものではないと思うんです。

文明や文化というものは、これからどんどんグローバルに交流していきますから、何もアメリカ発あるいはヨーロッパ発の文化・文明だけがいい文化・文明であって、東洋の文化・文明というものは劣ったものであるという考え方はもう過去のものですね。これからはむしろ東洋人のわれわれがつくりあげてきた、人と人との間に多少の間《ま》というものを持つ人間関係というもののよさを逆に提出していく必要があると思います。

もうひとつ例を引けば、ディスカッションということがありますよね。討論、ディスカッションということが西洋世界では大事にされます。とても大事にされます。ディスカッションしてお互いに意見を交換しあうことは大変大事なひとつの方法だと思いますけど、たとえば日本の禅宗といいますか、日本だけではありませんけども、禅仏教の伝統の中には以心伝心という事実がありますよね。以心伝心という言葉があって、心を以《も》って心に伝える。つまり言葉はいらないわけですね。まったくディスカッションしない。ただ心をもって心に伝えるというコミュニケートの仕方もあるわけです。

このコミュニケートの仕方、方法というのは、西洋の文化伝統の中にはあまりないものなんです。あったとしてもごくごくマイナーなもののはずです。ですけど、この以心伝心でコミュニケートするという仕方というのも、非常に優れたコミュニケーションのひとつの方法だと思うんですよね。というよりは、禅にあっては、人間関係においていちばん肝心な大切なことは、言葉では伝えられない、という伝統があります。教外別伝といいますが、肝心なものは言葉を越えたものである、という伝統です。

私達が戦後の五十年をかけてディスカッションというコミュニケーションの仕方を学んできたように、これからは、西洋の人達が以心伝心という無言のコミュニケートの仕方を学んでいく時代がくるかもしれない。事実、アメリカでもヨーロッパでも禅は非常に人気があって、多くの西洋人達が以心伝心を学んでいるわけです。ぼくはディスカッションというコミュニケーションの方法は、とてもいい方法のひとつとして大事にしますけども、それと同時に以心伝心、無言の心をもって心に伝えるという私達の伝統的なコミュニケーションの方法というのも、非常に優れた方法のひとつだと思っています。

いずれにしても価値観というものは多様にあるわけですから、十人十色という言葉があるように、百の民族があれば百の価値観があるわけです。百の土地があれば百のその土地の価値観があります。その価値観を見つめながら、一人一人がそれを発信していくということが、これからはますます大事になると思います。それが本当の意味でのグローバリゼイションということだと思います。この地上で、ますます多様な文化・文明の花を咲かせていくことがグローバリゼイションなんですね。そういう意味で、シャイな「山茶花」という花の詩を読んでみました。

自分の住む場所

今日の昼食の時に学生食堂に行って、初めてぼくはユウナという花を確認しました。皆さんはもちろん日常的にご覧になっているかもしれませんけども、ぼくは沖縄にくるのは三回目ですので、これがユウナの木だという自覚を持ってユウナを見たのは先ほどが初めてなんですよね。一昨日《おととい》から透明度の高い黄色いきれいな花が咲いていて、何という木なんだろうなあと気にかかってはいたんですけど、ご一緒した喜納先生からあれがユウナですよと教えていただいて分かったんですね。

ただ花の姿を見ているだけの時と、ユウナという名前とその木が結びついた時というのは、全然違いますね。これがユウナの花だったのかと、ユウナというひとつの不思議な呼び名とその姿というものが自分の中にはっきりと像を結ぶ。これが意味と言葉の始まりだと思うんですよね。今日のお昼時間にはとても美しい世界の宝がひとつ増えた、確実にひとつ増えた、ユウナという宝の世界がひとつぼくには増えたんです。

山茶花というようなものも、やはりそのような世界の宝のひとつなんですね。

山

夕方
何かに追われて　山に入った
山で　ひとかかえほどの椎の木を　二本伐り倒した
向かいの山にはまだ陽が当たっているが
こちらの山はもう夕闇が濃い
柔らかな山の土に腰をおろして　ゆっくりと煙草《たばこ》を吸った

何故かこの時
心の底から山が好きになった

先ほど一人学生がこられて、昨日は国頭《くにがみ》の方へ実習に行っていたのでと、欠席届けを出してきました。農林学科の実習というのはどういうことをするのか分かりませんけども、ぼくは日常的に森の中に住んでいますから、ある意味では毎日が森の中での実習のようなものです。

今読ませていただいた椎の木は……これがひとかかえですから、直径三、四〇センチぐらいの椎の木を二本、シイタケのホダ木にするために山の中で伐り倒した時のことを詩にしたものなんですけども、森、あるいは山というものは、本当にいいもののひとつですよね。木を植えるにしろ木を伐るにしろ、とても気持のいい作業のひとつです。彼が行った国頭の実習の内容は具体的に何だったのかは分かりませんが、その作業というのは、この授業に出るのと同じ、あるいはそれ以上に価値のあることだと思いましたから出席扱いにしてあげました。

心の底から好きな場所というのを見つけ出すということも、皆さんにとってはひとつの学習であると思います。今この沖縄に住んでらっしゃって、沖縄という島が心から好きだというふうに感じているならば、もうこれはいうことがないですね。一生を好きなところで住んでほしいと思いますけども、石垣島や西表島のほうがいいと思っている人がいるかもしれない。あるいは与那国島に行きたいと思っている人がいるかもしれない。あるいは九州や本州のほうに、ヤマトのほうに、あるいはアメリカのほうへ行きたいと思っている方もいらっしゃるかもしれません。いずれにせよ、住むということはとても大事なことですね。昨日から話をしていますけども、人間というのは、植物と同じように基本的にはその住む場所に属していますから、望むと望まざるとにかかわらず、住む場所に属しますから、好きな場所に住むというのは、とっても大事なことですね。ですから自分がどんな土地が好きなのか、山が好きなのか、あるいは海が好きなのか、あるいは平野が好きなのか、都市が好きなのか、大都市が好きなのか、村が好きなのか、町が好きなのか、というようなことも含めて、自分の生涯住む場所というものを探していくといいますか、求めていくといいますか、それを意識化して、意識して探していくということがとても大事なことのように思います。

どうか琉球大学で勉強をする何年かの時間も含めて、自分の住む場所というのを見つけてほしいと思うんですね。これは明後日かその次あたりに話をするつもりでいますけども、小林一茶という江戸時代の俳人の代表作に、「是がまあつひの栖《すみか》か雪五尺」という俳句があります。その「ついの栖」というものを見つけてほしいと思いますね。ここが「ついの栖」だと思えるような場所を見つけていただきたいと思うんですよね。ぼくの場合には屋久島という大きな島ではあるが、それにしても日本のひとつの離島にすぎない場所を「ついの栖」として見つけたことによって、生きるということが本格的になったし、それからずいぶん豊かになりました。

「ついの栖」というのは、生死《しょうじ》がかかった場所のことですね。そこで生きていくし、そこで死んでいく場所。特に死から考えることが大切だと思います。この場所で自分が充分に死ねるかということを尺度にして住む、生きる場所を選んでいくと間違いがない感じがしますよね。

次に「子供たちへ」という詩を読んでみます。

子供たちへ

十三歳の次郎
やがて十七歳になる太郎
お前の内にはひとつの泪《なみだ》の湖がある
その湖は　銀色に輝いている

お前の内にもひとつの泪の湖がある
その湖は　金色に輝いている

八歳になったラーマ
お前の内にも　ひとつの泪の湖がある
その湖は　神の記憶を宿している

やがて九歳になるヨガ
お前の内にはひとつの泪の湖がある
その湖は　宇宙のごとく暗く　青い

六歳のラーガ
お前の内にもひとつの泪の湖がある
その湖は　自己というものを持たない

子供たちよ
貧困と　困難に耐えてすくすくと育ち
お前たちの内なる　泪の湖に至れ

これもずいぶん前に出来た詩で、今読み上げた五人の子ども達はすべて成人して、それぞれの道を歩いています。これはもちろん私自身を含めてのことですけど、すべての人間の胸の内には泪の湖がたたえられていて、その湖にはいろんな風景が映っているわけですね。それがその人の個性だと思うんですけども、ある人は金色の湖を持っているかもしれない。ある人は銀色の湖を持っているかもしれない。

この詩ができた頃に長男に対しては、その胸の内には銀色の泪の湖があるとぼくは感じたんですね。そして次男に対しては、お前の胸の内には金色の泪の湖があると。ある時に長男がこの詩を読んで、「なぜおれは銀色で弟が金色なんだ」と抗議をしてきたわけです。それはなぜと言われても、ぼくがただそう感じたからそうなったわけで、銀色が金色より劣っているわけでは決してない。人が生きるということは、オリンピックじゃないわけですから。オリンピックでは金が最高ですけど、生命の実体、生きるということの内実においてはオリンピックは成立しないわけですから。大切なことは、その自分の胸の内にあって自分を映す、自分の個性を映す泪の湖が、あるということなんです。

これは特別に泪でなくてもいいんですが、泪という言葉を使ったのがぼくの個性で、それを泪と呼んだだけで、皆さんの一人一人の胸の内に、その水分といいますか、世界を映している鏡としての湖があるはずなんですね。そこに一人一人の必死の個性が宿っている。それは色にすれば金色であるかもしれない。銀色であるかもしれない。あるいは神の記憶であるかもしれない。あるいは宇宙の青という色であるかもしれない。あるいは無私、私がないというような、そのような姿であるかもしれない。たとえ三歳や五歳の子どもであろうとも、すでにその胸の内には何かの悲しい姿が、何かの善き姿が映っているんだと思うんですよね。その水分をＤＮＡを刺戟する新たなる記憶と言っていいかもしれません。その何か善きものあるいは深く悲しいものを、ぼくは最初に言いましたようにカタカナで表記するカミという言葉で呼びたいと思うんです。その言葉を使うならば、すべての人の胸の内にはカミという湖が宿されているということが言えると思うんですね。

地獄は一定住みかぞかし

次に「三月一日」という詩を読んでみます。

三月一日

朝起きて
ふと見ると　新しいカレンダーに
「地獄は一定住みかぞかし」
と　書かれてあった
三月一日
ここらではアオモジの木の白い花が咲きだし
桃のつぼみもふくらんで　すっかり春めいてきたが

わたくし一個の羇旅《きりょ》は
「地獄は一定住みかぞかし」
であったのだ
そう定まると　すがすがしく
顔を洗う手にも　地獄がこもるのだった

ある年の三月の一日、カレンダーをぱっとめくったら、「地獄は一定住みかぞかし」とそこに書いてあったんですよね。あっと思ったんですけど、ああそうか地獄が一定住みかなんだという深い感動があったんです。自分の人生という旅において、地獄が一定住みかである、というふうに思える日もあるわけです。生きていれば当然のことなんです。これは、親鸞上人の言葉です。鎌倉時代に浄土真宗という新しい宗派を開いた人です。南無阿弥陀仏ですね。浄土宗を始めたのは法然上人というのは多分歴史で習われたと思います。その弟子の親鸞上人という人が浄土真宗という新しい宗派を起こしますね。その親鸞上人が、『歎異抄《たんにしょう》』という本を残しているのは皆さんもご存じだと思いますね。『歎異抄』は文庫本でも出てますけど、名前だけでもご存じの人がいらっしゃったら手を挙げてみてもらえますか。少しはいますね。

これは親鸞自身が書いた本じゃないんです。親鸞のお弟子さんの唯円《ゆいえん》という人が、親鸞が語っている言葉を書き留めた本です。だから言葉は親鸞の言葉ですけども、親鸞の著作ではないわけです。その『歎異抄』の中に、「地獄は一定住みかぞかし」という言葉が出てくるんですよね。唯円が、死んだら本当に極楽に行けるんでしょうかっていう質問を親鸞にするわけです。それに対する親鸞の答えなんです。自分は、法然上人が念仏を唱えれば極楽に行けると言われていることを信じて、この道に入ったのだから、たとえ法然上人に騙されて地獄に落ちようとも少しも後悔はしない。なぜなら、地獄は一定住みかなのだから。もともと自分は死ねば地獄に落ちるほどに罪深い信仰もない人間なのだから、と答えたわけです。

言葉というのはまことに不可思議なもので、力を持っていますね。本当に自分が困った時に、「地獄は一定住みかぞかし」というこの言葉が、いのちを持った言葉として生きてきます。幸せな時にはこの言葉は何の力も持ちません。こんな言葉はあってもなくても何の関係もないのです。ただ自分が本当に絶望しそうなほどに困った時、この言葉が生きてくる。そんな言葉が生きてくる状態にはならないほうがいいですけども、人間が生きている間には一度や二度、あるい十度や百度は必ずこの言葉が光を持つ時がある。この言葉を覚えていればそれが光を持つ時に出会うと思います。残念ながら出会わざるをえない。

「地獄は一定住みかぞかし」という、その言葉をそのままタイトルにして小説を書いた石和鷹《いさわたか》という作家がいます。この人はあまり知られてはいませんが、泉鏡花賞をもらった作家で一部の専門家の間ではそれなりの評価のあった人です。この人がある時、喉頭癌に罹ります。喉頭癌の手術をして声が出なくなります。声が出なくなって、その癌が次には内臓に転移します。その時にこの言葉がきたんですよね、彼の中に。そしてこの言葉をそのままタイトルに使って小説を書きました。これは大変評判がいい小説になって、ぼくも持ってますけど、何かの賞をもらってその人の代表作になってます。

賞をもらった時にはもうこの人は亡くなってましたけども、この人がこの言葉にたどり着いた時に、生きる力をもらうんですよね。生きる力をもらって最後の作品を書き上げることができたんですね。
この言葉は、皆さんにとって今はあまり光を持つ言葉ではないかもしれませんけども、何かの時のために、「地獄は一定住みかぞかし」という言葉を胸のどこかに覚えておかれるといいと思います。無理して覚えてもしょうがないですけどね。自然に思い出してくる時があるかもしれません。

太陽と水に祈る

次に「三つの金色に光っているもの」という詩を読みます。これは先ほどは金色というのは特別の色ではないといいましたけども、今度はちょっと金色にこだわって、「三つの金色に光っているもの」という詩です。

三つの金色に光っているもの

朝　黒坊《くろぼう》の山からお日様が昇ってくる
あのお日様は　金色に光っているね
夕方　吉田の海にお日様が沈んでゆく
あのお日様は　金色に光っているね

朝のお日様は　胸がすっとするような金色
夕方のお日様は　胸が悲しくなるような金色
お日様の金色が　ひとつの金色

折り紙の金色があるよね
金色の折り紙を使うときには　ほかの色の折り紙とちょっとちがった気持になる
これは金色の折り紙だから　大切に使おうという気持になるね
七夕のときだって　金の折り紙は大切にして
本当の願いごとを書きたくなってくる
折り紙の金色が　ふたつめの金色

朝　黒坊の山からお日様が昇ってくると
海は金色に輝きます
夕方　吉田の海にお日様が沈んでゆくとき
海は金色に輝きます
七夕の竹の中で　きらきらと金色の願いごとが輝きます
でも　もうひとつ金色に光っているものはないかな
一湊《いっそう》の願船寺

阿弥陀如来が　金色に光っておられます

　これは阿弥陀仏の金色ということをテーマとした詩です。宗教の世界は個性の世界ですから、押しつけるということは決してしませんけれども、個人的な話をすればこの「地獄は一定住みかぞかし」ということを言い放った親鸞上人という人の、ぼくは弟子のつもりでおります。ですから阿弥陀仏という仏は、これについては最終日までにちゃんとお話をするつもりでおりますけども、大切にしているもののひとつです。今の詩に関係してここでお話したいのは、新聞で読んだことなんですが、奄美大島の名瀬市に住んでいらっしゃる阿世知照信《あぜちしょうしん》さんというユタの方のことです。

　沖縄でもユタという言葉を使いますが、奄美でもユタという言葉を使います。この人はその親ユタと言われている人で、親ユタというのは、弟子である子ユタが何人もいるわけですね。阿世知照信さんは、三十何人もの子ユタを持っている人と新聞で紹介されていましたから、大変力があり信頼されているユタなんです。男の人です。ユタというのは、今の文化人類学上の一般的な言葉でいえばシャーマンということです。天から、あるいは地からかもしれませんが、一般的には天から神の言葉を聞いて、その言葉を人々に伝えるということが役目というか、仕事の人で、沖縄全土、全諸島に無数のユタの方がまだ活躍していらっしゃって、その意味でもこの沖縄という地域はとても大事な地域だとぼくは思っているんですが、奄美にもそういう方がいらっしゃって、その方がこう言っているんです。「神様に祈るのは忘れてもいいから、太陽と水に祈ることだけは忘れないでください」と。

　これはすごいことなんです。宗教というのは、普通は神に祈ることが宗教です。仏に祈るのが宗教です。阿世知照信さんは、先ほども言いましたように、神に祈ってその声を聞くことが役割のユタで、子ユタが三十人もいるほどのいわば神に祈ることが専門職のシャーマンであるにもかかわらず、神様に祈るのは忘れていいと言っているんですね。だけど太陽と水に祈ることだけは忘れないでください、と言われています。この言葉は実に素晴らしい言葉だと思います。ということはつまり、太陽と水が神様なんですよね。ぼくの表現でいえば、カミなんです。

我田引水になるようですけども、森羅万象がカミガミであるということなんです。その中でもいちばん中心になるのが太陽。そして人類を生み出してきた、あるいは全生物を生み出してきた水というものがカミなんですね。それに祈ることを忘れてはいけないと阿世知照信さんは言われているわけで、ここにおいては、一般的に宗教と呼ばれている領域と、科学と呼ばれている領域の境目は消えてなくなります。

ぼくは自分が宗教的な個性の人間だとはよく承知しています。ですけど、近代理性というものを大切にする一人の現代人として、宗教臭くなるといいますか、理性というものを放棄するといいますか、そういうふうにはなりたくないんです。何かを狂信して、もうそれ一本でというようにはなりたくない。なれないんです。ですからぼくにとっては、宗教というのは科学と同じように理性に耐えうるものであるのが普通だと思うんですね。

これは、これから私達がつくり上げていく新しい宗教精神に関わるものですし、したがって人間の根本問題に関わってくることですから、非常に大切なことです。いまの中近東に見られるように、イスラエルの国づくりとイスラムの国づくりが果てしなく対立するというようなことを、いつまでもやってる時代じゃないですよね。宗教の伝統というものは、いちばん根深い文化・文明の伝統でもあるわけですから、そう簡単に対立が乗り越えられるわけはないんですが、宗教が大切なものであればあるほど、それによって対立が生じるということは自己矛盾です。

すべての宗教は、少なくとも対立を避ける地平を、これからは必然的に構築していかなければならない。それは私達の今の言葉でいえば、地球というものが私達のすべてを生み出したんですから、この地球こそが最大最深の、最古で最新のカミですね。そしてこの地球を生み出したのは太陽系ですから、太陽こそが最大最深で最古最新のカミです。そしてその地球において生物を生み出した源のものは水ですから、水がまた最大で最深のカミだということになります。私達はそれを尊敬して、どこまでも崇めていけばいいんだと思います。

そういう意味で新しいアニミズムというものには教祖はいません。教祖はいないし、教条も原則的には何もいらないんです。お寺もいらない。一人一人が教祖であり一人一人の考えが教条であり、一人一人の胸の内がそのまま寺院であればよいのです。そういう新しい宗教の形がそれぞれの伝統宗教を大切にしながら出てきてくれることをこそぼくは願います。そういうことも含んでもう少し詩を読ませていただきたいと思います。資料としてお渡しした、私は誰か、ということがテーマになっている詩です。

私は誰か

「十七夜の雨の夜」というタイトルの詩です。これには、「ラマナ・マハリシに」というサブタイトルがつけてあります。

十七夜の雨の夜
——ラマナ・マハリシに——

十七夜の雨の夜の中を
ひとりの人が走るようにして　ある所へ帰ってゆくのが見える
その人は
暗闇の中に心の明りをともして
疲れた体を励ましながら
真の光のもとへ
ある山の中へと帰ってゆくのだ
おお　その人が無事にその場所に帰りつけますように
長い年月の旅が　無駄に終りませんように
その人が無事にその場所に帰りつき
そこに小さな火をかかげますように

十七夜の雨の中を
ひとりの人が走るようにして　ある所へ帰ってゆくのが見える
その道は暗く
道があるのかさえも定かではない
帰らなければならない
帰らなければならない
十七夜の雨の中を
ひとりの人が走るようにして　山の中へ帰ってゆくのが見える

次にもうひとつ、「ラマナ・マハリシ」というタイトルの詩も読みます。

ラマナ・マハリシ

うさぎ　うさぎ　なにみてはねる
十五夜お月さん　みてはねる
その歌をミチト坊やを抱いて歌った

ミチト坊やは　手足をばたつかせたり
顔をごしごし肩にすりつけたりしてあばれていたが
それこそは　やがてコトンと眠りに入る前触れだった

うさぎ　うさぎ　なにみてはねる
十五夜お月さん　みてはねる

その美しい単調なメロディーを
藤井日達上人の写真のもとで歌い
ラーマクリシュナの写真のもとで歌い
ラマナ・マハリシの写真のもとで歌った
すると
坊やを抱いたまま　私はいつしか満月に照らされたうさぎになって
ますます美しいその歌を歌った

何度目かに　ラマナ・マハリシのもとまできたとき
不意に私の声がつまり　嗚咽に変わった
ラマナ・マハリシは

完全な　存在《サット》・意識《チット》・至福《アーナンダ》　に至るために
私は誰か　と最も深く問いつづけることを示してくれた師であった
ミチト坊やを抱いたまま　私は声もなく嗚咽にふるえた

うさぎ　うさぎ　なにみてはねる
十五夜お月さん　みてはねる

こんな詩なんですけども、この詩の終わりにありました「私は誰か」という言葉、それがこの『ラマナ・マハリシの教え』（めるくまーる）という本の中から引き出してお配りした資料のテーマになっています。「私は誰か」という言葉を与えてくれたのがこのラマナ・マハリシという人なんですが、これは今から十二、三年前にぼくが訳した本です。今の詩でもお分かりのように、ぼくはラマナ・マハリシというインドの聖者に深く引かれてその人の本を訳したぐらいですから、そのことについて少しお話をしたいと思います。それは自己の意味を尋ねざるをえない生物としての人間ということ、つまり人間の宗教性ということと深く関係があることがらです。

最初にラマナ・マハリシについて説明をしますと、南インドで一八七九年に生まれて一九五〇年に亡くなられた人です。この本の最初にラマナ・マハリシという人の写真が載っています。とても素晴らしい写真です。そのお顔だけでもちょっと見てほしいと思いますので、これから廻しますが時間があまりありませんので、すみやかに次の方へ廻してもらえるとありがたいです。

この人がどういう人かというと、南インドのティルチュジーという小さな村の生まれなんですけど、インドの人としては恵まれた家庭に育ったみたいで、マドゥライという近くにある大きな街のハイスクールに行っていたんですね。インドの人はほとんど学校にも行かない人が多いんですが、ハイスクールにまで行けたというのは経済的にも非常なエリートだったと思うんです。フットボールクラブに入っていたスポーツ好きの快活な少年だったみたいです。ところが十七歳のある時、突然に死の恐怖というものに突然襲われたんです。そしてもう学校の授業に出るどころではなくなって、大変な苦悩、恐怖に襲われてのたうちまわるんですね。

ですけどある一夜、彼は恐怖に襲われてそこから逃げまわってもしょうがないということに気がつくんですね。そして逆に自分のほうからその死の恐怖のただ中へ向かってやろうという気持になるんです。

具体的にどうしたかというと、自分が死ぬという恐怖のただ中で、実際にこれから自分が死んでいくという演技の儀式を執り行なったんです。こうして自分がこれから死ぬ、自分の心臓が止まり脈が消えていく、そして意識が消えていくという、その実践を恐怖のまっただなかでするんです。そしてそのそれこそ恐怖のまっただなかで突然に了解されてしまったものがあるんです。それは伝統的にインド哲学において「アートマン」と呼ばれているんですけども、それを日本語に訳すと「自己」とか「真我」という言葉になります。要するに「自己自身」ですよね。自己の内なる自己といいますかね。そしてその自己としてのアートマンが即ブラフマンであるっていう言い方をするんですね。

ではブラフマンというのは何かというと、日本の仏教では「梵」という字をこれに当てますが、ブラフマンを説明するだけで一時間、二時間はかかってしまいますので、今は本当に簡単にしか伝えられませんけれども、このブラフマンというのは宇宙全体のことなんです。宇宙全体を貫いている真理であり現象それ自体でもあるもの、それをブラフマンというふうに考えていただければいいと思います。

ですからアートマンがそのままブラフマンであるということは、自己がそのまま宇宙を貫いている真理であるということになるんです。自己《アートマン》というものがそのまま宇宙を貫いている真理であることを、インドの哲学は紀元前約八世紀ぐらいのウパニシャッド哲学の頃から現在まで約三千年間説きつづけているんですね。人生を生きる目的、人間がこの世に生まれてきた目的というのは、このアートマンを実現してブラフマンと合一することであるというのが、この三千年来のインド哲学の主題であるわけです。

けれどもアートマンを実現することは大変に難しくて、それを実際に実現することに成功した人は歴史上に数えるほどしかいないとも言われているんです。昨日ちょっとご紹介したラーマクリシュナという人はその一人だと言われていますが、十九世紀にアートマンを真に実現した人は全インドにあってラーマクリシュナだけだったかもしれません。二十世紀にはこのラマナ・マハリシというふうことになるんですけども、そのアートマンを実現するという難事を、死の恐怖と直接に向かい合った、そのたった一晩で彼は実現してしまったのです。

ここにはインドに行かれたことのある人は少ないかもしれませんけども、インドに行けばそれこそ何千人何万人というヨーギと呼ばれている宗教者達が、必死になって、日本の禅寺で悟りを求めるのと同じように、アートマンを実現するべく、あるいはブラフマンを実現するべく、日夜修行に修行を重ねているわけです。その中のほとんどの人が一生アートマンを実現出来たという自覚のないまま亡くなっていくんですけども、このラマナ・マハリシという人はわずか十七歳のハイスクールの学生であったにもかかわらず、そして何の修行もしなかったにもかかわらず、直接に死と向かい合うというただそれだけのことで、たった一晩のうちにこのアートマンを実現してしまいました。

ぼくは何もラマナ・マハリシの宣伝をしようとしているわけじゃないんですが、ラマナ・マハリシの自己実現の根本といいますか、彼が死の恐怖を乗り越えた根本に何があったかというと、それがお配りした資料のタイトルの「私は誰か」という問いなんですね。ラマナ・マハリシは死の恐怖と向かい合った時に、この恐怖を感じている私は誰かという問いを、自らに向けて発したんです。この死んでいく私は誰かという問いを発したんですね。生き死にがかかっている真剣な問いとして「私は誰か」という、根本の問いかけをしたわけです。

お渡しした資料に書いてありますけども、この手は私ではない、この腕は私ではない、この両足は私ではない、この胴体も私ではない、この頭も私ではない。それではこの私はどこにあるのか、と検証するんですね。そういうふうに問いかけてみた時、その自分という意識の本質、自己の本質というのは、自己として現われた生命そのものなんですね。自己ではなく生命そのものが私の本質なんです。あるいはその自己という意識を見ているもうひとつの意識ともいうことができます。

ちょっとご自分で考えてみてくださいね。自分で自分は誰かと考えていくとそれを考えている自分

があります よね。そういう意識がありますよね。その意識を見ているもうひとつの意識（生命そのもの）があるはずなんです。それが私の本質だと、それがちょっと今うまく伝わらなかったかもしれませんけども、その私というものの本質であるアートマンは生まれもしなければ死にもしない、不滅のものだというところまでいってしまいます。

これはちょっと宗教技術としてのヨーガに関わってくるものですから、これ以上の話はしませんけれども、この資料のいちばん最後にこういうことが出ています。

どうすれば心が静かになるんでしょうかという問いが出ていますね。心が静かになればよいというのは分かるけれど、じゃあどうすれば心は静かになれるんでしょうかと問うた時に、ラマナ・マハリシは、「私は誰か」と尋ねることによって心は静かになりますと答えてます。「私は誰か」という思いは、他のすべての思いを破壊する。自分にとっていちばん大事なものは私ですからね。ですからその自分が誰かという問いを真剣に発するならば、他の思いはすべて消えてしまうはずなんですね。その時に心は初めて静かになるだろう。そこを読んでみますね。

「私は誰か」と尋ねることによって（心は静かになる）。「私は誰か」という想いは他のすべての想いを破壊するだろう。燃えている薪《たきぎ》の山をかき混ぜる木の棒のように、やがては「私は誰か」というその想い自身も滅ぼされてしまうだろう。そうすれば自己実現がやってくるだろう。

この自己実現ということがアートマンの実現ということになります。

今日の最後の話としてお伝えしたいのは、やっぱり人間というのは日々に、時々刻々に、いろんな局面、いろんな世界、いろんなケースに立ち会いますから、その中で心が乱れること、苦しむこと、自分を見失う無限の状況がありますね。その中で、もし本来の静かな自分自身を取り戻したいという気持を起こされたら、「私は誰か」という問いをご自分に発してみてください。自分に問うてみてください。私は誰か。苦しんでいる私は誰か、この静かになりたいと思っている私は誰かと。あるいはこの悲しんでいる私は誰かと。すべての問いに私が関わってきます。世界へのすべての問いに、あるいはすべての関係性に私というものが関わりますから、その「私は誰か」という問いをしていくことによって、局面がまたガラッと変わってきます。

心の持ち方ひとつで世界が変わるという話を、昨日唯識という仏教の認識論をとおして説明しましたけども、それとまったく同じことです。「私は誰か」と問いかけることよって、世界はまたガラッと変わってきます。そして当然のことながら、その問いに対する何らかの答えが自分から返ってきますから、その答えの道を歩いていけば、私の道、すべての私達が歩いていく私達の道というものが、間違いのないものとして展《ひら》けてくるはずなんです。すべての宗教は、実は「私は誰か」というこの哲学的な問いの中に含まれており、その問いの結果に訪れてくる生きる道すじでもあるんです。

第七話——存在するものの知慧

自我と自己

昨日は後半で、「私は誰か」ということをお話しました。その余韻ということでもないんですが、今日に引きつぐ意味で、それに関係のある詩を一つ二つ読んでみます。

私は誰か

黄金《こがね》色の秋の陽差しが　あたりいちめんに深《しん》々とあふれ
道ばたには　ゲンノショーコの濃いピンク色の花が咲いている
ここには　私のほかに誰もいないし
じつには　私もいはしない
ここには
深《しん》々と黄金色の秋の陽差しが降りそそぎ
ゲンノショーコの小さな濃いピンク色の花が　咲いているばかりである

次に「ひとつの事実」という詩を読んでみます。

ひとつの事実

——スワミ・アーナンド・ヴィラーゴに——

ヨーギ・バジャンは言う
人間よ　あなたは自分自身のなかに内在する神である
行ってそれを悟りなさい
これはひとつの事実である

夕闇の山の上に
新月と金星が並んで　静かに光を放っている
僕の心は濁りに濁っていたので
こんな光景を見るのは久し振りのことである
これも　ひとつの事実である

僕は　弱いもの　悲しいもの　侮辱されているものの側《がわ》にある

それ以外のものではなく
それを光とし　希望ともしている
だから究極には　涙がある
これも　ひとつの事実である

僕達　弱いもの　悲しいもの　侮辱されているものは
心を合わせて
核兵器でも　原子力発電所でもない
静かな小さな幸福の時を　迎えたいと願う
これもまた　ひとつの事実である

ヨーギ・バジャンは言う
人間よ　あなたは自分自身のなかに内在する神である
行って　それを悟りなさい
これはひとつの事実である

昨日お話ししましたラマナ・マハリシという人は、十七歳、南インドのマドゥライという大きな街のハイスクールの二年か三年の年に、決定的なパニックに陥った後アートマンに到って、その街から歩いて二、三日の距離にあるアルナチャラという山に入ってしまうんですね。そして七十歳近くで亡くなるまでそこから一歩も出ない。その山で死んでいくといいますか、自己なるその山に還っていくという生涯を送ります。

この琉球大学のゲスト宿舎というのが石嶺町のほうにあるんですが。今回はぼく達はそこに泊めてもらっているんです。そこからここまで車で大学院生の方に送り迎えしていただいているんですけども、その途中で今日は西泊茂昌《にしどまりしげあき》という歌い手の「風のどなん」という曲を聞きながらここへ来ました。その歌詞が本当に素晴らしい。はくどうという人ですかね、その歌詞を書いているのは。それに、メロディーと歌い方がちょっとインドの匂いがするんですね。与那国《どなん》島の歌ですから、与那国の匂いなんだと思うんですけども、聞いているうちにそのまま溶けてしまいそうな音楽でした。それから昨日もちょっとお話ししましたけども、今はユウナという黄色い花の盛りの季節ですよね。街中どこでもユウナの花に出会える。ユウナの花を見ながら与那国島の歌を聞いていますと、なにかそのまま溶けてしまいそう。自分というものがなくなって沖縄という風土に溶けてしまいそうな気持といいますか、感動を味わっています。

「私は誰か」ということは、何もめんどうな難しいことではないと思うんですよね。何かに感動する、何かに心を奪われていわゆる私という自我がなくなってしまう時に、本来の私が現われてくるんだと思います。それが四六時中といいますか、寝ている間でもそういうふうな状態に陥ってしまった人が、聖者と呼ばれる人なんでしょう。聖者になりたい人はそういう方向を目指すのもいいかと思いますけども、万人が聖者である必要はまったくないと思います。

何かに感動する。感動して自我がなくなってしまう。自我という概念と自己という概念は、同じように「自」という文字がついてますけども、これはおそらく百八十度異なる世界だと思うんです。自我の世界はどこまで行っても「孤」の世界ですね。この「孤」というのは、孤独の「孤」です。これはこの二日間ずっと話してきたんですけども、自我が悪いと言っているんじゃないんです。自我というものはネガティブなもの、あるいは悪いものだと言っているんではないんです。「孤」であること、孤独であるということも人間のひとつの姿ですから、それは決して悪いものではないんですけども、その百八十度反対の世界にある自己、昨日お話したように、それがアートマンと呼ばれているものです。

この自己《アートマン》の世界というのは、今のたとえでいえば、素晴らしい音楽を聴いている時に自分というものがなくなってとろけてしまう、とろけて自分がなくなってしまったそこに、本当の自分があるといいますかね。それを自己、それをアートマンというふうに呼びます。今日は四人で車に乗ってきたんですが、四人の車の中にいる人が、そのひとつの音楽を共有しているわけですね。西泊茂昌さんの歌は最近沖縄ではずいぶんはやっていると聞きましたけども、そうであるならその歌を聴いているたくさんの人達が、その同じ歌を聴きながら同じ世界といいますか、それぞれの聴き方でありながら、同じ音楽を共有している。自己でありながら全体でもある。自己でありながら世界を共有しているという性質を持っているわけです。ですから、自我と自己というものは、片方があくまでも孤の世界、もう一方は世界あるいは全体を共有する非我の世界というふうに考えていただけるといいんじゃないかと思います。

これはよく話をすることなんですけども、昔、田中角栄という総理大臣がいました。そしてロッキード事件という事件があって、検事総長の名前は忘れましたけども、田中角栄を告発しましたよね。総理大臣の犯罪ということで、田中角栄は逮捕されました。この検事がある時に、人は死んだらゴミになるという発言をして話題になったことがあります。宗教みたいなものをある意味で完全に否定する世界ですよね。検事というのは犯罪人を告発することが仕事の世界の人ですから、法という正義に基づいて告発するわけですから、当然大事な仕事のひとつです。それにもかかわらず、同じ生きている生身の人間でありながら、同じ生身の人間を罪ありと告発する仕事なわけですから、これはとても苦しい仕事だろうと思うんです。法という合理性に生涯自分を捧げてきた結果だと思うんですが、この検事総長は、宗教というものを持てなかった人です。人は死んだらゴミになるという発言をして、実際にその後何年かして亡くなっていきましたけれども、ゴミになるというひとつの生死の受け止め方というものは、決して悪い生き死にの仕方ではないと思うんですよね。「孤」という明らかなひとつの覚悟において、神仏を頼まない。

人が死んだらゴミになるという考え方には一見すると夢も希望もないようなイメージを持つかもしれませんけれども、太陽系といいますか宇宙の成り立ちというのは、ある意味でゴミから成り立っているんですよね。宇宙塵《じん》と呼ばれる物質から成り立っているわけですから。分子というものから、その前に原子、あるいは素粒子がありますけれども、宇宙に出現した最初の原子は水素ということになっていますね。水素からヘリウムに転換してそしてまたさらにずっとたくさん、百三十ですか、そういう原子に変換していくわけですけども、その原子達が集まってできた分子達というのは、いってみればゴミみたいなものです。どんな原子であろうとですね。

そういうふうに考えてみると、人が死んだらゴミになるという考えの行き着く先は、宇宙塵になる。宇宙塵の塵《じん》というのは人ではないですよ。宇宙というのは、宇宙塵の集まりなんですよね。宇宙塵が集まってビックバンが起きて、島宇宙というものが出来てきたわけですから。そうすると人が死んだらゴミになるということは人が死んだら宇宙塵に還っていくということであり、これは非常に宗教的なひとつの生き方であるということがいえると思うんですね。その時にはゴミと呼ぶよりもやっぱり宇宙塵と呼ぶほうに繋がっていきますよね。大変まわりくどい説明をしましたが、自我つまり孤というものへ旅立とうと、「自己」つまり非我としてのアートマンへ旅立とうと、人間は究極的には、世界全体あるいは宇宙に還らざるをえないように出来ている、というふうに考えることができるじゃないかなと思っています。つまり、非宗教性もまたひとつの大いなる宗教性なのです。

存在するものの知慧

以上は、昨日の話へのつけ加えです。これから今日のテーマに入りますが、これまでに読んできた『びろう葉帽子の下で』という詩集の新しい章に入っていきます。「地霊」、地の霊という章に入っていきます。ちなみに『びろう葉帽子の下で』という総タイトルの、びろうという植物は、沖縄ではクバと呼びます。クバの葉でこしらえた帽子がありますよね、それが総タイトルです。では、最初に「鎌」という詩を読んでみます。

鎌

いつのまにか鎌は　私のもうひとつの手になった
鎌を持ち野良に立つと
私の内に静かな喜びが流れる
それは多分　初めて道具を使うことを知った　原初の人間の誇りにも通じる
手応えの確かな　奥の深い喜びである
私の鎌は
部厚い背をもったがっしりしたナタ鎌である
この鎌で草も刈れば木の枝も伐り払う
鎌で払えば　道は自然にそこにできている
そこは藪でありながら、もう人間の歩むことのできる道である
しかも鎌は　あの厄介なガソリンのように　見る見る内に減ってゆくということがない
砥石で丹念に研げば
朝の光のようなさわやかな切れ味となり　常に真新しい
鎌を持って野に立つ時
二河白道《にがびゃくどう》の真中を渡ってゆく人のような　確かな歩みが私の中にある
鎌を持って野良に立つと

二河白道という言葉は、もう古い言葉ですのでご存じないかと思うんですけど、これはやっぱり仏教のほうの言葉で、二つの河が流れているというんですね。この人生には二つの河が流れていて、ひとつの河は渦巻き流れる激流です。もうひとつの河は火炎、炎ですね、炎が渦巻いている火炎地獄のような河です。そういうふうに言うと、人生はそれほどひどいものではないと思われるかもしれませんけれども、昔から仏教では生きるということはその二つの大河を渡っていくような苦しみであるという言い方をしているわけです。ぼくなんかも若い時には、生きることは苦しいことは苦しいけど、そんなひどい苦しみではないというふうに若さにまかせて思っていたんですけども、だんだんいろいろなことを経験するにしたがって、やはり生きるということは、ある時はたしかに渦巻き流れる激流の中を渡っていくようなものだし、ある時は炎の渦巻く火炎地獄を歩いていくようなものなんだと実感することが、たびたびあるようになりました。その二つの河の真ん中を一本の白い道が通っている。この白い道というのが、仏の道なんだという、そういう解釈といいますか生き方なんですね。仏の道ということに関しては、また日を改めてお話することがあるかとも思いますけども、ここで今日ぼくとして伝えたいことは、道具を使う人間ということです。

人間というものの特徴をとりあえず三つに分けて考えることができると思います。三つあることのひとつは言葉を使うということです。ひとつは火を使うということです。三つ目が道具を使うということだと思うんですね。火と道具をひとまとめにして、道具と言ってもよいと思います。言葉と火と道具を使うという三つが人間の基本的な性格だと思うんですけども、道具を使うというのは、本当に豊かなことですよね。

ぼくは残念ながらパソコンというのは扱えないんですけども、多分皆さんにはそういう能力が自然に備わっていて、パソコンに使われるということはないと思うんですね。ぼくなんかの世代のものにとっては、ああいう緑や赤のランプがついたり消えたりすると、もうそれだけでなんだか使われている、使うのではなくてこっちのほうが使われちゃうという感覚になるんです。そうではなくて、たとえば鎌であるとか手で引く鋸《のこ》であるとか鍬《くわ》であるとか、そういういわゆる手の道具であれば、それを思う存分に使いこなすことが出来る。まあこれはパソコンも同じことでしょうが、それを使うことによってだんだん習熟していくと、鎌が第二の手になるわけです。

この喜びというのは、ちょっと使った人でないとわからない。皆さんにあえて鎌を使うべしとは言いませんけれど、包丁を使ってもいいと思いますし、手鋸を使ってもいい。手の延長の道具を使って世界を切り開いていくということの中には、人間性の原初的で普遍的な喜びが含まれていることを伝えておきたいと思うんです。自分がパソコンをやらないから分かりませんけども、手の道具の世界にはボタンを押して操作するのとはちょっと質の違う肉体的で直接的な喜びがあるような気がするんです。バーチャルでないリアルな世界、情報ではない事実の世界というものも、また人間性の特性であることを忘れないでいただきたいと思います。手の世界というもの、あるいは足の世界といってもいいんですが、それを忘れないでほしいと思います。

次に「サルノコシカケ」という詩を読ませていただきます。

サルノコシカケ

サルノコシカケは　山の腐り木などに自生する　固い木質のキノコである
いつしか　そのサルノコシカケが好きになった
机の上に伏せた広辞苑の上にひとつ
やはり横に伏せた　昭和三年版の英和大辞典の上にひとつ載せて
あかず毎日眺めている
辞書というものは　時々ページを開くものであるから
そんな時にはサルノコシカケが載せてあると　少々不便である
まずサルノコシカケを別の場所に移し
広辞苑なら広辞苑　英和大辞典なら英和大辞典のページをくらねばならない
ページを引き終えたらまた元に戻し　ふたたびサルノコシカケをそこに置かねばならない
けれども　サルノコシカケには
辞典の知識以上に大切な　何かがある
辞典には　知識を限りなく広げてくれ　限りなく心を広げてくれるものがあるが

サルノコシカケには
その心を静め　深く沈黙させるものがある
サルノコシカケは　ひとつのものいわぬ知慧である

二冊の辞典の上に載せられた
二つのサルノコシカケを　あかず毎晩眺めている

これは非常に単純なことですけど、知識というものと、存在するものの違いですね。知識は大事です。知識を積み重ねることによって、文明はここまで進歩してきたわけですから。この文明の進歩というものの土台には知識の積み重ねというものがあります。

知識というのは進歩します。文字を持つ民族も文字を持たない民族もいますけれども、文字を持とうと持つまいと、ある時に蓄えられた知識というのは、文字を持てば持つで、持たなければ持たないで伝承によって後世に伝えられます。この知識はどんどん増える一方です。ところが存在ないしその存在が内蔵している知慧というのは進歩しないんですね。知慧というのは個々の存在の内に内蔵されているものですから、ひとつの存在物なり人間なりがどんなに深い知慧を持っていたとしても、その人が死んでしまうと、次の世代はそれをもう一回ゼロから、赤ちゃんから学び直さないとならないんです。

たとえばブッダの知慧、ブッダではなくてキリストでもいいですが、そういう二千年も二千五百年も前の人の言葉が現代も生きているというのは、ぼく達がたった百年ぐらいを限度にしてここを去っていかなければならないからです。ゼロから学び直してようやくそれが少しは身についた頃には、もうここを去らなくてはならない。ブッダなりキリストなり、孔子、老子、あるいは荘子というようなそういう存在が残した言葉というのは、自分の体でゼロから体得していく以外にないんですよね。存在の知慧というのは一世代しか持たないものです。そして世代ごとに循環してもう一回ゼロから学び直さなければならないものなんです。それだからこそ、千年前、二千年前の知慧が、現在の知慧として光を放ちつづけているのです。

一方で知識は古くなればなるほど力を失い、役に立たなくなっていきますね。地球が自転をしているという知識は、発見当時は天地をひっくり返す出来事だったんですが、今ではその知識自体に特別の意味はない、というようなのがよい例です。

皆さんが、こうして琉球大学という恵まれた場で学んでいることの中味は、様々にあると思います。その中味を調べていくと、学問の中味というものは、大方は存在の知慧ではなくて、知識なんではないでしょうか。電気学なら電気学という知識、物理学なら物理学という知識。むろんそれは大事なことなんですが、一方で存在の知慧を学ぶことを忘れてもらっては困るんです。ブッダやキリスト達だけでなく、おじいさんやおばあさんが存在として持っている知慧というものは、この大学の先生方からもたらされる知識の集積と比べて、その価値においては差がないといいますか、同じものだと言うことができるんです。ある時にはさとうきび畑で生涯を暮らしていくそのおじいさんとおばあさんの内にこそ、本当の知慧が宿っているということがあるんですね。

ぼくは今から二十三年前に屋久島に移り住んだわけですけども、学生時代の専攻は哲学、西洋哲学を専攻したものですから、本を読んだり物事の根本を考えたりすることが好きだったわけです。今でもむろんそういうことも好きですが、屋久島に移り住んで鎌を手にする、あるいは山鋸を手にする、鍬を手にするという体を動かす世界に入っていったわけですね。そしたら、頭脳で学んできた世界の喜びどころではない、ものすごく奥深い喜びの世界がそこにあるんだということが分からされたんです。それ以来二十三年間、島の人達からいろいろな形で島の文化といいますか、存在するものの知慧を学びながら、今でも学んでいる途上です。

これもよくお話するんですけども、自分の一生を賭けても学びつくせないほどの宝が、屋久島というひとつの小さな島の中にあります。一生どころか、もう一回もし生まれ変わったとして、二生を賭けてもやはり学びつくせない、十回生まれ変わってもおそらく学びつくせないほどの宝が、たった周囲百キロほどの小さな島の中に秘められていると思うんですね。サルノコシカケなどというのは、そうした宝のひとつです。

これは沖縄においても同じだと思います。ましてやここは琉球王国といいますか、それだけ深い伝統文化というものを持ち続けているわけですから、本州に比べればそれは確かに小さな島かもしれませんけれども、この島の自然を含めてそこから学ぶものは、皆さんの一生や二生の命で学びきれるような性質のものではないですよね。存在するものが秘めている知慧は、ほとんど無限とさえ言うことができると思います。もちろんその存在の知慧を自らのものとするためには知識というものを大いに得、それを活用することが大事ですよね。

土の道

次に「畑」というタイトルの詩をいくつか読ませてもらいたいと思います。

畑　その一

海を見下ろす広い畑で
午後の間じゅう　あなたはゆっくりと鍬を振っていた
海を見下ろす広い畑で　あなたはゆったりとしていた
海と空と
太陽と土　そして鍬が
あなたをゆったりとさせ、幸福にさせることに
あなたは真に気づきはじめていた

畑　その二

海を見下ろす広い畑で

午後の間じゅう　あなたはゆっくりと鍬を振っていた
けれどもあなたは　時々
海に背を向けて　背後の山々を眺めた
山々は
そこに　緑濃く大きく美しく存在していた
あなたは　その山々の美しさに嘆声を洩らした

畑　その三

海を見下ろす広い畑で
午後の間じゅう　あなたはゆっくりと鍬を振っていた
岬の方でトンビが啼いた
その啼き声があまり澄んでいたので
あなたの心は　ひゅるひゅると震えた
トンビはしばらく間をおいては
なんどもなんども啼いた
そのたびに　あなたの心はともに震えた

あなたはトンビで
眼下の海を　ゆったりと飛びながら眺めているようであった
午後の間じゅう　あなたはゆっくりと鍬を振っていた

畑　その四

海を見下ろす広い畑で
午後の間じゅう　あなたはゆっくりと鍬を振っていた
そして夕方　空を見上げると
空いちめんに懐かしい綿雲が流れていた
あなたは二昔前
空いちめんの綿雲を眺めて
叫び出したいほどに切なかったことがあった
それはその頃　あなたが恋人を失ったためであった
けれどもその夕方
あなたは何も失っていなかった
空いちめんに懐かしい綿雲が流れ

あなたはその下で　ゆっくりと鍬を振っていた
あなたは幸福で
幸福は鍬にあることを　知りはじめていた

畑　その五

海を見下ろす広い畑で
あなたは今日で四日目の鍬を振っていた
三時半頃になると
定《きま》って沖合いから　ひとつの白い船が現われてきた
その船は貨物専用のフェリーで
四時過ぎにあなたの島に着く船であった
あなたは　船が島に着くことを好んでいた
広々とした沖合いから
白い小さな船影が現われてくると
あなたは幸福になって
しばらく鍬を振る手を休め　船を眺めるのだった

その船がやがて岬の向こうに隠れてしまうと
あなたはふたたび鍬を振りはじめた
あなたにとって　最も親しいものは　土であった
そして　鍬であった
あなたは
太陽と土が大切にされるとき
土と水と樹木とが大切にされるとき
あらためて鉄の文明も大切にされるであろうと
あなたの書いた本の中に記した
一本の鍬
その鍬をにぎるあなたは　幸福であった

畑　その六

海を見下ろす広い畑で
あなたは午後の間じゅう　ゆっくりと鍬を振っていた
作業はその日で五日目であった

北東の風が吹いていた
空は白く曇り　海もあおくなかった
けれどもその午後は
あなたの畑まで　波の音が聞こえていた
トンビがやはりいい声で啼いていた
波の音とトンビの声を聞きながら
最後のひと畝《うね》に取りかかったとき
最後のひと畝だからといって　決していそいではいけないぞ　と
あなたは自分の胸にいい聞かせた
そしていつのまにか　約一反*の畝起こしが全部終わった
波の音が聞こえていた
トンビがいい声で啼いていた

＊一反は約千平方メートル

少し長い時間、詩を読ませていただきました。非常に個人的なことではあるんですけども、鍬を持って畑に立つということの幸福といいますかね、そういうものが少しは伝わったかなあと思います。土と一緒にあるというのは、人間の根源的な幸福の条件といいますか、そのひとつだと思うんですね。今、一例ということでお話しますけども、大阪駅の前に梅田という一番の繁華街があります。大阪の梅田といったら関西出身の方がもしいらっしゃれば誰でもご存じだと思いますけども、一坪がそれこそ何百万円とするような特等地といいますか、そういう場所ですけれども、ここに最近ニュー梅田シティという新しい都市づくりがされました。

建築科の学生がいたら知っているかなと思うんですが、JR大阪駅の裏側のほうには、昔の国鉄時代には列車のプールがあったんですね。それが国鉄が廃止になって、赤字を返済しなければならないことになって、そこが売りに出されたもんですから、三井、三菱、東芝か日立か知らないんですけども、そういう大企業の人達がいくつか連合して、その一等地、特等地を買い上げたんですね。かなり広大な土地ですけども、そこにニュー梅田シティというコンセプトによる新しい街づくりがデザインされたわけです。「日曜日に会社に遊びに行こう」というキャッチフレーズのもとに吉村元男さんという建築デザイナーですけどね、この人のグループが、そこに何をつくったかというと、林と野原と土の道をつくりだしたんですね。それからもうひとつ水路、水の流れをつくりだしたんです。たしか二万坪という土地の広さですから、かなり広い土地です。それだけの土地の中に公園ではなくてビジネス街ですから、もちろん高層ビルはつくるんですけども、ビルの他に林をつくって、野原をつくって、水路をつくって、その中に土の道をこしらえたんですね。

何年か前にぼくはわざわざそこを見学に行って、その土の道を二、三時間ぐらいゆっくりと歩いてみたんですけども、その時に感じたことというのは、屋久島のような場所に住んでいると、土などというものはあまり価値のないものと思われるかもしれないけども、これは大変な値打ちのあるものだということでした。一坪何百万という値段がする土地ですよね。その土地に建物をつくれば一坪がまた何百万何千万というお金に変わるはずなのに、それをただ歩くために土の道に戻したんですね。土の道だけじゃなくて野原も林も水路もありますけれども、そういうものを大阪の駅前の一等地に再生した。それはどういうことかというと、これは一日目の最初にお話したことに戻りますが、人間といいますか特に大都会に住んでいる人達にとっての土というものは、明らかにそれだけの価値がある、ということです。今の都市デザインにあっては、一般的にはまだ土地を舗装してアスファルトにする、あるいはコンクリートの建物をびっしりとつくる、そういう方向に進んでいると思いますけども、都市文明の最先端においては逆のことがすでに起こりはじめているんですね。

それは大阪だけじゃないんです。東京でも同じようなことがされているんです。東京の江戸川区というのは千葉県との境に流れている江戸川という大きな川と、前にちょっと触れた荒川というやはり大きな川にはさまれた地域なんですが、先ほどのニュー梅田シティとはちがって、行政そのものが旗を振って区内のいたるところに「親水公園」をつくり出す計画が進行中です。

「親水公園」というのは文字通りに水路をつくり出すことで、昭和四十年代の末から現在まで、延々と区内に水路を走らせることがつづけられています。区役所のまん前に水路をつくって、水路だけではなくて、水路をつくれば当然その水路沿いに土の道が出来るんですね。土の道の脇に木を植えこんで林をつくってますね。そういう林と土の道のある水路が、区内全域の四十キロメートルにわたってつくられています。これは都市計画のモデルとして様々な賞ももらい、国際的にも非常に評価されている事業なんですが、そういう都市の再生ということが、江戸川区というのは東京の端ではあるんですけど、もう三十年以上も住民の支持を受けつづけて、行なわれているんですね。ぼくはその地区も、半日をかけて実際に歩いてみました。

そういうことの姿を見ると、よく言うことなんですけども、都市化ということを最先端とすれば、屋久島などはいちばん遅れた最終ランナーの島なんですけども、それがいつの間にかぐるっと一周しちゃって、最先端ランナーになってしまった。最先端である必要はまったくないんですけど、どこが最先端なのかわからないような新しい状況というものが日本のあちこちで生まれてきている。それはとても健康なことです。人類というのは陸上生物ですから、土に属して土と共に生きる生物なのですよね。

そういう意味では、この琉球大学といいますか、沖縄というものが位置している世界史的な、あるいは地球文明的な位置というものは、非常に大切であると思うんですけどね。それはひとつにはアメリカ文明というものをよきにつけ、悪しきにつけ経験していることですね。とんでもない、基地など一日も早く全廃せよとぼくも思いはしますが、日常的にアメリカ体験というものをして、それと同時に日本の、ヤマトの最先端の技術や文化というものもある。それと同時に古くからの琉球王朝以来の文化というものもきちっと持っておりますよね。米軍基地が集中しているということが最大の負の要素ですけども、これを克服しさえすれば非常にポジィティブな未来文明のモデルケースとなれる地域だと思うんですよね。

「春と修羅」

話が少しそれましたけども、午前中の最後にしめくくりとして宮沢賢治のお話を少ししようと思っています。もうあまり時間がなくなりましたが。

皆さんご存じだと思いますけども、宮沢賢治は岩手県の花巻で生まれて、岩手県には岩手山という大きな美しい山がありますけども、この山の麓で生まれてこの山で麓で亡くなっていった。三十七歳の時です。亡くなったのは一九三三年、昭和八年ですね。

今から六十五年ぐらい前ですからもう古い人なんですけれど、若い人達にもよく読まれているみたいですので、詩のいくつかはご存じかと思います。今日はちょっとあまり知られていないと思われる賢治の詩を二つほど読んでみます。

「春と修羅」というのは宮沢賢治の代表的な詩集なんですけども、その「春と修羅」には第一集、第二集と、第三集まであります。第一集の「春と修羅」だけは、賢治自身が出版する目的で編集したものです。第二集というのは、準備はしてたんですけども、終わりまでいってないんですね。第三集というのは彼の死後何年もたってからあとの人が編集したものですから、むろん賢治の作品ではあるんですけども、出版の意図としてはまったくなかったものです。これからお読みするのは、「春と修羅」の第二集の中に置かれてあった詩なんですね。

正しく強く生きるといふことは
みんなが銀河全体を
めいめいとして感ずることだ
……蜜蜂《みつばち》のふるひのなかに

滝の青い霧を降らせ
小さな虹《にじ》をひらめかす
いつともしらぬすもものころの
まなこあかるいひとびとよ……
並木の松の向ふの方で
いきなり白くひるがへるのは
どれか東の山地の尾根だ
（祀《まつ》られざるも
神には神の身土がある）
ぎざぎざの灰いろの線
（まことの道は
誰が考へ誰が踏んだといふものでない
おのづからなる一つの道があるだけだ）

「春と修羅」第二集の作品第三一二番と呼ばれている詩なんですけど、ちょっと黒板に書き出してみましょうね。もし筆記用具を持っていらっしゃったら、今読んだ詩の中の次の二つの言葉はぜひ写しておいてほしいですね。

ひとつは、

「祀られざるも　神には神の身土がある」

もうひとつは、

「まことの道は誰が考へ誰が踏んだといふものでない　おのづからなる一つの道があるだけだ」

という言葉です。

この言葉の説明をする必要はないと思うんですけども、ご存じのようにこの沖縄には、本島だけではなくて、先島地方や奄美群島も含めて至るところに拝所《ウガンジョ》と呼ばれている聖なる場所があります。拝所に祀られて、拝まれている神様はもちろん祀られてある神ですよね。ですけど、祀られざるも神には神の身土がある。あらゆる場所が神の身土なんですよね、あらゆる場所が。ただたまたまそこが祀られやすいというか、そういう場所になった時に人々はそこを祀りますけれども、祀られない場所も無限にあるわけですよね。その無限にある場所において、神はその場を身土としているわけです。祀るということがとても大事なことなんですけども、祀られている場所だけが神の場所ではないという、この宮沢賢治の思想というものは、とても大事な直感だと思いますね。宮沢賢治が本当に活躍したのは、大正の末から昭和の初期です。その時代にあってこの人は森羅万象がカミであることに気がついていたんですよね。私達は今やっとそのことに気がついて、土をカミとする生き方、水をカミとする生き方、樹々をカミとする生き方を始めているところです。

もうひとつの言葉、「まことの道は誰が考へ誰が踏んだといふものでない　おのづからなる一つの道があるだけだ」というところですね。このまことの道というものについては、以前にお話ししましたからこれはもう説明するのはよします。皆さんでそれぞれにこの言葉を味わってみてください。

ぼくは「おのづからなる一つの道があるだけだ」という、この言葉がとても好きです。

それではまた午後から少し宮沢賢治の話をするつもりですけども、午前中はこれで終わりにします。

第八話——ユウナの花

農民芸術概論綱要

これは『野の道―宮沢賢治随想』というタイトルの本ですが、一九八三年に野草社という出版社から出していただきました。

宮沢賢治については、たくさんの人がたくさんの本を書いてますから、この本だけをあえてお薦めするわけじゃありませんけども、著者として言えば、宮沢賢治は生涯在野であった人ですよね。野に在った人なんですけども、同じように野に在る立場から書かれた本としては他に例を見ないと自分では思っています。

さきほどは「春と修羅」の第二集作品第三一二番を読んだんですが、次に「農民芸術概論綱要」という、少し堅苦しいタイトルがつけられている小論文のようなものがあります。

宮沢賢治という人は、生前に出版社から出版された本はたった一冊しかないんです。それは童話の本ですね。イーハトヴ童話集『注文の多い料理店』という、九編の作品が入っている童話集です。あとは自費出版をした『春と修羅』一集を除いては全部未出版のまま亡くなっていった人です。もちろんこの「農民芸術概論綱要」という小論文も草稿として書かれたまま残されたものです。その中にご存じの方もあるかと思うんですけども、「序論」というものがあります。

「農民芸術概論綱要・序論」、その部分をちょっと読んでみます。

おれたちはみな農民である　ずゐぶん忙しく仕事もつらい
もっと明るく生き生きと生活をする道を見付けたい
われらの古い師父たちの中にはさういふ人も応々あった
近代科学の実証と求道者たちの実験とわれらの直観の一致に於て論じたい
世界がぜんたい幸福にならないうちは個人の幸福はあり得ない
自我の意識は個人から集団社会宇宙と次第に進化する
この方向は古い聖者の踏みまた教へた道ではないか
新たな時代は世界が一の意識になり生物となる方向にある
正しく強く生きるとは銀河系を自らの中に意識してこれに応じて行くことである
われらは世界のまことの幸福を索ねよう　求道すでに道である

というものです。大変格調の高い意識といいますか、気持を宮沢賢治が持っていたということが、この序文を読んでみるだけで、あるいは今耳で聞かれただけでよくお分かりになると思います。この中でいちばんよく知られている言葉が、「世界がぜんたい幸福にならないうちは個人の幸福はあり得ない」という部分ですね。いろいろな人がいろいろなところでこの言葉を引用しています。宮沢賢治の思想の根幹をなしていたのが、この考え方だったんですね。これは午前中に、自我、自己という二つの言葉でちょっと触れましたけども、自我、個だけに自分がともすれば走りそうになる時、絶えず思い起こされてくる言葉です。

「世界がぜんたい幸福にならないうちは個人の幸福はあり得ない」。

当然のことですよね。確かにぼく達は個人であるわけですけども、この個人はその隣に病気の人がいたら、もうそれだけでどうしたってその人に気持が向かいます。その病気の人が回復しない限り、自分の幸福はありえません。あるいは今の世界情勢でいえば、遥かに離れた世界の出来事ではあるけれども、コソボという地域に大きな悲惨が起きている。それは新聞あるいはテレビ、映像でしか伝わってこないかもしれませんけれども、世界のどこかで悲惨が起こっていれば、それだけで自分が完全に幸福であることはありえないですよね。そういう意識の構造に人間というのはなぜかできてしまっている。そういう動物なんですね。そういう特性を持った生物の一種なんですね。

もうひとつ今の文章の中で大切だと感じるのは、午前中に読んだ詩の中にも似た内容があったんですけど、「正しく強く生きるとは銀河系を自らの中に意識してこれに応じて行くことである」と言っているんですね。ちょっとこれ黒板に書きましょうね。とても大切なところだから。

「正しく強く生きる」というと、この時代においては、もう何か道徳の教科書みたいで、ありきたりの、光を持たない言葉になってしまっていて、「正しく強い人」なんて言ったら、アニメのような幼い世界か、大人の世界であればもうそれだけで笑いものになるというか、ともすればそういう印象があるんじゃないかと思うんですね。でも宮沢賢治が「正しく強く生きる」というのは、道徳のことを何も言っていないです。正しさ、強さというのは、「銀河系を自らの中に意識してこれに応じて行くことである」と言っているんですね。それが正しさの基準であり、あるいは強さの根拠である、ということを言っているんですね。

これは哲学の言葉で言うと倫理学を超えた形而上学の世界です。正しいというひとつの価値判断というのは、何か正しくないものがあり、それから正しいものがあるというふうに分けて考えますから、正邪、善悪という基準をはっきりしていく学問が倫理学です。倫理学は哲学の一分野ですけれども、その正しさというものの軸をどこに置くのか、それはとても難しいことのはずです。世間的な道徳やモラルを基準にするのであれば、十人の人がいれば十人の正しさがある。百人の人がいれば百人の正しさがあるんですよね。それに対して形而上学は、善悪や正邪を超えた絶対の真理を追求する哲学であり、同時に詩自体でもあるんです。

最近ぼくが正しさという問題で本当に辛い思いをしたといいますか、悲しかったことがあります。それは今言いましたコソボの問題ですよね。コソボというのは皆さんご存じのように、アルバニア系の住民達がセルビアというひとつの領域に移り住んでというか、元々そこに住んでいたのかもしれませんけども、要するにセルビア系の住民達と対立しているわけです。

多数であるセルビア系の人達が少数民族であるアルバニア系の人達を追い出したわけでしょ。仕方ないからアルバニア系の人達は、アルバニアないしは隣のマケドニアに逃げていきました。これは非人道的だと、セルビア系の暴力に対して今度はNATOというもっと大きな力が、これを空爆していったわけですね。セルビア系の人達はずい分抵抗したけども、やはりNATOの力にはかないませんからアルバニア系を抑圧することはやめますということで、逃亡していたアルバニア系の人達が戻ってきたわけですね。その間に何百人何千人という人間の命がなくなっているわけですが、ぼく達は遠いところにいますから、活字ないしは映像をとおしてその悲惨を味わうわけですけども、その当事者達というのは、本当にひどい悲惨に直面しているんですね。

ぼくが一番辛かったのは、その今母国へ戻ってきたアルバニア系の人達が、今度はそこに残っていたロマ人という人達を襲いはじめたという事なんです。新聞で報道してましたから、皆さんもご存じかもしれませんけれども、このロマ人というのはジプシー系の人達で、アルバニア系よりさらに少数民族の人達がそのコソボに住んでいるわけです。セルビア系の人達が襲いかかってきた時、少数民族の中の少数民族であるロマの人達はどうしてもセルビアに協力せざるをえないわけです。ですからセルビア系と協力してアルバニア系の人達を追い出すということをしちゃっているわけです。そうすると戻ってきたアルバニア系の人が最初に何をやったかといったら、そのロマ系の人達を襲いはじめた、というニュースが伝わってきたんです。

これは人間性の地獄です。今まで被害者であった自分達が、戻ってきたとたんに今度は加害者に変わっている。わずか二か月間の短い生々しい体験の中で、そういうことをやってしまう人間性というものの悲しさ、辛さですよね。今お話したのは遠い東ヨーロッパの出来事ですけども、その人間性というのは、私達一人一人の中に潜んでいる。ぼく達だって誰かにやられたらまたやり返す。より弱い者がいればそれをやり返さずにおれない、そういう命の姿というものを持っていますよね。

ですから善悪というのはどこにその基準があるのか、どこに絶対の正しさがあるのかということは言えないですよね。アルバニア系が正しいのかと思えば、ロマ人達をやっつけるという形でたちまち悪に転じます。じゃあNATOが正しいということも言えないはずです。NATOの人達は自らは何の傷もつかずにたくさんのセルビアの人達を殺害してるわけですから。そういう世界の姿というものを見る時に、やはり善悪の基準というのは、今お話したひとつの例をとってみても、そう簡単に決められない問題だと思います。

そのことに対して最終的な解決を与えることは、誰にもできないことだけれども、少なくとも最終的な正しさというものの根拠を求めるとしたら、この地球全体、あるいは宮沢賢治が言うように銀河系を自らの中に意識する、つまり、銀河系の中の太陽系・地球に生じた生命というものの絶対的な尊厳、そこにしか正しさの根拠というのは置けないと思うんですよね。それを自分の根拠にした時に、すべての正しさが消えるし、逆に邪《よこしま》なものも消えるし、善も消えるし悪も消えていくんではないかと思います。そこに残されるものは、ただ生命の尊厳という至高の事実です。

ぼく達は今、二十世紀の末の宇宙時代と言われるような時代の入口におりますから、この銀河系という言葉をかなり身近に感じられる立場にいるんですけど、七十年も八十年も前に、宮沢賢治はすでに自分の胸の中に銀河系というひとつの価値基準といいますか、倫理を超えた倫理基準といいますか、生命の基準といいますか、それをしっかり持っていたということに驚かされます。そしてただ驚くだけではなくて、それを嗣《つ》いでいくといいますか、先ほどの言葉で言えば、知識としても嗣いでいきますけども、知慧としても嗣いでいきたいと思いますね。

「農民芸術概論綱要」の続きを読んでみます。「農民芸術の興隆」という部分です。

農民芸術の興隆

曾《か》つてわれらの師父たちは乏しいながら可成楽しく生きてゐた
そこには芸術も宗教もあった
いまわれらにはただ労働が　生存があるばかりである
宗教は疲れて近代科学に置換され然も科学は冷く暗い
芸術はいまわれらを離れ然もわびしく堕落した
いま宗教家芸術家とは真善若くは美を独占し販《う》るものである
われらに購《あがな》ふべき力もなく　又さるものを必要とせぬ
いまやわれらは新たに正しき道を行き　われらの美をば創らねばならぬ
芸術をもてあの灰色の労働を燃せ
ここにはわれら不断の潔く楽しい創造がある
都人よ　来ってわれらに交れ　世界よ　他意なきわれらを容れよ

と、高らかに歌っています。今ここでこうして読んでいますと、午前中もちょっと話をした、さとうきび畑で仕事をして、生涯そこで仕事をして、この土地へと亡くなっていったたくさんの祖先達の姿というものが、おのずから胸に浮かんできます。

師父というのは教師の師に父です。長老や祖先のことを宮沢賢治は師父という呼び方をするんですけども、「曾ってわれらの師父たちは乏しいながら可成楽しく生きてゐた　そこには芸術も宗教もあった」という、この二行がとてもいいですね。

沖縄の三線《さんしん》はまさに芸術ですよね。そして同時に宗教でもありますよね。賢治の場は東北の岩手山の麓の村ですけども、沖縄の風土というものとまったく通じるものがありますね。それは、日本全国どこにもあったはずです。その世界に戻ろうというんじゃないんですよ。戻ろうとしたって文明は進歩しますから、決して戻ることは出来ない。戻るのではなくてそれを新しくつくり出していこうというのです。

この話はまたあとからします。文明の進歩ということを今日は何回か口にしていますけども、そのことについては明日か最終日にきちっと話をさせてもらおうと思っています。

地霊の呼吸

宮沢賢治に関しては、他にも読みたい詩がたくさんあるし、語りたいこともたくさんあるんですけど、今回はこのぐらいにしておいて、またぼくの詩に戻って、別の角度から「地霊」というものを探っていきます。大地性といいますか、そのことを話していきたいと思います。ひょっとするとまた賢治に戻るかもしれませんけど。

では、「地霊」という詩を読んでみます。

地霊

地霊というものがある
地霊の呼吸の内に林があり　森林があり沢が流れ　谷川が流れる
畑が開かれ田が開かれる
地霊の深く静かな呼吸の内に　サルノコシカケが大きくなり
フウトウカズラの赤い実が実る
椎の木が繁り椎の実が実る
村落や社会を形成し　ひととき働き歌ってゆく人もまた
フウトウカズラの赤い実と同じく
地霊の深く静かな息の内にある

地霊というものがある

不思議なんですけどね。ここは校舎の二階、鉄筋コンクリート造りの建物の二階にあるわけですけれども、この詩を読みながら感じるこの地の地霊というものがあります。ひょっとすると、皆さんも感じていただけたかなあとも思うんですけども、このコンクリートの床をとおして、一階とその下にあるはずの地面、土からの気というものがここまで確実に昇ってくるんですね。そんな感じは感じられないですか。これがたとえば東京であればその地霊は伝わってこないんです。それが伝わってくるのはここが沖縄だからです。ということは、この土地にはまだ地霊、地の霊が生きているんですよね。コンクリートの二階や三階くらいはそれが突き抜けてきます。

いきなり話が飛びますけども、ニュートリノという変な物質がありますよね。ニュートリノという言葉を聞かれたことのある人がどのぐらいいらっしゃいますか。ずいぶんいらっしゃいますね。さすがに理工系の学生が多いんですね。ニュートリノという、何ともいえないものがこの宇宙にはあります。これは物質と呼べないんですよね。というのは、さっきもちょっと原子の話をしましたけども、原子は今度は電子と陽子と中性子といいますか、そういう素粒子の世界に入っていきますね。その素粒子の世界にはまたいろいろな要素があって、クォークと言われるような物質が出てくるわけですけども、さらにニュートリノと呼ばれる変なものがあるんです。あるということがわかっているんですね。このニュートリノというのは、ぼくには詳しいことはわかりませんけれども、物質ではないというふうにいわれていたわけです。つまり質量がないというんです。これまでの物理学はニュートリノには質量がないという前提のもとに形成されてきた学問世界だった。

ところが、岐阜県に神岡鉱山というのがあって、それが今は廃坑になっているんですが、その神岡鉱山の地下に東大宇宙線研究所というのが、直径四十メートル、高さ四十メートルの円筒形の純水をたたえた装置をつくり、そこへニュートリノを反応させるという実験をはじめていたわけです。そしてついに半月ぐらい前の新聞だったですかね、茨城県のつくば市からニュートリノを地下をとおして飛ばしたんですけども、そうしたら神岡のその装置に一定の確率において反応していることが確認されたことが報道されていました。ニュートリノは宇宙に満ちていて、現に今もぼく達の体を一秒間に何千万個という数で貫いているらしいんですが、空中を貫く度合と、地中を貫く度合でひん度が異なることが実証されることによって、このニュートリノにどうやら質量があるという確証が得られたというニュースです。これは理科系の学生であれば、お分かりだと思いますけれども、物質というものの極限を非物質に置かざるをえなかったこれまでの仮定が、またひとつくつがえされて、ニュートリノという物質が誕生したことを意味します。そうしたニュートリノであるとかクォークであるとかからこの宇宙は始まって、その生成の過程である宇宙空間にぼく達は太古以来生活をしているわけですけども、そういう物質は、もちろん目には見えない。質量があるのかないのかさえもはっきりしないような物質ですから。

そこで地霊の話に戻りますと、地霊という物質がこの世界に存在しているかどうかは分かりませんけども、大地が持っているそれに特有の気といいますか、その土地土地が内蔵している特有の質というものは必ずあるわけで、それは、コンクリートをとおしてであろうが何であろうが、この二階ぐらいまでは届くのは当然だと思うんです。それが東京を例にとれば、江戸時代以来何百年の都市化の歴史が積み重ねられたことによって、そういう地霊の気や質というものが本当に封印されてしまう。閉じ込められて人工物ばかりの世界になってしまうんですね。

地域の地質学

話が横にそれましたけども、この沖縄という土地は、地霊というものがまだとても濃い土地であるということは、これはもう確かなことだと思います。これは霊ということですから、物理学的な話ではないんですが、それをもう少し物理学というか、地学の側面からお話してみます。地霊の地学的な解釈とでもいいましょうか。

これは屋久島をひとつのサンプルとしてお話するわけですけれども、屋久島という島は、六千五百万年前までは海底にあったということが地質学的に分かっているんです。海底ですから、何百万年、何千万年をかけてそこに堆積物が重なり、堆積岩の層ができるわけですね。その海底に何かの原因で断層が生じるとそれに対して地下のマグマが、屋久島の場合は花崗岩質のマグマが噴き上がってきて、堆積岩層の弱い部分に侵入しながら、少しずつ少しずつ盛り上がってくるわけですね。花崗岩マグマが盛り上がると同時にその堆積岩の層も一緒に押し上げて盛り上がってくるんです。そういうふうにして屋久島が現在の島の形に出来上がったのが、だいたい今から千四百万年前といわれています。約五千万年かけて、島になったわけです。

そうすると、もちろんこの時に人類はまだいませんよね。人類が出現してせいぜい五百万年ですから。東アフリカのオルドバイ峡谷というあたりで、最古のホモサピエンスの人骨が出て、それが約五百万年前です。せいぜいそのくらいですから、千四百万年前の段階では人類は地上に出ていないわけです。そういう成り立ちですから、屋久島という島は花崗岩がほとんどで、絵に描いたような花崗岩の島なんです。島ができて以来の千四百万年の時間をかけた風化や生物の浸蝕によって表土というものがその上にできてきますが、その厚さは平均すると三十センチぐらいしかないと言われています。あとはほとんどが花崗岩の岩盤なんです。もちろん多少は堆積岩も含まれていますけども。

それは、この沖縄本島が琉球石灰岩という岩石を主として成り立っているのとは、大きなちがいですね。その屋久島の森の中で、ある時ひとかけらの花崗岩を拾いました。その花崗岩のかけらは、巨《きょ》斑晶正長石《はんしょうせいちょうせき》という、花崗岩に含まれている直方体の結晶で、非常に硬いので、花崗岩の他の部分は風化して土になっても、それだけは小さな四角い形のままに残されるんです。雨上がりのあとの森では、長さが二、三センチほどのその白い正長石が無数に見られます。ある時そのひとかけらを拾って、この石は一体どれだけの時間を秘めているのだろう、と思ったのが、ぼくのそもそもの地学、地質学への興味の始まりでした。その花崗岩のかけらは、今説明しましたように、少なくとも千四百万年の時間というものを持っていたわけですね。

そのことにある時ふと気がついたんです。気がつかされたといいますかね。そうすると、自分の手のひらの中に千四百万年の時間を握ることが物理的に出来ているだけでなく、自分の周囲には同じほどの時間の堆積があって、自分が千四百万年の時間の只中に立っているという驚くべき事実に気がつかされたんですね。これを地霊の話に結びつけると、物理的な事実として千四百万年の時間の只中に在るということは、そのままそのような地霊の内に自分が在るということでした。その体験というのは、ぼくにとってはあくまで個人的なことですけども、事件と呼んでいいほどに大きな出来事、深い出来事だったんですね。

それを知る前と後とでは、生き方の中味が変わるほどに、大きな出来事だったんです。それまでは、自分はたぶん屋久島に骨を埋めていくだろうと思っていましたけども、その千四百万年というような時間の中に、つまりその地霊の内に自分の生を返していくんだというふうに考えると、とても生きるということが楽になったといいますかね、別の言い方をすれば、死というものが恐くなくなってきたんです。

皆さんの中には、高校で地学というものを選択された方もいらっしゃるかもしれないですね。ぼくは残念ながら高校で地学を選ばなかったし、それ以後もずっと地質学など勉強してこなかったんですけれども、たまたまこういう事実にめぐり合ったおかげで、とたんに地質学、地学というものに目が覚めちゃったんですね。すごい学問だということが分かりました。高校で地学を選択されて、また今地質学を勉強されている方もいらっしゃるかもしれないんですけれども、その学問の分野というのはすごいものですね。いろんな分野の学問があってそれぞれに興味深いですけども、特にこの地質学という学問は、土という根本、陸上生物としての私達にとっての根本の大地ですよね、それを研究していく学問ですから、人間性にとって不可欠な根本的な学問じゃないかとさえ思うんですね。

たとえば国語が中学、高校で必須であるように、あるいは英語や数学や社会が必須であるように、中学、高校において必ず地学、地質学というものは勉強しなければならない科目にするべきだと思うぐらいに大事な分野ではないかなと思うようになりました。この地質学が面白いのは、自分達が住んでいる地域の地質学です。地球規模の地質学もむろん大切ですけど、それが本当にリアリティを持つのは、自分が住んでいる場所のそれなんですね。

今お話したのは屋久島というひとつのサンプルですから、ぼくにとってはこれはものすごく身近なそしてアットホームな出来事なんですけども、今沖縄に住んでいる皆さんにとっては、これはよその地域の物語ですよね。でもそれをあえてお話したというのは、この琉球列島、沖縄の島々のその成り立ち、地質学というものを調べて、自分のものにしてほしいと思うんですよね。おそらくこの島々の歴史というものも、一千万年、二千万年、三千万年という歴史を持っていると思います。

さきほどちょっと琉球石灰岩ということを言いましたが、古い沖縄の呼び名をウルマといいますね。ウルというのは珊瑚礁のことだそうです。そうするとウルマの成り立ちというのは、おそらく珊瑚礁に関係があるんではないかと思います。何千万年という長い年月をかけて珊瑚礁として堆積されてきたものが、この島々の地質的な成り立ちに深く関わっているんではないか、つまり琉球石灰岩というこの島を形成する主岩石についての予測がつきますけども、それ以上のことはぼくには分かりません。それは皆さんがそれぞれの興味において自分で学ばれることです。特にこの島々でこれから後も暮らして、この島々で死んでいこうという気持を持っている人にとっては、この島々の成り立ち、地質学的な成り立ちを知るというのは、生きる上でのとても大きな武器になると思います。これは友人の喜納昌吉のスローガンですが、「あらゆる武器を楽器に」と、彼は言っていますよね。あらゆる武器を楽器にという言葉は、沖縄発の全日本および全世界に向けられたもっとも素晴らしい言葉のひとつだとぼくは思っております。まさしくあらゆる武器は楽器にすべきですよね。

ぼくが地質学を武器にするというのはその意味です。楽器にするという意味です。住み、かつ生きていく上での楽器に地質学という学問はなるんです。つまりその土地の地霊をユタやノロと呼ばれる人達の感覚において学んでいくことはとても大事なことですけども、科学的な側面から地域というものの成り立ちを学んでいくこともとても大事なことだと思います。

学問というのは、喜びに変えていかないとだめですね。ただ義務で学んでいく、卒業したいがために学んでいくというのは、それだけでもうだめです。生の喜びや深まりのために学んでいくのでなくては、学ぶということに本当の意味はありません。

原郷の道

午前中に読みましたけども、私は地霊に属しているという視点を明確にするために、もう一度短い詩ですから、「私は誰か」という詩を読ませていただきます。

私は誰か

黄金《こがね》色の秋の陽差しが　あたりいちめんに深々《しん》とあふれ
道ばたには　ゲンノショーコの濃いピンク色の花が咲いている
ここには　私のほかに誰もいないし
じつには　私もいはしない
ここには
深々《しん》と黄金色の秋の陽差しが降りそそぎ
ゲンノショーコの小さな濃いピンク色の花が　咲いているばかりである

これはたまたまゲンノショーコという花を詩ったんですけども、今ここの季節に歌い替えれば、ユウナの黄色い花が咲いているばかりだ、と言ってもいいですね。

ぼくがアニミズムということを本当に学んだ先生がいらっしゃいます。以前に京都大学やあちこちの大学で教えていた方ですけども、現在はもう引退されている岩田慶治先生です。この岩田慶治さんは、若い頃に地理学を専攻して、後に文化人類学に専攻を移した方なんです。東南アジアを主にしてあちこちを調査された方ですけども、それと同時に仏教、特に道元の禅にも深く入っていかれました。

この人がすごいことを言われているんです。自分が死んだらその死の夜には森羅万象が自分の死を悲しんで、慟哭するだろうと言うんですね。そして一夜明けたら世界は何事もなかったかのように以前と同じ明るさと光を取り戻して、自分の死は少しずつ忘れられていくことになる、という意味のことを言われている。その言葉がとてもぼくは気に入っているんですけどね。

今、皆さんに伝わると本当に嬉しいんですけど、この一日、二日、今日が三日目ですけども、あのユウナの花の黄色い色合いですね、濃い緑の葉の色合いとあの黄色の花の色合いの美しさが自分の中に溶け込んできて、もうどうしようもないんですよね。自分が死んでもあの花は永遠に咲きつづけるんですよね。この島がある限り。それが希望ですよね。

もちろん人間が死んでいいんじゃないんです。人間は生きる限り一生懸命生きていかなくてはならないんですけど、もう百年たったら、今ここにいる私達は誰一人としてこの世にはいないんですよね。けれども百年後もユウナの花は、七月、八月になれば同じ色合いで咲くわけです。その喜びといいますか、その喜びを讃えるためにこそ、私達の命があるんだと思うんです。ここで生涯を一生懸命生きて、一生懸命学んで、一生懸命受け取って、死んでいけばいいんですよね。世界には、また年が変われば、また新しいいろいろな花が咲きますよね。それが不変の未来です。私とは、私であると同時にあのユウナの花でもあるんです。

ですからこの二、三日、ぼくにとってはあのユウナの花の黄色、あの色がカミなんです。カミというのはおおげさなものでないんです。ちっともおおげさなものではない。カテドラルにまします大神、大文字で書く「God」でなくていいんです。小さいもの、身近な世界の中にカミは無数にあると思うんですね。その全世界を生み出しているものは、大地、土ですよね。これを母なる大地と呼ぶのは、永遠に当たっていると思います。当たっているというかまさに正しいことです。

次に「原郷の道」という詩を読んでみます。

原郷の道

すべての道は　原郷への道である
なぜなら
すべての道は　私自身の自己へ至る道であるほかはなく
あなた自身の自己へ至る道であるほかは　ないからである
私達の道は　私達の原郷への道である

原郷への道は
原郷の道にほかならない

原郷というと、確かに過去のイメージを含んでいます。原郷は一般的には過去のものですけど、これもまた喜納昌吉の歌詞になりますけども、彼が「未来へのノスタルジア」という歌をつくっています。聞いたことがあるかもしれませんね。未来の原郷ですね。原郷という、ぼくはこの言葉が好きでこの言葉に光を感じるんですね。でも過去へは、先ほど言いましたように、戻れないんですね。私達は戻れない。だから未来に光を、原郷という言葉が持っている美しい言霊を未来に投影するんですね。そこへ向けて歩いていく。その未来というのは、自分の中に宿っている。

この何日かお配りしている資料のプリントを始めとして、世話をしてくださってる宜野座綾乃さんという英文科の大学院生ですけども、もうしばらくしたらアメリカへ留学したいと思っていて、アメリカへ行くということは、一見すれば原郷とは全然違う場所ですね。原郷ではなくて、別の場所、別の世界、ニューワールドというふうにイメージする人があるかもしれません。確かにそれはニューワールドであっていいんですけども、と同時にある人がどこかへ行くという時に、そのどこかで待っているものは自分自身なんですよね。自分の見た光がそこで自分を待っているわけです。自分のその光のところへ行くわけです。それを原郷と呼びます。原郷というのはそのまま自分の根の場所である。

昔から、旅をしても必ず自分の影がそこについてくると言いますけど、それは確かにそうです。行く場所にはすべての場所にあらかじめ自分が待っているはずです。それは別にアメリカでなくても、同じことです。これから与那国島なら与那国島へ、この大学を終わったら帰る人がいるか、行く人がいるか分かりませんけども、帰る、あるいは行こうとするのであれば、その与那国島にもう一人の自分がそこで待っているはずなんです。その未来の光を原郷という言葉で呼びたいと思います。

その中には知慧というものが含まれているんですよね。未来は未知ですけども、過去からの積み重ねの中の、たとえば千四百万年という時間の積み重ねの中の、それはDNAが知っているものですね。そのDNAの感覚が千四百万年の学習というものを導いていくんですね。その延長線に未来があるわけですから、それは原郷という言葉を使っていい世界なんだとぼくは思っています。

「雨ニモマケズ」

もう宮沢賢治はやめておこうと思ったんですけど、やっぱりまた宮沢賢治のことを思い出しましたので、皆さんも当然ご存じだと思いますが、この二時限目の最後に、十一月三日と題されている、雨ニモマケズという有名な詩を読みます。それを読んでこの時限の終わりにします。

これは実は、詩として書かれたかどうか分からないものです。黒い革の手帳が賢治の死後残されていました。縦が十五センチ、幅が六・七センチぐらいの、昔よくあったサイズの手帳だったんですけども、この手帳の中に「十一月三日」という日付が書いてあって、そしてこの雨ニモマケズの詩が記してあったんですね。この詩は、中学の教科書でも出ているみたいですし高校でも出てますから、当然読まれたことがあると思いますけども、これは宮沢賢治の絶唱のひとつだし、本当にいい詩ですので、いつ読んでも正しいと思いますから、読ませていただきます。

雨ニモマケズ
風ニモマケズ
雪ニモ夏ノ暑サニモ　マケヌ
丈夫ナカラダヲモチ
欲ハナク
決シテ瞋ラズ
イツモシヅカニワラッテヰル
一日ニ玄米四合ト
味噌ト少シノ野菜ヲタベ
アラユルコトヲ
ジブンヲカンジョウニ入レズニ
ヨクミキキシ　ワカリ
ソシテ　ワスレズ
野原ノ松ノ林ノ蔭ノ
小サナ萓ブキノ　小屋ニヰテ
東ニ病気ノコドモ　アレバ
行ッテ看病シテヤリ
西ニツカレタ　母アレバ

行ッテソノ　稲ノ束ヲ負ヒ
南ニ　死ニサウナ人アレバ
行ッテ　コハガラナクテモイ、　トイヒ
北ニケンクワヤ　ソショウガアレバ
ツマラナイカラ　ヤメロトイヒ
ヒドリノトキハ　ナミダヲナガシ
サムサノナツハ　オロオロアルキ
ミンナニ　デクノボート　ヨバレ
ホメラレモセズ
クニモサレズ
サウイフ　モノニ
ワタシハ　ナリタイ

その黒革の手帳の今の詩のすぐ後に、もうひとつ常不軽《じょうふぎょう》菩薩というタイトルの詩のようなものが出てくるんですね。これは読んで字のとおり常に軽んじないという菩薩です。常不軽菩薩というのは、実は法華経の第二十章に常不軽菩薩品《ほん》というものがあって、そこに出てくるんですけども、どういう菩薩かというと、いつも合掌をして人を礼拝して歩くという変な菩薩なんです。その人が現われると、あなた達はやがて仏になりますと言って必ず合掌するわけです。そうすると合掌されたほうは気持が悪くて、なんだこの変な坊主、よく分からないけど、あなたは仏になるとか言って合掌して歩く。気持が悪いから、棒でぶったり石を投げつけたりして追っ払うんですね。そうするとその菩薩は遠くのほうへ逃げて、そこからまた、やがてあなた達は仏になるだろうと大声で叫んでは礼拝をするという、そういう菩薩なんですね。それで常に軽んぜざる菩薩という名前がついたというんですけども、宮沢賢治はこの常不軽菩薩というものを一番大事にした人です。宮沢賢治は法華経の奉持者で、法華経に一身を捧げた人なんですよね。今最後に読んだ「雨ニモマケズ」の詩というのは、その常不軽菩薩の精神をそのまま詩に読んだものだとぼくは思っています。

その精神というのは、おそらくは日本中で今は沖縄にいちばん色濃く残っているのだと思いますけども、自分以外の人をあくまで大切にし、尊敬していくという精神ですね。この本島だけでも、何百か所、何千か所とあるにちがいない拝所《ウガンジョ》のカミガミ、つまり地霊を大切にし、尊敬していくという精神が、そのまま先祖を大切にし、尊敬し、他者を大切にし、尊敬する精神へと映し出されているんですね。他者に向けて合掌するという形自体はどうでもいいんですけども、合掌するというその精神は、自分自身つまり個人というものを大切にすることと同様に大切なことだと思います。この色濃い地霊の地にあって、あくまで自分自身という個人を大切にすると同時に、他者を大切にし尊敬する精神をますますみがかれてください。そうすれば沖縄という地域は、二十一世紀の世界モデルたり得るものを充分に備えていると、ぼくは感じています。

第九話——水というカミ

水が流れている

最初に参考までに申し上げますけど、先ほどお話した岩田慶治先生の著作は講談社から目下全集が刊行中です。アニミズムという根源の世界に興味がおありでしたから、たぶん生協でも扱っていると思いますので是非お読みください。先生のフィールドは大体東南アジアです。

一番よく知られているものとしては、『草木虫魚の人類学』というタイトルの本が出ています。これは全集とは別に講談社の学術文庫に入っています。同じ学術文庫に、『カミの誕生』、『カミと神』という二冊も入っています。

また少し詩を読ませていただきます。「草の生えている道」というタイトルの詩です。

草の生えている道

道のまんなかに　草が生えている道を　歩いている
それは
この世で　わたくしがいちばん好きな　道である

それは　にんげんの原郷の道である
母よ
悲母よ
道のまんなかに　草が生えている道を　歩いている
それは
この世で　わたくしがいちばん好きな　道である
それは　存在の歌う道である
しんと静かで　黙っている
草が生えている道である
道のまんなかに　草が生えている　道である

次にもうひとつ「草の道」。同じようなタイトルですが……。

草の道

草の道を歩いている
草の中の細い道を　鍬《くわ》をかついで歩いている

淋しいわたくしの道を歩いている
イヌハギの実がこびりつき
ひるまからこおろぎが鳴く
草の道を歩いている
母よ
悲母よ
草の中の細い道を　鍬をかついで歩いている
陽がさんさんと降りそそぐ
これは　たしかに淋しいまひるの道であるが
わたくしである道である
わたくしの存在の道である
草の道を歩いている
草の中の細い道を　鍬をかついで歩いている

この道

この道を　もっとかなしめと

あなたはおっしゃる
あなたがそうおっしゃるからには
そうせずばなるまい
この道
貧しいにんげんの道
ただのにんげんの　ただの永遠の道
アジアアフリカの道　沖縄の道
屋久島の道
わたくし達の道
この道をもっとかなしめと
あなたはおっしゃる
あなたがそうおっしゃるからには
そうせずばなるまい

日本語の漢字は読み方によってとても感じが違いますよね。この愛という字をかなと読んで「かなしむ」と表現すると、それだけで「愛する」というのと全然違う響きが出てきますね。愛《かな》しむという言葉づかいは、ぼくはとても好きな読み方です。昨日ちょっと書いた、「咲く」という字を「わらう」と読む、その読み方もいい読み方だと思いますけど、「愛」という字を「かなしむ」と読むのも特にいい読み方です。

ぼくは沖縄語《ウチナーグチ》はあまり分からないですが、御願《ウガン》ことばのひとつに「トートゥガナシー」というカミへの呼びかけの言葉がありますよね。たぶん、尊いものというトートゥと、愛《カナ》しという言葉が合わさったものではないかと思います。

「トートゥガナシー」という言葉はとても素晴らしい言葉だと思いますね。「かなし」という言葉の中には、語感としてポジティブな面とネガティブな面の両方が含まれていますね。単純ではないんですね。愛というものはいいものばかりではないですよね。愛が地獄でもあるということを、昨日「地獄は一定住みかぞかし」ということで話しましたけども、人間の愛には常に二つの側面がある。苦しさも悲しさもあるけど喜ばしさもあるといいますかね、愛《かな》という言葉の中にはその両方が絶妙の調和において含まれています。

今読んだ三つの詩は、その「愛《かな》」という感覚において、草の道、この道、というカミへ参入した詩だったわけですが、ここからはこの時間のテーマである「水」の詩に入っていきます。「水が流れている」というタイトルの詩のシリーズです。

水が流れている　その一

ここにあるものは

もとより　孤である
この孤は　いつしかなむあみだぶつに帰る
不可思議光佛に帰る
水が流れている
水が
真実に流れている

ここにあるものは
もとより　孤である
この孤は　十二月の庭に咲き残ったカンナの花を　眺めている
赤いカンナの花──。
水が流れている
水が　真実に
流れている

ここにあるものは
ただひとつの　孤である
この孤は　たしかに泣いている

泣きながら　なむあみだぶつに　帰る
不可思議光佛に　帰る
水が流れている
水が
真実に　流れている

水が流れている　　その二

静かな海の波打際のように
静かに　水が流れている
その音は
わたくしの全身を流れ
わたくしを　浸している
遠く　鹿が啼いている
いっぴきの虫が　なむあみだぶつ　なむあみだぶつ　と鳴いている
水が流れている
腰より下に

水が
真実に流れている
静かな海の波打際のように
静かに水が　流れている

水が流れている　　その三

山が在って
その山のもとを
水が　流れている
その水は　うたがいもなく　わたくしである
水が　流れている
水が　真実に　流れている

先ほどもちょっと言いましたけども、この宇宙に最初にあった物質といいますか、原子は水素であったわけです。水素からさまざまな原子というか物質が展開してきて、宇宙が形成されたのだとすると、私達は原初的にはその水素から来たんですよね。物理学ではその水素のまた元を先ほど言ったように、クォークやニュートリノまで探求してきたわけですけども、原子段階でいえば私達は水素から生まれてきている。水素からここまできているわけですけど、もとをただせば私達は水素なんですね。物理的に言えばですね。

水を原理としたタレス

それで今日お配りした資料に移るんですけども、タレスというギリシャ時代の哲学者の話を少しさせていただきます。ギリシャ哲学というと皆さんはソクラテスとかプラトン、アリストテレスというような人の名前を思い浮かべるかもしれませんけども、これからお話するタレスないしは他にも何人か哲学者達がいますけども、その人達はプレソクラテス時代の自然哲学者といわれています。プレというのは前という意味ですね。

西洋哲学はだいたいソクラテスから始まったとされていますが、それはソクラテスの有名な言葉である「汝自身を知れ」ということから、西洋哲学の歴史が始まったということです。その「汝自身を知れ」というのは、午前中お話しました「私は誰か」ということと同じですけども、そこから西洋哲学も始まったというふうに一般的には言われているんですね。でもそのソクラテスより前に、プレ・ソクラティック・フィロソファーズ、ソクラテス以前の哲学者達と呼ばれている一群の自然哲学者達がいます。その中の一人がミレトスというところで生まれたタレスという人です。この人は西洋哲学の中では哲学の父と呼ばれています。

タレスについては正確な記録がないのでほとんど分かってないんですけれども、ちょっとお配りした資料を読んでみましょうね。

アポロドロスがその〝年代記〟の中で述べているところでは、タレスは第三五オリュムピア祭年の最初の年（西暦前六四〇年）に生まれた。そして七八歳でその生を終えた（あるいはソシクラテスの言うところによれば、九十歳）。というのは彼は第五八オリュムピア祭年（前五四八〜五四五）に死んだと言われているから。すなわち、彼はクロイソスと同時代人であって、このクロイソスを助けて、彼はハリュス河の流れをわきに転じ、橋をかけずに、それを渉らせたという。

『初期ギリシア哲学者断片集』（山本光雄訳編）——以下同じ

正確なことは分かっていないのですが、紀元前七世紀に生まれてかなりの高齢まで、紀元前六世紀の前半を生きていた人です。ブッダは紀元前五世紀の人ですから、ブッダよりもさらに二百年ぐらい古い人ですね。このタレスの著作というのは、一切残されていません。タレスに限らずプレ・ソクラティックの哲学者達の特徴というのは、著作が一切残されていないことです。タレスの前後には、ヘシオドス、アナクシマンドロス、アナクシメネス、ヘラクレイトス、パルメニデス、エムペドクレスというようないろんな人達がいるんですけども、この人達に全部共通していることは、「自然について」というタイトルの本を書いたんですよね。全部タイトルが同じです。「自然について」というタイトルですべての哲学者達が、自分の自然観を述べたわけです。

ところがその著作も一冊として残ってないんです。けれどもそれをソクラテスは読んでいるわけです。それからプラトンも読んでいるわけです。アリストテレスも読んでいるわけです。アリストテレスや他の同時代の哲学者達の著作の中で、誰々はこう言っている、誰々はこう言っているという言葉が残されているので、タレスならタレスがどういう言葉を残したかということを私達はかろうじて知ることが出来るんです。

これは哲学史の話ですから、あまり細かいところに入るつもりはありませんけれども、ここで知っておいていただきたいのは、紀元前七世紀あるいは六世紀、五世紀という時代に、すでに「自然について」というタイトルで、その時代の人達がそれぞれの立場で自然の原理というものを探究したということです。自然の原理を探求することが哲学であったということなんです。

ぼく達が今哲学という言葉を聞いただけで、もうそれは嫌いだというか、哲学なんていうのはごめんだと思われるかもしれないですけれども、自然について勉強する、自然を探究する、自然について学ぶということが、ソクラテス以前の時代にあっては哲学そのものだったんですね。ですから今でいう自然科学というのは、そのまま哲学だったわけです。それがソクラテスが「汝自身を知れ」というひとつの立場を出したことによって、哲学というものの質ががらっと変わってきちゃったんですね。哲学が人間学に変わってきたんです。

フィロソフィーというのは、『ソフィーの世界』というベストセラーになった本がありますから、あれを読まれた人はご存じかと思いますけど、ソフィアというのは愛ということですよね。フィロというのは知るということです。知ることを愛する学、つまり愛知学というのがフィロソフィーですけれども、ソクラテス以後は人間についての知慧を学ぶ学問がフィロソフィー、哲学になったんですね。それ以前の哲学者達は、自然について学ぶということが哲学の主題だったんです。お渡しした資料の中にある15というところですね。15番の「原理」というところを、読んでみましょう。これはむろん、タレスの原理です。

最初に哲学に携《たずさ》わった人々の大多数は、ただ質料の型に属する原理のみが万物の原理であると思った、というのは彼等は凡ての存在者がそれから出来ているもの、すなわちそれを最初のものとしてそれから生じてき、またそれを最後のものとしてそれへ滅んでいくところのそのもの（というのは実体は根底に止りつつ、ただ様態によってのみ変化するのだから）、それを存在者の元素であり、原理であると主張し、またその故に何ものも生成することも消滅することもない、何故ならそのような本性は常に維持されているゆえ、と思っているからである。

という、何か非常にまどろっこしいことが書いてあるんですけども、これは要するに、ソクラテス以前の哲学者達は、この形のある全世界の大元にあるもの(質料)は何であるかということを追求したということですね。その大元のものからこの全世界が生まれてきて、そしてまたその大元のものへ還っていく、そのような大元の原理というものを追求する。それが自然についての学としての哲学だったわけですね。言葉を変えれば、この全世界を成り立たしめているものは何であるかと問うたわけです。その中でタレスは、全世界の原理は水であるという説を立てたんです。その部分を読みたいと思います。

　このような哲学の開祖タレスは水がそれであると言っている（このゆえに彼はまた大地が水の上に浮いているという意見を持っていた）。彼がこのような見解を抱くにいたったのは、おそらく万物の栄養は湿っていること、また熱そのものは湿ったものから生じ、またそれによって維持されるということなどを観察したことからであろう。しかしそれから万物の生じてくるところのそれが万物の原理である。従ってその見解を彼が抱いたのはこのことによってであるが、同時にまた万物の種子が湿った本性をもっているということによってでもある。しかるに水は湿ったものに対してはその本性の原理なのである。

続いて、16のところを読んでみますね。

　大地は水の上に横たわっていると主張する人々がある。すなわち、この説はわれわれに伝わる最古のものであって、ミレトスの人タレスが述べたと言われるが、その説によると、大地は材木や他の何かそのような性質のものと同様に（というのもこれらはどれも本性上空気の上には止っていないが、水の上には止っているから）、浮くものであるがゆえに、止っているというのである。

これもちょっとややこしい表現ですから、理解が届かないかとも思うんですけども、地中海といいますかね、その地理を思い浮かべていただけるといいと思います。あの一帯が多島海と呼ばれているのはご存じだと思うんですね。たくさんの島々から成り立っている。ミレトスという土地は、そのような島々のひとつなんですね。タレスはそこで生まれ育った人なわけです。島というのは、この沖縄もそうですけども、絶対的に海に囲まれている場ですね。その場に対する感覚の中で、世界の原理は水であるという、タレスの説は打ち立てられたのではないかと思うんですよね。

タレスが観察したところによると、すべてのものは水を含んでいる。湿っている。木であろうと草であろうと、土であろうと山であろうと、大地であろうと天であろうと、そこに生じるすべての動物達であろうと、すべて水を含んでいるということを、彼はしっかり見ていたはずですね。紀元前七世紀、六世紀という時代ですから、その考え方は非常に幼稚だと思われるかもしれませんけども、資料の一番最後の注にあるように、今日の天文学で逆算すると、紀元前五八五年五月二十八日に起きた日蝕をタレスは計算して予言したことになっています。霊感によって予言したんではないんですよね。ある程度に地球と月の運行というものを計算をして、その結果、何年には日蝕が起こるはずだということを予言したんですね。月日まで正確には予言できなかったようですけども。

その他にもタレスがやったことは、いろいろあるんですけども、たとえば円というものがあって、その直径がありますよね。あらゆる円の直径の線はこの円の面積を二分するという定理を最初に証明してみせたのもこの人と言われています。

そういうふうにこの人は数学の能力というものをすでに持っていました。円の直径が円の面積を二分することを証明するなどという能力は、現在のぼくにもありませんし、日蝕も月蝕もいつ起こるか、ぼくには分かりません。タレスの知性というのは、紀元前七世紀ないしは六世紀といえども、いわゆる古代的な素朴さではなかったんですね。その彼の持っている知性によってぎりぎりに、この世界の源、つまり原理(質料)は何かということを考えていたに違いないんです。

ですから彼は哲学の父と、後世に呼ばれたわけです。タレスは「水」というひとつの結論を出したんですが、その弟子のアナクシマンドロスという人は、いやそうではないんだ、「無限なるもの」というものがあって、それが世界の原理(質料)である、と言いました。「空気」だと言った人もいましたね。それはアナクシメネスという人です。いやそうではない、世界の原理は「火」だと言った人もいます。これはヘラクレイトスという人ですが、そういうふうにいろいろな説が出てくるんですけども、それにはそれぞれに理由があって、その中でそういう説を出してきたわけですけども、ぼくは最初に水という説が出てきたからいうんではないんですけども、水がこの世界の原理であるというのは当たっていると思うんです。正解だったと思うんです。なぜならば現代の物理学において、この世界の最初に構成された元素というものは、水素であるということがわかっているわけです。その水素から世界が生じてきた。水素と水は違いますけれども、水の素は水素ですね。そこまでひょっとすると、タレスの直観というものは届いていたんではないかと思われるぐらいに、彼の洞察というものは深かったという気がするんです。

どうしてなのかは分かりませんけど、宇宙塵《じん》が集まって出現したというこの銀河系の中で、この太陽系というものが成立したのは四十六億年前というのが、今では常識になりました。太陽系が成立して、その中に地球というひとつの惑星があって、これが水を蓄えていったわけですね。火星にも木星にも凍ってはいるが水があるということは今ははっきりしてますから、地球だけに水があるわけじゃないんですけども、この地球にだけは液体としての水が存在するわけです。その水の中から三十五、六億年前と言われてますけども、最初の生物が生まれてくる。

その生命の発祥といいますか、どのようにして生命がきたのか。蛋白質のもとであるアミノ酸の合成までは現代化学で出来るんですね。アミノ酸の合成までは出来ますけども、そのアミノ酸から蛋白質へ、そこから最初のDNAはどうして出現したかということはまだ分かってないんです。その最初の蛋白質からDNAの間には、ある意味で越えることの出来ない難しいものが残っているらしいんですけども、それは必ず連続しているはずですよね。水とDNAの間は、もちろん水だけじゃないですが、連続しているわけです。

一般的に私達は生物と非生物の間にひとつの線を引いて考えています。私達は生物であるし、水や鉄や岩石みたいなものは非生物であるというふうに線を引いています。ですけれども、その生命の発祥のいちばん源に還った時には、その線が消えるはずなんです。生命というものは、非生命からしか生まれないはずなんです。

むろんもうひとつの説もあります。宇宙のどこかに、この銀河系のどこかに生命体があって、その生命体の種子が地球に飛んできて、生命がこの地球で発生したという説です。ですけどほとんどの科学者達は太陽系外からの種子によって生命が発生したということはありえない、と考えているようですし、ぼくもそうだと思います。ということであるとすれば、非生命と生命とは連続している。ここのところはしっかり掴んでいただきたいと思うんですよね。生命と非生命というものは連続していることを知ると、生きることがとても楽になります。すべての動物は死を恐れますけども、人間もその動物のひとつです。ですけれども、その生というものが非生命と連続しているということがはっきり知性として認識出来ると、この死の恐怖というものがある意味で解決されていくんですね。生命と非生命が連続している。非生命がそのまま生命になるし、生命がそのまま非生命とひとつながりで繋がっているというふうな世界ですね。

そこに水という原初の媒介物、つまり原理があるんですね。ぼく達は自分は水などではないと普段は思っているんですけども、本来はぼく達は水なんですよね。水から来たんですね。そして水に還るという存在。もちろんぼく達は天からきて、魂が天からきて天国へ還ってゆく存在だという解釈もあるし、それはそれでいいと思うんですけどね。水から来て水へ還っていく存在だということを、ぼくはある時、ある時というより、今読んだ詩が出来た時に、そのことを実感してしまったんですね。それでこの詩を書いたんです。今でもその水が流れている。その水が真実に流れている。私の生命というのが、ただ水が流れていることなんですね。

水辺に行くとぼく達はなぜ気持がいいのでしょうね。これが不思議ですよね。もちろん水辺だけが気持いいわけではないですけども、気持のいいところはいっぱいありますけども、水があるところというのは何か根源的に気持がいいですね。日野啓三という作家のように砂漠が好きな人もいるみたいですけども、砂漠にしても砂漠の中心はオアシスですよね。やはり水辺です。しかもその水がきれいできらきら光っていたりすればですね、それだけで無条件に基本的に幸せになるのが人間性というものだと思います。

もちろんそれは一瞬の出来事ですよ。一時間も水を見ていたら最初の感激というのは消えていきますけども、水辺を離れてはまた水辺に帰ってくる、水辺を離れてはまた水辺に帰ってくるという動物の宿命を人間は秘めていると思います。私達の生命が、水というひとつの非生命からおのずから生まれ出てきたということが物理的な事実であると同時に、人間の愛知学的な喜びにおいても、それは水からやってくるんですね。

科学と宗教

午前中にお話した宮沢賢治は化学者でもあったんですね。旧制の盛岡高等学校ですけども、専攻したのは農芸化学です。小さい頃から石ころ賢さんと呼ばれていて、石や鉱物が大好きで珍しいものを集めたりしていたみたいですけども、今の岩手大学で専攻したのは化学だったんです。ですから彼は自分が一人のサイエンティストであるということを深く認識していた人です。と同時にむろん詩人でもあったんですよね。

ぼくはずっと文学畑、哲学や宗教学を専攻してきたものですから、どちらかというとサイエンスというものに対して苦手意識があるんですね。円の直径が円の面積を二分するというほどの単純な論理さえ未だにはっきり理解出来ない種類の人間なもんですから、長い間サイエンスに関してはある種の偏見を持っていました。ですけども、少しずついろいろなことを勉強していくうちにサイエンス、科学というものも本当に大事な学問なんだということが今でははっきり分かってきました。

人間が意識を持つ動物である限りは、物事の原理を問う科学というものを離れるわけにいかないし、科学は限りなく進歩していくだろうし、せざるをえないと思います。

Science walks in beauty.

科学は美の中を歩む、という言葉がありますが、それを探っていくことの中に美も喜びもあると思います。今はそういうふうに深く思ってますけども、それと同時に今度は宗教や哲学の方ですね。それも科学と同じように限りなくつづいていく人間意識のもうひとつの側面だと思うんですね。ですから午前中に読んだ「農民芸術概論綱要」の中で、宮沢賢治は科学と宗教ということを対比していましたけども、この二つのテーマというのは、姉妹だと思うんですよね。哲学・宗教と科学とは、ともに世界の美の中を歩いていく人間性の姉妹であると思っています。

むろん哲学・宗教にもネガティヴな面があるし、科学にも核兵器の開発をはじめとするネガティヴな面がいっぱいあるわけですけども、ポジティヴな面から見ていけば、ともに喜びの中を歩いていく姉妹になっています。宗教の行き過ぎみたいなものを科学の合理性は厳しくチェックしなければいけないし、逆に科学というものの行き過ぎといいますか、そのネガティヴな部分は宗教ないしは哲学というものが厳しくチェックしていかなければいけないんだろうと思うんですよね。チェックし合うということも含めて科学と宗教というのは人間性そのものの発露であると思います。

水の詩をもう二つほど読んでみます。

水の音《おと》　その一

水の音を聴きながら
水の音に溶けている
かつて私を導いた　寂しい西行法師の後姿は　今はもうここにはない
ここは水の郷《くに》で
水の音が法《ダルマ》である
生きている水の郷《くに》で　生きている水が法《ダルマ》である
水の音よ
水の音よ
ここは静かさの郷《くに》で　静かさが法《ダルマ》である
水の音を聴きながら
水の音に溶かされている

水の音　その二

秋のはじめの

淋しく豊かな水の音ほど
溶けてゆけるものは
これまでの私の生活の中にはなかった
秋のはじめの
淋しく豊かな水の音は
永遠そのものの　深い音であった
観音様と呼ぶまでもない
その音であった

ちょっとまた屋久島の話に戻りますけども、屋久島という島は、山が高くて森が深いですから、何十本ものきれいな谷川がごうごうと流れています。ぼくはそのうちのひとつの白川と呼ばれている谷川のすぐほとりに住んでいます。その谷川の流れは急流なんですね。夜も昼もごうごうと響く音をたてて流れている場所なんですけれども、もう二十年以上住んでいるので、その流れや音が、自分の生活空間というよりは、自分そのものであるような感覚になっているんですね。そういう場所といいますか、場に属しているせいで、水の音というものがいつしか法《ダルマ》になったんだとは思うんですけども、これを皆さんに押しつけるつもりはまったくありません。それにしても水というものが人体の三分の二を占めている。身体は水というものをどうしても無視していくことは出来ない。

昨日もお話ししましたけども、世界中の水が汚れていますよね。それは世界中が汚れているということです。水から世界を再生していくといいますかね。自分が住んでいる場所の水、それぞれに住んでいる場所の水を汚さないようにしていくということを通して世界を再生していく。水さえきれいであれば、あるいは空気さえきれいであれば、あるいは土さえ放射能を含んでいなければ、放射能で全公害物質を代表させていますけども、人類はまだこの地上で千年や二千年、あるいは一万年生きていけるはずですよね。そういう希望を持ちたい。今のぼく達の時代というのは、もう百年、人類がもつかどうかという保障もない時代ですよね。ですけど水、空気、土そして森さえあれば、今まで五百万年も生きてきた種族なわけですから、まだその倍ぐらいは少なくとも生きていけるはずですね。

ちょっとおおげさな話をいえば、この太陽系の寿命はもう五十億年あるというふうに計算されているわけです。単純に計算しても太陽系の寿命というのはまだ半分しかきてないんです。ですから、うまく人類がこの自然環境の水、土、空気というものを正常なまま保っていけば、まだぼく達には五十億年という膨大な時間が残されているわけです。それだけの時間、この地球でぼく達は生まれては死に、生まれては死にという営みを繰り返していくことが出来るはずですね。どこかでそのバランスが崩れると、特に水、オゾン層の破壊を含む空気が崩れたら、もう百年ももたない。

また、プルトニウム。核兵器だけでなく原発もそうですけども、現在原発の廃棄物として出てくるプルトニウムの毒性は、それが半減するだけで二万四千年という時間がかかるわけですね。半減するだけでですよ。そういうものをぼく達は、今日常的につくりだしているわけですね。ですから少なくとも二万四千年先まで、プルトニウムの毒性が全部消えるのはその百倍の二百四十万年先だとすると、少なくともその時まではぼく達の責任があるんですね。今ぼく達がここにいて、沖縄には原発はありませんから沖縄の人達は原発の責任なんかないよと言われるかもしれませんけども、それは確かにそうですけども、文明全体の担い手として、一人一人のぼく達は全部プルトニウムに責任があります。文明全体となれば原発だけじゃなくて、あらゆる種類の化学的毒性物をこの地球にぼく達は毎日排出しながら暮らしておりますね。その象徴が半減するだけで二万四千年という気の遠くなるような時間を必要とするプルトニウムなんですね。何としても原発は、今止めたほうがいいんですよね。そういうことを含めて清らかな水を保つ。もう汚れてしまっているのが事実であるなら、それを再生していくという方向にこれからは向かっていく時代なんだと思います。むろん、沖縄の米軍基地というのは、少し乱暴に言えばもうひとつの原発問題であり、もうひとつの水汚染の問題だと思っています。

少し環境問題みたいな話になりましたけども、最後にひとつ水とは関係のない、けれども哲学性においてそのことと深く関係する、「ことば」という詩を読ませていただきます。これは皆さんへの問いかけです。

ことば

あなたは　どんなことばが好きですか
愛ということば　恋ということばが好きですか
それとも　海ということば　山ということばが好きですか

それとも　商品ということばや文明ということば　国家ということばが好きですか
それともまた　原子力発電ということばや核兵器ということばが好きですか
わたくしは今
原郷　ということばと　しみじみ　ということばがとても好きです
原郷ということばには　わたくしの光があります
しみじみということばには　わたくしの涙があります
あなたはあなたで
わたくしはわたくしで　もろともに
本当に心から好きなことばをみつけて
そのことばを大切にし
そのことばを生きて行くのが人間であり
人間社会であると　わたくしは思います

あなたは　どんなことばが好きですか

どうぞ自分の本当に好きな言葉というものを探して、見つけてください。今日はちょっとタレスの話をしましたけれども、哲学というのは本当は難しいことではないんですね。ちょっとややこしいような文章の資料を配りましたけども、自分の本当に好きな言葉を見つけるということが、本来の哲学なんですよ。そしてそれを見つけることが出来たら、その人はもうすでに哲学者です。ですから哲学というものはまったく難しいものではないんです。タレスが水という原理を見つけたのは、タレスという人が水が本当に好きだったから、水を世界の原理として立てることが出来たわけですね。ですから水だけでなく、あらゆるものが世界の原理になります。どうぞ一人一人、ご自分の好きな、本当に好きな言葉を見つけて、それを自分一人で所有するのではなく、皆で共有するべく、その言葉を互いに友達同士であるとか、両親であるとか、誰にでもいいですけども伝えていってください。そしてその言葉を生きていってください。

第十話――ついの栖

生涯の仕事に出会う

今日は七月十五日ですね。あと二日間になりました。

朝、「沖縄タイムス」を見ていましたら、与那嶺貞さんという方の記事が出ていました。今年九十歳になった方で読谷山《よみたんざん》花織という織物で人間国宝に指定されたんだそうですね。そのお祝いの集まりが昨日あったというニュースでした。

与那嶺貞さんは、読谷山花織を始められたのが五十五歳だったというふうに書いてありました。それまでは学校の先生をされていたようですね。その頃は五十五歳定年だったのかもしれませんけれども、それから読谷山花織に取りかかられて、三十五年間織りつづけて人間国宝というひとつの栄誉といいますか、そういうものをもらわれたわけなんです。

その記事を読んで思ったことがあります。与那嶺さんはおそらく教師をされていた何年かの間それを自分の天職と考えていらっしゃったんだと思います。それが終わった時にこれから何をしようかと思って花織に取りかかられたと思うんですけども、九十歳という年齢に現在なってみますと、与那嶺さんの生涯の仕事というのは、教師ではなくておそらく花織という仕事であっただろうと思うんですよね。ということは、これは勝手なこちらの考え方ですけれども、彼女本来の仕事にめぐり会ったのは、五十五歳という年齢だったというふうに思うんですよね。

今、皆さんは二十歳ぐらいの年齢ですから、これから自分の生涯の仕事というものを考えていかれる時だと思うんですが、五十五歳でまだ間に合うんですよね。本当の仕事に出会えば、五十五歳になってからでも充分にそれを成し遂げることができるんですね。素晴らしいことです。むろん、これが二十代に出会えれば、もっと納得のいく仕事ができるでしょう。読谷村《よみたんそん》にはもう一人人間国宝がいらっしゃいますよね。壺屋焼の金城二郎さんという方ですね。ひとつの村から異なった分野で二人もの人間国宝が出るというのはすごいことだと思うんですよ。何かその読谷村という風土の中にはそういう手の文化を生み出す、それこそ昨日の話ではないですけども、深くて強い地霊が、あの地には宿っているんじゃないかという感じがします。まあ、人間は生きている以上は誰もみな人間国宝だという考え方もあるようですけど。

そのことは別にしてもですね、今日最初にお話したいのは、本当の仕事は五十五歳でも間に合う。三十までに自分の生涯の仕事を見つけることが出来ればそれは早い方です。四十でも早い方かもしれません。五十歳でも遅くはないです。先日来録音を採ってくださってるのは石垣さんとおっしゃって、「野草社」という出版社の社長さんですが、その石垣さんと今日の朝、お互いにある程度いい歳ですけども、これからでも遅くないね、生涯の仕事をこれからしっかり進めていきましょう、と話し合ったことでした。急がないで自分の生涯の本当の仕事を、一人一人がこれから見つけ出していってください。今回のぼくの講義というのは、そのために何か少しでもヒントになればそれでいいわけです。

詩というのは、ある意味で特殊な世界ですから、ある意味で生き方そのものの世界ですから、あまり好きではない人にとっては、苦痛であるかもしれません。苦痛な人はそのまま、聞き流してくださってけっこうです。単位を取る授業ですから、興味をなくして眠ったり途中で抜け出したりするのはけしからんという機構上の立場はあるでしょうけども、ぼくにはそういう気持はあまりありませんので、眠られても結構ですけれども、五日間の講義の中で何かこれというものの光を見つけて、ひとつでも拾ってもらえれば、ありがたいです。

今日も、配りました資料の詩を読むことから始めたいと思います。

最初に「五つの根《リゾーマタ》について」というタイトルの詩です。この根という言葉にリゾーマタというルビがふってありますけれども、これはギリシャ語なんですね。ギリシャ語で根のことをリゾーマタと言うみたいです。ぼくはギリシャ語は全然出来ませんけれども、なぜ知りもしないギリシャ語のルビをふったかというと、昨日話をしたタレスという人の水という世界観に影響を受けたからなんですね。もう少し正確にいうと、ソクラテス以前の自然哲学者と呼ばれている人達のそれぞれの世界観に強く魅《ひ》かれてしまったもんですから、そのせいでリゾーマタというギリシャ語の響きが好きになり、ついルビをつけてしまったわけです。

言葉というのは、知っていて損はありませんから、どこか胸に入れておいていただけばいいと思いますけど、もうひとつだけぼくが知っているギリシャ語があります。霊魂のことをギリシャ語でプシュケーと言いますね。二十代の後半の頃に「プシュケー」というタイトルの同人誌を出していました。プシュケーという言葉は、psychology《サイコロジー》、心理学という言葉の源なんですが、これもとてもいい言葉のひとつだと思います。

今日はまた、古い沖縄の言葉をひとつ教えてもらいました。今ではあまり使わないようですが、二ヘーデビルというのは、ありがとうという意味だとさっき教えていただいたばかりなんです。世界の中で新しい言葉をひとつでも覚えるということは、それだけ自分の魂の財産が増えるということですね。善い言葉は宝ですね。その宝の世界、財産の世界をどんどん広げていく、お金持ちでなくても宝持ちでいられるような人生でありたいですね。

五つの根《リゾーマタ》について

水は
水の真実を　流れている
土は
土の真実を　暖めている
樹は
樹の真実を　繁らせている
火は
火の真実に　静止している
そして大気は
大気の真実を　自ら呼吸している

そして　あらゆるものを包み　あらゆるものの底に
水が　流れている
水が　真実に　流れている

これは昨日の水というテーマのつづきなんですけれども、この詩の中に「土は　土の真実を暖めている」というところがありますよね。土については驚くべき事実があります。それをお伝えしておきます。

一グラムの土ですね、一グラムといったら掌にちょこっと乗せたぐらいの土だと思うんですけども、その一グラムの土の中にバクテリアつまり眼に見えない微生物というものが、五億から十億も住んでいるというふうに専門書には書いてあります。ということは、土というのは一般的には非生物だというふうに思われているわけですけども、実際にはそうではなくて、微生物の塊《かたまり》なんですよね。生命の塊なんです。その数字を初めて知った時にぼくは本当にびっくりしました。土は生きているという表現を農業関係の書物などでよくしますけども、生きているどころか生命の塊が土なんですよね。そのバクテリア達がいろいろな働きをして植物を育て、植物が花を咲かせ実をつける。その花なり実なりを動物達は食べて生きていく。そのいちばん根幹に土としてひしめいているといいますか、五億も十億もの生物達が生きていて、その働きによってぼく達は非生命の世界と連鎖している。根《リゾーマタ》というものは、生物が非生物に融合していく具体的な場であるのです。

森について

森は
土と樹々をかかえて
沈黙しつつ　生きている
人は　その森に帰る
森は
ひとつの大きな闇であり
慈悲である
人は　そこに帰る
森の底には
水が流れている
その水もまた　森である
人は　そこに帰る　その森に帰る

昨日の昼休みの時間だったですかね、研究室の窓から外を見ていると、森とは呼べないほどの林といいますか木立があって、そこに丸い石のテーブルみたいなものが置かれていて、一人の学生が、男子学生だったですが、昼寝をしている風景が見えたんです。それが実に気持よさそうで、自分も十分でいいからああやって眠りたいと思いました。個人的な話ですけども、実は一昨日の夜は眠れなかったんですね。三時ぐらいに目を覚まして、ずっと眠れないままここへ来ちゃったもんで、昨日は一日大変だったんですけども、そんな時の昼休みにその木蔭で昼寝をしている学生の姿を見て、すごくうらやましかったですね。五分でいいからあそこに行って眠りたい……。木蔭で眠るということの安らかさといいますか、森というもの、あるいは木というものが持っている安らかな力というのを、その風景の中に強く感じました。

小林一茶のアニミズム

なぜそういう話をするかといいますとね、今日は少し小林一茶の話をしたいと思っています。小林一茶という人は、多分皆さん名前くらいはご存じかと思いますけども、ぼくはあるきっかけから一茶の世界に興味を持ってもう十年ほどになります。約十年間かけて、今回と同じアニミズムというテーマで、小林一茶の生涯と俳句を素材にした本を書き上げました。そのうち本になると思うんですけども、本が出てこちらの生協にもまわってきて目につきましたら、興味のある人は読んでいただきたいと思います。

その「アニミズム」というテーマについてですが、アニミズムという森羅万象の中に霊魂が宿っているという考え方といいますか、思想の内に、ぼくは事実としてこれからの人類が生きのびていくための根源の希望を持っています。けれどもアニミズムというと、大体は原始的な世界のどろどろとした変なおまじないとかトーテムを祀る世界だというふうに思われているものですから、小林一茶という比較的最近の人を引き合いにだして、俳句という現在も生きている詩形式の内にアニミズムが生きているのだということを証明して見せるために一冊の本を書いたわけです。

なぜ一茶を使ったかというと一茶の句はとても分かりやすいからですが、俳句という世界は皆さんもご存じのように季語ということが基本になっています。これは一茶ではなく芭蕉の句ですけど、「閑《しづか》さや岩にしみ入《いる》蟬の声」というのがあって、この場合の季語は蟬の声、蟬が季語になるわけですね。今は街中にその蟬の声がひびきわたっています。現代俳句では季語はいらないという立場もありますけども、伝統的に俳句というのは季語を組み込まなければいけないという規則があるんです。この季語というのが、まさにアニミズムでいうカミなのだということを、ぼくは差し示そうとしたわけなんです。ここらで鳴いているのはクマゼミで、あまり静かな鳴き方でなく、宮古島の方ではナビガスーと呼んでうるさがるようですから、例の引き方が悪かったかもしれませんが、芭蕉がこの句を詠んだのは山形県の山寺と呼ばれているお寺でのことで、「奥の細道」の旅の途上です。

夏でも涼しい東北の山寺を想像していただけるとよいのですが、「閑《しづか》さや」と詠み、「岩にしみ入《いる》」と詠み、「蟬の声」ときて、深閑とした山寺の空間にひびきわたるなんともいえずしずかな蟬の声が聞こえてまいります。それを聞いている芭蕉にとって、その一瞬、蟬の声は閑かさを告げるカミの声であったんですね。季語というものは、そのようなカミの感覚の伝統が積み重ねられてきた挙句に、定着したものなんです。

小林一茶は、一七六三年に信州、長野県の柏原村という小さい村で生まれています。一七六三年というと、明治元年が一八六八年ですから、その約百年ほど前で、江戸時代の後期の人ですね。数え年十五歳、今の年齢にすると十四歳なんですが、その年に江戸に奉公に出される。まま母と仲が悪かったから自分で出たのかもしれませんね。信州の山の中から当然歩いていくわけですよ、少なくとも一週間はかかるんですけども、江戸に奉公に出ます。

そしてそのあと、どこで何をしてたかということは、資料的にはまったく分かっていないんですが、二十五歳ぐらいの時に突然一茶という名前が文献に現われてきます。菊明坊一茶という名前です。それで、二十五歳ぐらいになった一茶がすでに俳諧の道に入っていて、当時も江戸中に何十人といたであろう俳諧師の一人として活躍を始めたということが分かっているんですね。そして二十七歳の時に奥州行脚の旅に出ます。芭蕉の真似をするわけですね。さらに三十歳になると、今度は江戸を出てずっと西に向かうんですけども、九州の熊本の南に八代市という市がありますが、そこらあたりまで来ていることが判明しています。その旅は非常に長い旅で、あしかけ七年にわたります。あちこちの俳諧師のもとに身を寄せながら、修行しながら旅を続けるんですけど、江戸へ戻ってくるのは三十六歳の年です。正確には三十歳の三月に旅に出て、三十六歳の夏に江戸へ戻ってきます。そして江戸で一人前の俳諧師としての活動を始めるんですね。

俳句に興味のない人にはつまらない話かもしれませんけども、その時代の俳諧師は業《ごう》俳と呼ばれていた人と、遊俳と呼ばれていた人と、大きく分けると二種類の人があります。皆さん江戸時代というと、俳句などがそんなに盛んだったはずはないと漠然と思ってらっしゃるかもしれないんですけども、実際にはもう芭蕉が出た元禄時代、一六〇〇年代の後半以来、俳句というのはものすごい勢いで日本全国津々浦々まで広がっていくんです。たった十七文字で自分の心を表わせる文学の形式ですから、誰もかれもが、ちょっと文字の書ける人であれば俳句に取り組めるわけですから、その俳諧人口というのはすごい数だったわけです。一茶が何年間も、足かけ七年間も働きもせずに旅が出来たというのは、行く先々で、江戸から来た俳人だということで、ご飯を食べさせてくれるのはもとより、俳諧の座をもうけて句座を開いてくれる人達がたくさんあったからなんです。

それはもう芭蕉の「奥の細道」の時代でも同じことなんです。東北地方のいちばん奥のほうまで俳諧を好む人達がいて、芭蕉を迎えてくれたわけですけども、その俳諧をやる人達の中で、業俳というのはそれを職業としている俳人のことです。もうひとつの遊俳というのは、とにかくそういう文学を楽しむぐらいですから、ある程度生活にゆとりがないと出来ない。生活にゆとりがあるというのは武士であるとか、お寺の坊さんであるとか、お医者さんであるとか、あるいは村であれば庄屋さんであるとかというような、そういう人達なんですね。そういう人達が楽しみで俳句をつくる世界があるんですね。この楽しみで俳句をつくる人達を遊俳というんですが、そういう人のところを訪ねて、業俳達は食べさせてもらって俳句をつくるわけです。俳諧を指導しながら旅をつづける、そういうシステムがすでにしっかりと出来上がっていたんです。

一茶は江戸に戻ってきて、一人の業俳として次第に売り出していくんですけども、四十九歳になった年に「月花や四十九年のむだ歩き」という句をつくるんですね。二十五歳ぐらいから俳句をつくり始めて、必死になって俳句で食べていた乞食坊主みたいなその人が、俳句ですから月を詠んだり花を詠んだりするわけですけども、その月を詠んだり花を詠んだりして生きてきたその四十九年が、むだ歩きだったという句をつくるんですね。もう四十九歳というと五十歳が目の前です。一茶が終生師と仰いだ芭蕉は五十歳で死んでいます。先ほどの与那嶺さんの話とこれから重なっていくんですが、五十歳というとその頃は人生五十年ですから、終わりに近づいているわけですから、もうこんなことはやってられないという気持が一茶の中にしみじみと、おそらくわき起こってきたんでしょうね。

で、何を考えたかというと、信州の柏原村へ帰ろうと決心するんですね。確か文化九年、五十歳の年ですけども、この年の十一月十七日に江戸を発ちます。そして十一月の二十四日に柏原村にたどり着きます。故郷ですね。柏原村にたどり着くんです。これは旧暦ですから、旧暦の十一月二十四日というと、信濃の国はもう冬の盛りで、大雪が降るんですよね。

そしてたどり着いたその日に、新しい句が出来ます。「是がまあつひの栖《すみか》か雪五尺」という先日ちょっと紹介した句です。これは一茶の俳句の中ではいちばん知られている句のひとつですから、ご存じだと思います。一人の人の生涯といいますかね、生き方みたいなものを、こんな短い時間では本当にかいつまんでしかお伝え出来ないわけですけども、江戸の業俳として、あちこちに呼ばれて俳句を詠んで、そしてある程度の礼金をもらって暮らすということをずっと続けてきたのがそれまでの一茶の生涯です。そういう生活の中でこれはむだだったというひとつの結論に達して、自分の郷里へ帰って行った。そしてその郷里を、「是がまあつひの栖か雪五尺」と歌った時から、一茶の、本当の一茶の俳句世界が始まったんです。その前半にももちろん俳諧人ですから、ある程度の句はものにしてますけれども、この文化九年、五十歳から、六十六歳で一茶は死にますけども、この残り十六年間でいわゆる一茶調と呼ばれるところの本当の一茶の世界の幕が、切って落とされるのです。

なぜこのような話をするかといいますと、やはり人間には、場というものがある。生きる場というものがあるといいますかね。その場と合わないとそこでどんなに一生懸命暮らしても実らないようですね。一茶とほとんど同じ時代に活躍した人で太田蜀山人という狂歌師があります。この人は江戸で生まれた武士です。彼が死ぬ時には「是までは死ぬのは人と思いしが俺が死ぬとはこいつあたまらん」という狂歌を残します。自分の死を狂歌として笑い飛ばして死んでいくわけですけども、この人は江戸にこそ見せ場があるんですね。江戸で今のような歌を狂歌して見事に死んでゆくわけですけれども、一茶にとってはそれは合わなかったんですね。江戸に三十年間暮らしたけども合わなくて、信州の森の中へ帰ってくるんですね。

「ついの栖」ということですが、ぼくの場合でいうなら、三十七歳までは東京で暮らしていたんですけども、どうしても東京の水が合わないというか、合わないことはないんですけど、自分としては美しい海の見える場所で死にたいと思います。それから美しい森のある場所で死にたいというふうに思っています。そのことが自分の生き方で死に方だと思っていますから、今でも東京は大好きな街なんですけども、ぼくとしては一茶とは逆に生まれ故郷を捨てて屋久島に入ったんです。屋久島という場が合っているということ。屋久島という場が「ついの栖」になったわけです。先ほど仕事ということと、自分の生涯の仕事を見つけるということを言いましたが、そのことと「ついの栖」を見つける、見いだすということはおそらく結びあっていると思うんですね。

一茶の場合でいえば、俳諧という生涯の仕事はもう二十五歳の段階で見いだされていたわけですけど、その場所は江戸ではなかったんです。柏原だったんですね。柏原に帰ってきた時から、「ついの栖」が見つかった時から本当の俳諧が始まったんです。俳諧というのは、歌ですから、歌というのは以前にお話をしましたように心からの訴えですね。訴えのウタがウタの源ですから、心からの雄叫び、オタですね、それがウタの源ですから、それが湧き出してこない限り本当の歌にはならないのです。ぼくは三年ほど前に一茶の生まれた村を訪ねて、黒姫山という大きな深い山の麓に一晩眠りましたが、長野県でももう新潟県に近い本当に山奥の村でした。その山奥の村で彼の本当の生命《いのち》の震動というものが蘇ってきて、それを歌うことが出来たんだと思うんです。

「故郷性存在」

ぼくはそのことをまとめて「故郷性存在」という言葉で呼んでいます。人間というのは、「故郷性存在」と呼びうるようなひとつの存在性を持っているんじゃないかと思うんです。それは必ずしも実際の生まれ故郷である必要はないんですが、生まれ故郷がそのまま自分の死んでいく「ついの栖」になれる人はいちばん幸せな人だと思います。生まれ故郷の山河にそのまま自分の生を介して自分の子孫を残して死んでいける人、一茶はそれを成し就げた人だったわけですが、それはいちばん幸せなことだと思いますけれども、そうではない人もいるんですね。ぼく自身がそうですから。

では「故郷性存在」とはどういうことかというと、その場にぴたっと呼吸が合うといいますか、感覚が合うといいますか、英語ではそれをセンス・オブ・プレイス、場の感覚という言葉で呼んでいますけれども、要するに人が生きるというその中味とその場というものは、密接に分かち難く関係していると思うのです。というより、ぼくの感じでいえば同じものだという気がするんです。昨日、水と人とは同じものだというお話をしましたね。生物と非生物というのは連続している。同じように、人とその人が住む場所というのは同じものだと、ひとつづきに連続しているものだと思うんです。それをセンス・オブ・プレイスと呼びます。ぼくの場合には、それを「故郷性存在」という言葉で呼びます。つまり、そこで人が原初的に安心して生きることができ、そこへと安心して死んでいけるような場を求める感覚を、人間性は内在させている、ということです。

そのような場所を探し出していく。見つけ出していくと、そこから本当の人生が始まると思うんですね。本当の人生が始まるということは、そのまま幸福になるということとは違います。もちろん原初的、基本的に幸福にもなりますけども、どのような場に住もうと、ひとつの場に住むということは、日常的な苦しみや悲しみ、苦悩と呼ぶものさえもがつきまとわずにはおれません。ですからそこでハッピーになってしまうということでは決してないんですけども、生きるということの内実がその場を見つけることから発芽し始めるんです。先ほどの与那嶺さんの例をひいて言えば、読谷村《よみたんそん》という場の中でその読谷山花織という仕事と出会った時に、本当の彼女の生涯、生き方が始るんですよね。その喜怒哀楽の日々を知っているのは、むろん与那嶺さんお一人です。一茶の場合にもそういうことが典型的にみられます。五十歳で帰郷した一茶は、翌年には結婚して子どもが生まれますが、その子どもは次々と死んでしまいます。実に四人もの子どもに死なれて、そのあげくに菊《きく》という名の奥さんにも死なれてしまいます。それは悲惨と呼べるほどの出来事なのですが、「故郷性存在」としての一茶の存在性は、原初的、基本的に、もう微塵もゆるがないのです。

帰郷以後の一茶の俳句をひとつ紹介してみましょうね。

ちょうど今の季節の句です。「涼しさ」というのがカミなる季語です。「下々《げげ》も下々下々の下国《げこく》の涼しさよ」という句を五十一歳の時につくっているんですが、この句に出会った時にぼくは本当に嬉しかったです。ああそうだと心の底から感じたんですね。上々の上国というものがむろんあるんです。多分それは江戸であるかもしれません。上々の上国というのはあるんですけども、「下々も下々下々の下国の涼しさよ」。これは屋久島に移り住んでからしみじみとそのことが分かったんですけども、下々の下国でなくては通らない存在の涼しさというものがあります。山本周五郎という作家は、東京に住んでいながらその下々の下国の涼しさというものを知っていた作家だと思いますが、ぼくの場合は屋久島に移り住んで初めて、その涼しさを了解することができました。

一茶という人を研究しているうちに、その下々の下国に関してとんでもないことが分かってきたんです。一茶の代表作に「七番日記」というものがあるんですね。これは生前は出版されなかったんですけど、出版する意図で書きためられていた句日記です。その「七番日記」の「下々の下国の涼しさよ」の句の前に、鬼蓮《おにばす》というものを詠んだ句が連続して五つほど書いてあります。鬼蓮というのは、沖縄にはないかとも思うんですけども、直径が二メートルぐらいあるような棘だらけの大きな丸い葉をつける蓮で、その茎にも棘が生えているんです。蓮は蓮なんだけども棘だらけの鬼の蓮です。いきなり仏教の話になりますけども、「観無量寿経」という経典があって、その経典の中に、九品往生《くほんおうじょう》という考え方があるんですね。九品往生というのは簡単にいいますと、阿弥陀仏の世界へ往生するには九種類があるということです。

最上なのは上品上生《じょうほんじょうしょう》の往生で、日常の行いが正しくて仏様も朝晩しっかり拝んで、文句なしにこの人達は極楽往生しますよというのが、上品上生なんです。その次に上品中生というのがあります。

その次が上品下生です。その次は品性自体が中にさがって、中品上生、中品中生、中品下生とつづきます。そして最後に下品上生、下品中生、下品下生がきます。九つの段階に分かれて極楽往生をしますよというのが、「観無量寿経」に説かれている往生観です。ですからいちばん最低なんですね、下品下生というのは。下々も下々というどぎつい言葉は、この下品下生からとってるんです。蓮というのは浄土の蓮の掌《うてな》の象徴ですが、一茶は、自分はとてもじゃないけどきれいな浄土の蓮の掌には行けない、棘だらけの鬼蓮の掌だったら行けるかもしれないという気持を鬼蓮の花がたくさん咲いている池のほとりで詠んでいるんです。

前にちょっと話をしましたけども、親鸞上人という人は浄土真宗を始めた人です。その親鸞上人が何と言っているかというと、これまた自分は下品下生の身だと言っているんです。親鸞上人のお師匠さんは法然上人ですけども、法然上人というのは品行方正で本当に清らかな清僧だった人なんですね。ところが親鸞上人というのは、当時でいえば破戒僧で、肉食妻帯をするんですよね。魚も食べるし結婚もするし子どももつくるしということをした人ですから、当時の僧侶の常識からすると破戒僧なんです。そういう身ですから、親鸞上人は常々どこへ行っても自分は下品下生の身だと言っているんです。この間もお話しましたね、「地獄は一定住みかぞかし」と親鸞上人が言っているのは、そのような自覚があったからなんです。自分は最低の最低だという自覚があったわけです。これはよく知られていることですから、浄土真宗の熱心な門徒であった一茶も当然そのことは知っていて、それを踏まえて「下々も下々下々の下国の涼しさよ」と歌ったわけなんです。それに加えて、もうひとつ、やはり親鸞が言った、「善人なおもて往生す、いわんや悪人をや」という有名な言葉があります。善人でさえも往生するのだから、悲しい悪人が往生せぬはずはない、という親鸞の大逆転の思想ですが、その考え方もやはり一茶は知っていたはずなんです。そういうことがちょっと調べてみたら、ちょっとといいますか十年もかけて調べたんですが、分かってきまして、ますますこの一句というものがぼくには頼もしいものに思えてきているんです。

せっかく一茶の世界に入りましたから、もう少し別の句も紹介しておきましょうね。

これは文化十一年、五十二歳の暮れの句です。

「大根引《だいこひき》大根で道を教へけり」

これもぼくは大変好きな句です。この句のカミなる季語はむろん大根ですが、人が道を聞いているわけですね。そしたら大根を引いてる人が、その大根で「あっちだよ」って道を教えたという、素朴といえば素朴そのものの句です。農夫が大根で道を教えているという風景だけの句なんですけれども、よく味わってみるとただそれだけではないですよね。大根を引いているその人が農夫であったか農婦であったかははっきりしませんけれども、その人が土というものと共に在る人間の姿、冬の信濃の大地において生きる人というものの姿を、大根そのものにおいて差し示している風景が伝わってきます。この一句において一茶は、「つひの栖」として選び取った信州信濃の生命《いのち》の具体的な実体に出遇っているんです。大根などというものは、平凡きわまりないものですが、その風景に出遇った一瞬、一茶がそこにカミを実感していることは、ぼくの拙い説明はぬきにして、感じていただけるのではないかと思います。

一茶は十五歳で江戸へ出たわけですが、百姓の子の十五歳は、当時であれば、もう農業というものの完全な担い手ですね。ぼくも戦争中、山口県の祖父母のところに四歳から八歳まであしかけ五年ほど疎開をしていましたけども、その年齢でもう麦刈りをしたし、田植えの手伝いをしたし、風呂を焚いたりしました。農業の基礎的なことというのは全部手伝わさせられたんですね。そして、それと知らぬ間に大地性というものを体の中に叩きこまれました。ですからもう十五歳にもなっていればほぼ一人前の百姓です。一茶は、自分が俳諧者であり、本物の百姓ではないことに生涯負債を感じつづけた人ですが、そういう人であるからこそ江戸の空虚な月花の世界というものが、むだ歩きと感じられたのだと思います。

信州の百姓の世界に帰ってはきても、やっぱり一茶は学んでいるんですね。「大根引大根で道を教へけり」と、より深くその地で生きることを学んでいるわけです。学ぶというといかにも勉強してるようですけど、そういうことじゃなくて、感動を与えられているんですよね。言葉ではなくて無言のうちに、この大地で生きるということ、つまり人間の「故郷性存在」というものの具体を学んでいるのがこの俳句だと思うんですね。

それからもうひとつ、もう二つばかり……。

「花の陰《かげ》あかの他人はなかりけり」

という句です。花というのはご存じのように桜のことです。一茶という人は、生涯非常に孤独な人でした。先ほどもちょっと言いましたように、信州に帰って五十二歳で結婚するんですけども、結婚して子どもも生まれるんですが、生まれた子どもが死にます。二人目の子どもが生まれます。その子どもが死にます。三人目の子どもが生まれます。その子どもも死にます。四人目が生まれて、その子も死にます。そして奥さんも死んでしまいます。再婚をします。再婚した女の人は子どもが生めない体だというので離婚します。三回目の奥さんを迎えます。三度目の奥さんに赤ちゃんが出来た時に、一茶は死んでしまいます。そして一茶の死後、生まれた赤ちゃんは今度は生き延びて、現代までその子孫が残っていますけども、生きている間の一茶というのは、江戸住まいの頃も信濃に帰ってからもずっと不幸の連続だったんです。ですけれども、この世の桜の花の下では、あかの他人はなかりけり、と。その一瞬、桜の花がカミになり、その花の下では、百姓も、武士も、坊主も、俳諧者である一茶自身も、ひとつらなりの存在者となっているのです。

そしてもうひとつ、辞世の句を紹介しましょう。一茶は六十六歳で亡くなりますけども、最期に残された句はこの句です。

「花の影寝まじ未来が恐《おそろ》しき」

これは元取りの句です。元取りというのは、元の歌から取ってくるということです。その元歌はたぶんご存じだと思いますけども、西行法師の「願わくは花の下にて春死なんそのきさらぎの望月の頃」という、願わくば桜の花の下で春の満月の日に死にたいという歌です。そして西行は見事にその如月の満月の日に死んでいくんですね。人の願いというのは不思議なもんですね。そういう伝説がずっと、もちろん江戸時代まで残っているから、一茶も十分にそれを心得ているわけです。そして自分としては、それに対する反歌として「花の影寝まじ未来が恐しき」と詠んで逝くんですね。

それは最初に紹介した「月花や四十九年のむだ歩き」という句に繋がるものです。「花の陰あかの他人はなかりけり」というその花は、肯定的なカミの花ですが、最後の花は違いますよね。同じ花でありながら、「月花や四十九年のむだ歩き」につながる花です。その花には死ねない。死んだら未来がおそろしい。月花というようなうわついた世界の中では死ねないと反歌したんですね。百姓の血を引く俳諧師として、大地の中にしか死ねない。それでないと未来が恐ろしいと歌って死んでいったんです。一茶は、意識してこれを辞世の句としたのではなく、たまたまそう詠んでそれを最後に死ぬんですが、まことに一茶らしい終わりだったと言うことができます。

そう言ったからといって、ぼくは西行の「願わくは花の下にて春死なんそのきさらぎの望月の頃」という世界を否定しているわけじゃないんですよね。一茶ももちろんその世界を否定しているわけではないんです。ただ自分としてはそこには死ねないのです。ではどういう世界だったら一茶としては安心して死んでいけたのかと、ぼくなりに想像してみると、先ほど言ったように、それは言葉としては大地へ死んでいく、故郷性存在としてその大地へ死んでいくということなんですけども、具体的な例としては、「大根引」の句が出来たのと同じ年に、

「雪とけて村一ぱいの子ども哉」

という句をつくってるんですね。結婚した年のことですから、むろんまだ自分の子どもはいないんですが、「雪とけて村一ぱいの子ども哉」という、非常に素朴な句をつくっています。この風景であれば、一茶は恐ろしがらずに、そこへ安心して死んでいけたはずだと思うんです。その一茶の美学といいますか、それを今回のテーマに引きつけて言えば、カミというのはこれなんですね。「雪とけて村一ぱいの子ども哉」、これが一茶にとってのカミだったのです。一茶は自分の子どもが欲しくて欲しくてしょうがなかったんですよ。自分の子孫を残したかった。それが一茶の終生の願いだったんで

すね。その願いは、最後にはかなったんですけど、それは死んでから後のことでした。

これは一茶の話ですけども、一茶だけのことではないと思います。人というものにとって、人に限りませんが、子孫を残していくということは、いちばん素朴なことではあるけれども、いちばん深い喜びのひとつなんだと思うんですよね。他にも喜びはたくさんあります。たくさん喜びはありますけど、子孫を残すということはいちばん深い喜びのひとつだと思います。そしてそのいちばん深い喜びを与えてくれるものが、カミなんですよね。カミというのは、どこか天の奥にあるものではない。天の奥にもあるかもしれませんが、それだけではない。目の前の見える世界にちゃんとあるんですね。たとえば子どもというものがカミなんです。

「雪とけて村一ぱいの子ども哉」

ありのままに素朴な、「故郷性存在」の世界です。

第十一話——「出来事」というカミ

二十四節気七十二候

午前中は一茶の話をさせていただいたんですが、それは「森について」という詩からのお話であったわけです。そこでもう一度「森について」を読みます。どうぞ再度味わってください。

森について

森は
土と樹々をかかえて
沈黙しつつ　生きている
人は　その森に帰る
森は
ひとつの大きな闇であり
慈悲である
人は　そこに帰る

森の底には
水が流れている
その水もまた　森である
人は　そこに帰る　その森に帰る

この沖縄の地にあっては、その森を御嶽《ウタキ》と呼び、拝所《ウガンジョ》と呼び、あるいは神山《かみやま》と呼んで、古来聖なる場として無数に祀ってきました。そのことを原初のエネルギーとしてこの地には無数の魅力ある文化が伝承されているわけです。それはこの地の後進性ではなくて、まさしく次の時代を立て直していく鍵となる普遍性であると、ぼくは考えているんです。この時間は、そのつづきの詩を読ませていただきます。

月について

月は
生と死をくりかえす
生まれたばかりの　金色の月を
わたくし達は　みか月　という古い呼び名で呼ぶ

死んでゆく金色の月を
わたくし達は　二十三夜月　という呼び名で呼ぶ
月は
生と死をくりかえす
輝きつつ生まれ　輝きつつ闇に帰る

言うまでもないことですけれども、月というのは、循環を繰り返しています。毎月の一日を朔日《ついたち》と呼びますけども、これは月が立つ月立《つきたち》で朔日《ついたち》ということになります。そして晦日《みそか》というのが、これは三十日のことで、一年の暮れる晦日が大晦日になりますよね。朔日から晦日まで、正確にいうと確か二十九・五一日だったかな、二十九日と十二時間四十四分二秒八ということになっています。その月が満ちて欠ける一か月を、暦では一朔望《さくぼう》月と呼んでいます。そしてそれが十二回巡ると一年が巡る。ただし十二×二十九・五では日にちが余ってしまうので、何年かに一回うるう月を入れて一年を十三か月にするのが、月を中心にしてそこに太陽（地球の公転）との関係を加えた、太陰太陽暦（旧暦）と呼ばれる暦です。

太陰太陽暦は、中国の黄河の中・下流域で殷《いん》（前一五〇〇年～一二〇〇年）の時代につくられたもので、これが日本に入ってきて正式に採用されたのは飛鳥時代です。聖徳太子の時代の六〇四年、つまり七世紀の初め頃ですね。明治五年に現在のグレゴリオ暦（太陽暦）が採用されるまで、この太陰太陽暦は延々と約千三百年間も続きます。千三百年ですよ。ということは、この太陰太陽暦で、何の不都合もなかったんですね、約千三百年の間。それが明治五年に、要するに文明開化しなきゃいけないというんで、西洋の暦であるグレゴリオ暦というものに切り替えたわけです。明治政府がこれを採用して、東洋の国では最初だったそうですが、太陽暦に変わってしまったんです。それまでは一日《ついたち》から始まって、三十日《みそか》で終わる月の循環に沿った暦で千三百年間何の不都合もなく続いてきたんです。

太陰太陽暦の中にはもうひとつ二十四節気七十二候という考え方が組み込まれています。これもやっぱり中国の殷の時代につくられたものなんですね。この二十四節気七十二候という考え方では、一年は立春から始まるんです。この立春というのは太陽暦では二月のだいたい四日ぐらいですが、この日から一年が始まって、立春節が約十五日間つづきます。そしてその次は雨水節《うすい》という節気に入ります。雨水節の次が啓蟄節《けいちつ》……というふうに、だいたい十五日間ずつの二十四の節気があります。そしてその立春節なら立春節をさらにまた五日間ずつ三つに分けます。立春節の初候が五日間、次候が五日間、末候が五日間です。それが二十四節気のそれぞれにあるわけですから、三×二十四で七十二候になりますね。ですからこの暦を二十四節気七十二候の暦と呼ぶんですけども、多分気がつかれたと思いますけども、沖縄の正月は現在でもこれですね。二月四日の立春節の始まりの日を基準にして、沖縄のお正月が来ます。沖縄の暦は太陰太陽暦の二十四節気七十二候に基づいて今でも続いているわけです。沖縄だけではないですね、台湾も中国もこの暦をまだ採用してます。沖縄には御清明《ウシーミー》という祭りがありますが、これは春分節の次に来る清明節《せいめい》（四月五日〜十九日頃）に行なわれるお祭りですよね、春が本当に盛りになったことを祝う喜びのお祭りです。

ぼくはグレゴリオ暦（太陽暦）はだめだとは思わないし、太陽暦をやめて二十四節気七十二候の太陰太陽暦に戻せという主張をするつもりはありませんけれども、この二十四節気七十二候という暦にも非常に優れた点があるということは確かなんですね。それをもう少し説明したいと思います。

今太陽暦だと一年をただの数字の一月、二月、三月というふうに十二か月に分けていくわけですが、それを立春節、雨水節、啓蟄節、春分節、清明節……と約十五日間ずつ分けていく暦と比べてみた時に、明らかにこっちのほうがこまやかですよね。こまやかだし潤いがあります。ぼくは、この数年来は二十四節気を生活の中に意識的に取り入れているんですが、例えば今は立春節だと、今は雨水節、啓蟄節になると虫達が土を啓《ひら》くんですね。啓蟄節というのは、虫達が地面の中でうごめき始める季節。そしてその次に春分節の十五日間がやってきます。清明節はさきほど説明しましたから飛ばして、今日の七月十五日という日は、小暑《しょうしょ》節の次候に当たります。やがて小暑節末候から七月二十三日からは大暑《たいしょ》節に入ります。聞いておられて、ややこしいと思われる方もあるかもしれませんが、沖縄の人達をはじめとして日本人は千三百年間その暦とともに生きてきて、ややこしいどころかその節気の移り迎えを大きな楽しみとしてきたんです。沖縄正月を迎える楽しみ、御清明《ウシーミー》を迎える楽しみが、その証明です。

屋久島に住んでいるぼくにとっては、雨水節というのは、とても嬉しい節気のひとつです。屋久島では、雨水節に入ると本物の春が動きはじめます。しかもそれが初候、次候、末候という五日間ずつに分かれて、季節の移り変わりというものを実にこまやかに味わいながら暮らしていくことが出来るわけです。この七月十五日前後の節気をもう少し見てみますと、六月六日から二十日までを芒種《ぼうしゅ》節というんですけど、これは種を芒《ま》くという意味です。そして次が夏至節になります。夏至という言葉は今でも生きていますよね、夏至節。これが六月二十一日から七月六日頃まで。それから先ほど言ったように今は小暑にいます。七月の七日から二十一日頃までですね。次が大暑節ですが、いちばん暑くなるのが七月の二十日過ぎから八月の初旬にかけての大暑の時期だというのはだいたい実感出来ると思うんですよね。この真反対の部分に一月の下旬から立春までの大寒節があります。こっちも大暑が終わると立秋が来るというふうに、ちょうど真反対になってますね。

五、六年前から、こういう二十四節気七十二候という暦があるということに気がついて少しずつ学習してるんですが、学習するというのはどういうことかというと、今の節気は何だったかなあと思って、忘れていれば暦表を見て、ああ今小暑だというふうに確認するわけです。そうするとこの小暑という節気の今の季節感が体にだんだんしみ込んでくるようになります。それだけで喜びがひとつ確実に増えるんですよね。ただ七月の中旬というよりも、今小暑節の次候にあるということを味わっていくことによって、そんなに大きな圧倒的な喜びではなくて小さな喜びの断片かもしれないけども、それが自分のものになります。それが学習なんですね。

ぼくに関する限りは、この二十四節気七十二候という暦を自分の暮らしの中に取り入れ始めてから、少なくともそれを知る以前に比べて明らかに喜びというものが増えています。たとえば先ほど言いました雨水節というのは、だいたい二月の十九日に雨水節に入るんですが、それを知らなかった時のその日はぼくにとって何の意味もないカレンダー上の一日にすぎなかったんですよね。ところが雨水節という喜びが自分の体の中に入ってくるようになってからは、この二月の十九日が心から待たれる日になってきたんですね。一年の内で一日でもそういう日が増えるというのは、言ってみれば誕生日がひとつ増えるようなものです。確実にひとつ喜びが増える。

もうひとつ、雨水とは反対の季節ですけども、大好きな節気があるんですよね。それは立秋節の後に処暑《しょしょ》という節気があります。その次に白露《はくろ》という節気が来るんですね。これは九月の半ば、白露節の次は秋分節に入るんですけど、この白露節という季節がまた実にいいんですよね。白い露と書きますけど、たしかにこの白露節になると、雨水とは逆にかすかに涼しさが訪れてくるんです。秋の彼岸に入れば、もちろん暑さ寒さも彼岸までですから、確実に少し涼しくなりますけど、その手前の白露に入ったあたりでやっぱり微妙な涼しさが来るんですね。それを白露という呼び名が表わしているんです。

今ご紹介したのは、雨水節と白露節の二つですけど、もっとこれをしっかり学習して、自分の体の中にひとつひとつの節気というものがしみ込んでくると、一年に二十四度喜びの日が増えてくるんだろうと思いますね。半月ごとに変わっていきながらそれを毎年繰り返していくわけです。二十四節気七十二候という太陰太陽暦は、月の生と死ということを基準にした文化なんです。月の生と死というものの中に人間の生と死というものも実は含まれているんだと思います。太陰太陽暦は、地球上にたくさんある暦法のひとつですけども、午前中にお話した「季語」というカミを生み出した思想であり、それ自体が暦《こよみ》というカミの体系そのものでもあるわけです。日本の神道ではそのことを神惟《かんながら》の道と呼んでおります。

不生不滅

次に「存在について」という詩を読みます。

存在について

存在は
流れてやまない
水の真実　のように
しかしながら
存在は
静止してやまない
石の真実　のように
存在は
生まれて死ぬけれども
生まれもしなければ死にもしない
存在は　それゆえに
ひとつの祈りの現われであり

祈りの姿である

祈りについて

祈りは
生まれたばかりの　金色のみか月　である
祈りは
金色のみか月の意志であり
その不可思議の　はじまりである
月がやがて死ぬとき
祈りがやむとき
存在は　存在することをやめた　と呼ばれる
しかしながら
存在は　存在することをやめもしなければ　はじめもしない
それゆえ
祈りは
生まれたばかりの　金色のみか月である

その静止した　震動である

今この二つの詩で、祈りという言葉がともに出てきたんですけども、祈るというと、一般的には手を合わせて祈る、あるいは拍手《かしわで》を打って祈るという行為を思うかもしれませんけれども、今この二つの詩でぼくが歌いたかったのは、あるいは伝えたかったことというのは、私達がここに在るということ、そのこと自体の本質がすでに祈りなんだということなんです。私達がここに在ること自体が、手を合わせたり拍手を打ったりせずとも、むろんそれも祈りですけども、こうやってただ呼吸をしているということ、ただ生きているということ自体が祈りの姿、祈りの事実なんだと思うんですね。

それは、月というものがみか月からだんだん膨らんで満月になり、だんだん細ってやがて闇夜に戻っていくというめぐりに喩えられる、人間の生死《しょうじ》です。ある時の空に新月を見て、それを心から美しいと感じられた経験はどなたも持っていらっしゃると思います。美しいと感じたその瞬間というのは、この詩でいえば、月というひとつの存在が祈りとして、祈りというのは別の言葉でいえば生命の絶頂、もっとも深い生命のあり方として、月がこちらを射抜いた瞬間であるわけです。生まれたばかりの月のその生命感を受けて、こちらの生命も同じようにもっとも深く輝く。こちらが月を射抜いているのかもしれません。

別の言葉でいえば、月が巡る動きとして発動する時に、生老病死の巡りを巡るこちらももっともあざやかに生命として発動しているんです。巡るから、月なんですね。生まれたから、人間なんですね。一月たてば月は死んでいくわけですけどその次の日には、また新しい月として甦ります。人間の一生を、月は一か月ごとに繰り返し繰り返し見せてくれるわけです。生まれては死んでいく人類の姿を、月は一か月ごとに明らかに見せてくれます。在るということと無いということの不可思議さ、そのことを一番典型的に見せてくれているのが月の満ち欠けだと思うんですよね。

そのことを一般的には、これは仏教の言葉になりますが、不生不滅といいます。生まれず、滅びずというんですね。生まれていないから滅びるはずもないということです。月がある時生まれた、太陽系と同時に生まれたわけですけども、それ以来もう生まれるということはないですし、死ぬということもありません。けれども、現象としては月々に新月として生まれ、満月として充ち、滅びる。人間も同じように生まれて成長し、また年老いてこの世から姿を消す。ですけども、月と同じようにその姿がなくなるだけでまた別の形で現われてきます。それを輪廻転生という説もありますけれども、それが本当かどうかは別として、少なくとも親から受け継いだこの体、そして子孫へ伝えていくその体、先祖と子孫という形こそが輪廻と呼ばれているものの正体だと考えることもできます。

江戸時代に盤珪禅師(一六二二～一六九三年)と呼ばれたお坊さんがおります。この人は「不生」という二文字だけを自分のものとした禅僧です。それゆえ盤珪の禅は不生禅と呼ばれました。江戸時代初期の人で、だいたい芭蕉と同じ時代の人ですけれども、自分は不生である、つまり生まれたものではないということにおいて悟ったんですね。ぼくが学生時代に『盤珪禅師語録』という岩波文庫の本を読んで、この不生ということが本当に長い間分からなかった。学生時代に読んで、二十年も三十年も分からなかった。なぜ不生なのか、生まれずといったってぼく達は生まれているわけですね。皆さんも生まれてらっしゃるし、生まれている人間が生まれてないということが分からないのですね。

このことについては、ここではこれ以上のお話はしませんが、生まれず、不生ということは、今読んだ「存在について」という詩とそれから「祈りについて」という二つの詩の中にそのヒントが入っているはずです。資料としてお渡ししてある詩をよく読んでくだされば、もしこういうことに興味を持たれた方には、それがどういうことかというのが、「月について」も含めてですがヒントになると思います。それは一言で言えば循環ということになります。存在というものはただ巡るだけだと、始めも終わりもなくただ巡りながら、今はこの姿でここに在るのです。

資料の最後にあるのが「底」という詩ですね。それを読んでみます。

底

底へ沈むと
そこに　深い水がある
その水が　流れている
その水を　大悲と呼ぶ
底へ沈むと
そこに　深い水がある
その水が　流れている

その水を　大慈と呼ぶ

私達は、日常生活においては、前へ進む、つまり進歩ということに気を奪われているのですが、これまでにお話してきたように私達であるその源は水である。つまり存在そのものの底には一歩も進歩しない循環そのものである水が流れているということであります。

「出来事」というカミ

続けていくつかの詩を読ませていただきます。詩を聞くのは聞き飽きたと思われかもしれないんですが、聞き飽きられた人は眠っていてもいいですから、子守歌だと思って聞いてください。

存在について

最も深く祈っているとき
人は　手を合わせはしない
しかしながら
最も深く祈っている時
人は　手を合わせている

存在は
そのようにして　人を開示する

矢車草　　その一

まじめな人は
いつでも深く　悲しそうな顔をしている
この四月の　ゆるやかな風の中に
矢車草の青い花が　咲いている
その海よりも深い　青の色を
まじめな人　と呼ぶのである

矢車草　　その二

矢車草の花が咲いた
その　海よりも深い

青の色は
存在が　悲しみの極みにはなつ
不思議な喜びの　光であった
わたくしよ　と呼びかけると
その青い花が
ふらり　と揺れた

矢車草　その三

悲しみが深くなると
水になる
水が深くなると
海になる
矢車草の　青い花は
その海から　この地上に帰ってきて
悲しみを　もたない

月夜　その一

月の夜には
月を眺める
月の下で　黒い山々が　深い呼吸をしているのを眺める
水が流れている　音を聴く
月の夜には
月が　本願　である
月の夜には
月を眺める
月の下で　黒い山々が　深い呼吸をしているのを　眺める

月夜　その二

インドのカイラサ山にある　マノワサロ湖は
観音様の涙　から生まれたという
世界の悲惨を救うために

観音　は世に現われたが
世界の悲惨は　あまりにも多く　深く
それを救うことはできないと　知って
観音は　涙を流した
その涙から　真っ青なマノワサロ湖が　生まれたという

月の夜に
そんな話を　友達から聞いた

月夜　その三

月の夜に
月を眺める
月に向かって　掌《て》を合わせる
ただそれほどのことであるが
そのとき　じつは存在は　神秘の扉の内側にある

月の夜に
月を眺める
月に向かって　掌《て》を合わせる

短い詩をいくつか読ませていただきました。

宮内勝典という作家がいます。去年（一九九八年）、『ぼくは始祖鳥になりたい』（集英社）というかなりの大作を、久しぶりに発表しました。この人は友達でもあるんですが、ニューヨークに約十年住んでNASAに通ったり、様々な分野のアーチストや専門家と交わったりして、もっとも先端的なアメリカ文明の世界に触れながら、同時にアメリカインディアンの世界にも深く興味を持っている人です。ニカラグアという中南米の国がありますね。そこで一九七〇年代に政治紛争がありました。革命軍が政府軍と戦うという世界的に知られた大きな事件があったんですが、宮内勝典は、アメリカインディアンの人達の援軍に参加して、ニカラグア革命軍のゲリラになりました。死なないで生きて帰ってきたんですが、そういうことも題材にした『ぼくは始祖鳥になりたい』という小説が出ていますけれども、その作品の中で「出来事」ということについてとても興味深いことを書いています。そのことを話したいと思います。

これは直接本人からも聞いた話なんですけど、ある時彼はアメリカインディアンのある部族のチーフと出会って、気に入られたんでしょうね、これから儀式、セレモニーをやるから、お前も来ていいと言われて、一緒にその場所へ行ったんだそうです。アメリカインディアンの人達は、皆さんもご承知のように、アメリカ大陸の先住民でありながら自由に住むことが許されておらず、居留地《リザベーション》という特定の居住地区が決められているわけですね。その居留地の近くの山中で独自の伝統的なセレモニーをするわけですけども、その場所へ案内されて一緒に行ったんだそうです。歩いているうちに遠くに大きな岩山が見えてきたらしいんです。そしてその岩山にだんだん近づいていった時に、アメリカインディアンのチーフの人が、その岩山を指さして、あれを見ろと言ったそうです。あの岩山は風景ではなくて「出来事」なんだ、というふうに言ったというんですね。これは、深い言葉です。ぼく達は、一般的にはどこかへ出掛けていっていわゆる風景を見るわけですが、風景というのは本当は単なる風景ではないんですね。風景の本質は、ぼく達の胸の内に呼び起こされて来る「出来事」なんですね。風景を自分の外側に存在する景色として眺めている時には、それは単なる風景に過ぎないけれど、自分の意識がそこに映し出された存在物、つまり自分の内面が映し出された鏡像ととらえると、それは「出来事」になります。そこに風景というものの秘密といいますか、真実があるんですね。

ぼく達はこうやって日常的に生きていきながら様々な風景に接します。その風景はこれまでに何度もお伝えしてきたように、実はぼく達の心の反映なんですね。さっき昼休みの時間にぼくは二つまた宝を増やしてしまったんです。わずかな時間でしたが、そのひとつはこれがデイゴの木だというのを教えてもらいました。デイゴの木は皆さんにとってはあまりにも日常的な木かもしれませんが、ぼくにとっては、これまではその名前だけを聞いて憧憬していた、沖縄を象徴する樹木のひとつだったんです。つまり、先の昼休みに、ぼくはデイゴの木という風景を見たのではなく、デイゴの木という「出来事」に出会ったんですね。それからもうひとつ別の木を、これが双思樹《そうしじゅ》という木だと教えてもらいました。どうしてそういう名前がついたのか分かりませんけども、これが双思樹だというふうに一本の木を教えてもらいました。二人が思い合う樹なんて、何と素晴らしい名前の樹であることでしょう。デイゴという木と双思樹という木に出会ったことによって、二つまた沖縄の自分の宝が増えたんです。

それが風景というものの本質なんです。もし風景が風景のままだったら、そのまま過ぎていってしまうんですね。いい樹木の風景を沖縄において見たということで終わりです。ですけども「出来事」はこっちに、自分の体に衝撃を与えます。衝撃を与えるから、風景とは呼ばずに「出来事」と呼ぶんです。風景を「出来事」として受けとめるもうひとつの感受の仕方、それを深めていくと出会いというものが出来事としての出会いになります。

出会いというものは風景に限らず、人と人との場合もそうですね。こうやって皆さんとお会いしてますけども、一日一日と日がたってくるにしたがって、皆さんとの関係性がだんだん親しくなってきて、まだ出来事までいっていないかもしれないんですけども、少なくとも最初の聴講者と講義者という関係ではない変化が起こってきてますね。つまり、ひとつの出来事としての性質を帯び始めているんですけども、もっと親密になれば、もっともっと濃密な出来事になってくるんだろうと思います。そういうふうに、風景は風景としてあるのではなく「出来事」としてあるのだということを、アメリカインディアンの人達は知っているんです。なぜなら、彼らにとってその岩山は風景ではないんですよね。その岩山がなければ儀式が成り立たない大いなるひとつの宝なんですね。そういう宝、つまりカミというものを身の回りにひとつでも見いだしていく、見いだしていくということが、ずっとこの話で伝えつづけてきたアニミズムという新しい思想なのです。

踊り

さて、詩に戻させていただきます。少し長い詩ですけど、「月夜　その四」というのを読ませていただきます。

月夜　その四

庭では　火が燃えていた
空には　満月があった
すぐ側を　大きな谷川が　音高く流れていた
ぼく達は　踊っていた
ぼくは　踊っていた
ニジェールからきた　キング・サニー・アデが
EMAJO!
エ・マ・ジョー！　もっと踊ろう！
と　叫んでいた

EMAJO！
もっと踊ろう！
太い火はとろとろと　真赤に炎をあげていた
火の底には　深い地太《ぢだ》があった
深い悲しみと　豊かさがあった
椎の木は黒々と　明るい月空をさえぎっていた
その黒い椎の木の影は　僕の眼であった
その黒い影は　悲しみと豊かさの　かたまりであった
EMAJO！
もっと踊ろう！
僕達は　踊っていた
僕は　踊っていた
明るい空には　満月があった
透明な満月が
黒々とした木立の上を　ゆっくりと位置を移して行った
月こそは
悲しみの頂点であった
頂点にこそ　悲しみが深いことを

アフリカよ
あなたは知っている！
EMAJO！
もっと踊ろう！
安《ヤツ》さんが踊っていた　神宮君が踊っていた　賢至が踊っていた
だが　いつしかこの夜明け前に
他の人達は　もうすべて疲れ果てて眠ってしまった
火がとろとろと燃えていた
川が音高く流れていた
月もようやく　山の端《は》にかかっていた
一番鶏が啼いた
EMAJO！
もっと踊ろう！
悲しみと豊かさがひとつとなるまで
一《いち》となるまで！
EMAJO！
もっと踊ろう！
いのちの夜が　明けるまで

読みながら思い出したんですけど、やっぱり沖縄にはエイサーとかカチャーシーとかたくさんの踊りがありますよね。踊るというのは歌と同じように魂の叫びですね。魂の叫び、魂の発露だと思うんです。ぼくはエイサーはむろん好きですけど、カチャーシーがとても好きなんです。カチャーシーは形が決まってないんですよね。自由に踊るのがカチャーシーです。しかも真似て踊るんですね。真似てというのは、たとえば百姓のカチャーシーであれば畑を掘る動作で踊ります。漁のカチャーシーであれば網を引く動作で踊る。何かを真似て踊るということの中にはすごいものがありますね。ぼくは皆さんより古い世代の人間ですので、どちらかというと踊るということがとても苦手な世代なんです。踊るということがとても恥ずかしいという、そういう世代に属しているんですね。まあこれは世代ばかりでなく個人差もあるとは思いますが。

三十歳ぐらいになった頃ですかね、もし踊らないんであれば死んだほうがいいと思うぐらいに決心して、突然に踊ろうと思ったんですね。そこで何をしたかというと、地下室のあるアパートを見つけ出して、そこを借り、思いっきりボリュームを上げて、レコードで踊りました。沖縄と違って三線《さんしん》文化のない東京では、日常的に踊るとなればその頃はレコードプレーヤーでするしかなかったんです。それで自由に踊るということを習ったんですけども、音楽は極めて初期のロックミュージックの時代です。地下室のあるアパートで、毎晩踊り狂った結果、日本で最初のロック専門のスナックを始めることになったんですが、それは一九六九年くらいだったと思います。たまたま仲間がアメリカからの輸入盤のロックのレコードをたくさん集めていたんで、それを資本にして始めたんですけどね。

ぼくが大好きだったのは、ジェファーソン・エアプレインというグループです。たぶんご存じないと思うんですけどね。「おかしな車」という曲があるんですけども、その曲がものすごい乗りやすい曲なんですよ。知ってますか。知ってるー、わあ、知ってる人がいるんだ。そのあとからカントリージョー・アンド・ザ・フィッシュとかグレイトフル・デッドとかいろんなグループが出てくるんですね。そのジェファーソン・エアプレインのあの女の人、ボーカルの人の名前は……女の人の名前、忘れましたけどね。その曲をかけて本当に踊りまくったんです、地下室で。めちゃくちゃなんです。もう一週間も二週間も夜になれば踊り狂った。

その時に、踊りというものに開眼したんですね。踊るということがどんなに楽しいことか、嬉しいことか、命の爆発ですよね、やめられないんです。ご飯食べる時間を惜しむぐらい。密閉した地下室ですから、踊っているとほこりがわーっと渦まいて、踊り終わると体じゅうはもとより鼻の穴まで真っ黒になっているんです。一人でじゃないですよ。何人かの人達で本当に踊りまくった幸福な半年間ぐらいがありました。

その時に、踊りというものは本当に素晴らしい、生命の根源からの発露であることが体にしみて分かりました。ですから皆さんの中に踊りを踊ったことがないという人がいらっしゃるかもしれないですけども、踊りだけは何が何でも身につけてください。フリーダンス、カチャーシー、そしてエイサーを自分のものにしてください。さっきの小林一茶の俳句の中にこんなのがあります。

「六十年踊る夜もなく過《すご》しけり」

江戸時代にはやはり江戸時代の踊りがあったのですね。悲しい句ですけども、そういう俳句をつくっています。もちろん踊ることだけが生きるということではないですから、一生踊らないで過ごすという生き方もあると思いますけども、自分の体験からすると、体の底から踊るということは、言葉を話すことと同様に人間性の深淵であると思います。特にこの琉球に伝わるカチャーシーという踊りの型は、まったく自由であるだけに、底知れず深いものを秘めています。それはカミからの踊りでありカミへの踊りであると思います。

第十二話——静かな心

ブラフマン
最初に「静かさについて」という詩を読んでみます。

静かさについて

この世でいちばん大切なものは
静かさ　である
山に囲まれた小さな畑で
腰がきりきり痛くなるほど鍬を打ち
ときどきその腰を
緑濃い山に向けてぐうんと伸ばす
山の上には
小さな白雲が三つ　ゆっくりと流れている
この世でいちばん大切なものは

静かさ　である
山は　静かである
畑は　静かである
それで　生まれ故郷の東京を棄てて　百姓をやっている
これはひとつの意見ですけど
この世で　いちばん大切なものは
静かさ　である
山は　静かである
雲は　静かである
土は　静かである
稼ぎにならないのは　辛いけど
この世で　いちばん大切で必要なものは
静かさ　である

土

土は　静かである

土の静かさは　深い
人間の　どんな沈黙よりも
土の沈黙は　さらに深い
鍬《くわ》という
その道具をたよりに
その沈黙を掘る
まるで夢のよう　まるで祈りのよう
ただひとつの
いまだ知られぬ　静かさを掘る

月を仰いで

山に　月が沈む
山に　月が帰ってゆく
その最後のひかりから
わたくしの　いのち　がはじまる
黒々とした山に

月が沈む
月が帰ってゆく
その最後のひかりから
わたくしの　真の名　がはじまる
山に　月が沈む
山に　月が帰ってゆく
その最後の　ひかりから
不可思議光佛　が　はじまる

似たような詩を読みつづけましたけれども、この時間は昨日もちょっとお話した、ブラフマンというインド哲学の概念について少しお話をさせていただきます。

このブラフマンという概念は、ちょっと説明のしようがないところがあるんですけども、ぼくとしては真理《ブラフマン》という表記をいたします。『屋久島のウパニシャッド』（筑摩書房）という本を一九九五年に出したんですけども、その本の中では、ぼくはブラフマンについて三通りの使い方をしております。「真理《ブラフマン》」のほかに、「真実在《ブラフマン》」と表記する場合もありますし、あるいは「森羅万象《ブラフマン》」というふうに表記する場合もあります。

この概念がインド哲学の中で確立されたのは、紀元前十一世紀ぐらいの時代です。紀元前十一世紀の頃に『リグ・ヴェーダ讃歌』という書物が編纂されるんですが、これはインドで最古の書物であるだけでなく、おそらく人類の全書物の中でももっとも古いもののひとつだと思います。その『リグ・ヴェーダ讃歌』の中に、すでにブラフマンという言葉が現われているんです。その時のブラフマンという言葉は、祈禱という意味が強いのですが、祈禱という主体的行為がどのようにして真理《ブラフマン》という客観存在へ昇華していったかについては、はっきりしてないんですね。

次に紀元前八世紀頃になると、『ウパニシャッド』という聖典群が編纂されはじめます。その中ではブラフマンは最初から実在概念として出てきます。『ウパニシャッド』聖典群というのは、何十種類もあるんですが、そのどのウパニシャッドもブラフマンを追求している点で共通しており、ウパニシャッド哲学というのは、同時にブラフマン哲学でもあるという性格を持っています。

これからお話するのは、そのウパニシャッド聖典群の中の最古の『チャーンドーギァ・ウパニシャッド』というものの中に出てくる話です。

『チャーンドーギァ・ウパニシャッド』の中に「サティヤカーマが牡牛から聞いた真理《ブラフマン》」というタイトルの一章があるんですよね。その大筋をかいつまんでお話しますと、あるところにサティヤカーマと呼ばれた少年がいたっていうんですね。少年がいたんです。紀元前八世紀というような古い時代、今から二千八百年前ですよね。そういう古い時代ですけれども、もうその頃のインド社会においてはある一定の年齢に達すると、子ども達は学校へ行くようになっていたみたいなんです。学校といっても、むろんこの琉球大学のような設備があったわけじゃなくて、日本でいえば寺子屋みたいなもので、お師匠さんについて勉強を始めるわけです。その勉強を始めるのをブラフマチャーリーになるといいます。日本語に直すと、ブラフマンが真理ですから、真理を求める人になる。学校へ行きはじめることを、真理を求める人になる、と表現するのは大変素晴らしいことだと思います。あるお師匠さんのところへいって、そのお師匠さんから真理《ブラフマン》を学びはじめるわけです。そういう社会的なシステムといいますか、それが紀元前八世紀の時点においてすでにインドでは成立していたんですね。

たぶん八歳か十歳ぐらいの年齢になったサティアカーマという少年が、自分はブラフマチャーリーになろうと発心《ほっしん》する、心を発するわけですね。入門するにはいろんな規則があったみたいで、まず自分の正式な姓名が分からないといけない。そこで、お母さんのところへ行って、「お母さんぼくはこれからブラフマチャーリーになろうと思うんですけども、ぼくの本当の名前を教えてください」と尋ねます。するとお母さんは、実は若いころにあちこちの家で下働きとして働きつづけてきて、その間に妊娠してお前を生んだんだけども、お前のお父さんの姓は誰なのか分からない、けれども私の名前はジアーバーラーだから、お前は自分の名前をこれからはサティアカーマ・ジアーバーラーと名乗りなさいというんです。

そこでサティアカーマ少年はお師匠さんのところへ行くんですが、お師匠さんはゴータマという人で、ゴータマ・ブッダと同じ名前の先生なんですね。ゴーダマ・ブッダが入滅されたのは紀元前五百年くらいですから、それよりまだ三百年近く古い時代の物語りであるわけです。その頃すでにゴータマという名前があったんですね。そのゴータマという先生のところへ行って、自分を弟子にしてくださいとお願いするんですね。するとゴータマ先生は、お前の名前はなんていうんだと聞くわけです。サティアカーマは、実はかくかくの次第で自分の名前ははっきり分かりません。けれどもお母さんがそう名乗りなさいというからには、私の名前はサティアカーマ・ジアーバーラーといいます、というふうに答えたんです。

インド社会というのは、たぶんご存じだと思いますけども、四つの社会階層というのがはっきり分かれているんです。いちばん上流階級《カースト》がブラフマナという神職者達です。その次がクシャトリアといって王族であるとか行政職とか、そういう支配階級《カースト》の人達です。それから三番目にバイシャという農業者や商業者やもの作りの職人達、つまり一般的な人々の階級《カースト》があります。その下にシュードラという階級《カースト》があります。それは隷従階級といいまして、その上の階級の人達の下働きをする人達なんです。今でもインドにはこの階級《カースト》制度が色濃く残ってますけども、そのシュードラの中でもサティアカーマというのは、父親がわからない子どもですから、さらに下位の階級になります。

そういう身分の者は、一般的にはブラフマチャーリーなどにはなれないのですが、彼は真理《ブラフマン》を学びたいという一大決心をするわけです。お師匠さんにしてみれば当然帰れと言うはずなんですけど、ゴータマという先生は偉かったのですね。お前は嘘をつかなかった、お前はブラフマンを学ぶ資格がある、弟子にすると言うんですね。正式に弟子になる時には、薪の束を持って行ってお師匠さんにそれを納める儀式があったらしいんですけども、弟子にするから薪の束を持ってこいとサティアカーマに命じます。サティアカーマが薪を集めて献上し弟子になると、次にはゴータマは四百頭の痩せた牛をサティアカーマに与えるんですね。四百頭の牛を飼えと。はいと言ってサティアカーマは、この牛達が千頭になるまでは帰るまいと決意をして、牛を追いながら旅に出るんですね。

それから幾星霜がたちましたと『ウパニシャッド』には書いてあります。何年かという正確なことは書いてないです。幾星霜かが過ぎたある日の夕方、一頭の牡牛がサティアカーマに声をかけてきます。「サティアカーマ君、われらは今日千頭になりました。そこで君にブラフマンの一足を教えてあげよう」というんです。牛というのは四本足がありますよね。ブラフマンにも四つの真理があるのだが、その内の一足を教えてあげるというわけです。その前後のくだりを『ウパニシャッド』本文にそってこれから読みますから、聞いてください。

「お弟子さん、われらは千頭になりました。われらを師匠の屋敷に連れ帰ってください。それからね、君にブラフマンの一足を教えてあげよう」「尊者さまどうぞお教えください」とサティアカーマは牛に向かって言います。「尊者さまどうぞお教えください」と言うんです。そうすると牡牛は、「東の方位が真理《ブラフマン》の十六分の一、西の方位がブラフマンの十六分の一、南の方位がブラフマンの十六分の一、北の方位がブラフマンの十六分の一、以上、ブラフマンの十六分の四でブラフマンの一足をなし、〈光輝あるもの〉と名づけられる」。「四つの十六分からなるブラフマンの一足を光輝あるものとして尊敬するものは、この世界においては光輝あるものとなり、死後には光輝ある世界をかち得るものである。次に、火が君にブラフマンの一足を教えるはずだよ」と教えてくれます。

ここでぼく達が学ぶことというのは、東の方位がブラフマンであるということですね。ブラフマンを真理と解釈すると、東の方角が真理である。西の方角が真理である。南の方角が真理である。北の方角が真理である。要するに東西南北どこにも真理があるということを牡牛は教えてくれるわけです。それが光輝あるものと名づけられるということは、東西南北の全部に光輝あるものとしての真理が現われているということを牡牛は教えてくれたんですね。生きている間に東西南北のすべての空間を光輝あるものとして尊敬していくならば、死後にもその光輝ある世界に至るであろう、というふうに牡牛が教えてくれるわけです。これが真理《ブラフマン》というもののひとつの具体的な姿です。

次の日の夕方、またサティアカーマは焚き火を焚くんですね。焚き火を焚いて、それにもきまりというか儀式があるみたいで、東を向いて火を焚くことになっていたようです。東面して焚き火を焚いていると、今度はその焚いてる火が、サティアカーマ君と言ってまた声をかけてきます。そこを読んでみますね。

すると火が彼に、「サティアカーマ君」と話しかけてきたので、「はい尊者さま」とこれに答えた。「お弟子さん、君にブラフマンの一足を教えてあげよう」「尊者さまどうぞ教えてください」

「地の世界がブラフマンの十六分の一、空《そら》の世界（空界）がブラフマンの十六分の一、天界がブラフマンの十六分の一、大海がブラフマンの十六分の一。以上ブラフマンの十六分が四で一足をなし、〈無窮なるもの〉と名づけられる」

無窮なるもの。大地と空と天と大海とを無窮なるものとして尊敬する者は、この世界においては無窮なるものとなるであろうし、死後には無窮なる世界をかち得るであろうと、その火が教えてくれるわけです。

その次の日の夕方には、今度はハンサという、ちょっと日本にはいない鳥らしいので、一応白鳥《ハンサ》としておきますけども、ハンサという鳥がやってきて、三足目の真理《ブラフマン》を教えてくれます。

それは、火がブラフマンの十六分の一、太陽がブラフマンの十六分の一、大陰、月ですね、月がブラフマンの十六分の一、それから雷光がブラフマンの十六分の一であると、このハンサという鳥が教えてくれるんですね。「これを〈光明あるもの〉として尊敬するものは、この世にあっては光明あるものとなり、死後には光明ある世界をかち得るものである」と『ウパニシャッド』は記しています。

その次の日の夕方にまた別の鳥が来るんです。マドグという鳥ですがこれは潜水鳥とだけ書かれていてどういう鳥なのか具体的なことは分かりません。マドグという鳥が来て、最後の十六分の四を教えてくれることになります。

「気息《プラーナ》がブラフマンの十六分の一、眼がブラフマンの十六分の一、耳がブラフマンの十六分の一、意《マナス》がブラフマンの十六分の一、以上ブラフマンの十六分が四つで一足をなし、〈依拠《えきょ》あるもの〉と名づけられる。そのように知ってこの十六分が四を尊敬する者は、この世においては依拠あるものとなり、死後には依拠ある世界をかち得るのである」

気息というのは呼吸することです。気息のことをサンスクリットではプラーナと呼びますけども、このプラーナが真理の十六分の一、それから眼、見ることが真理の十六分の一、それから聞くことが真理の十六分の一、そして最後に人をして思わしめている思いですよね、意識というのはマナスといいますけど、このマナスというのが真理の十六分の一であるということを、このマドグという鳥が教えてくれるわけです。

東西南北という方位、地界、大空、天、大海という無窮、そして火、太陽、月、稲妻という光明、呼吸、目、耳、意識という働きで十六分の十六になるわけですから、これでブラフマンのすべてが分かったということになるんですね。

サティアカーマは、千頭になった牛を連れてお師匠さんのゴータマのところへ戻っていきます。そうするとゴータマが、やあよく帰ってきた、お帰りと迎えてくれます。迎えてくれるんですけれども、一目見た時に分かるんですよね。サティアカーマが別人になって帰ってきたことが分かるんです。お前はすでに真理《ブラフマン》を知っている人の顔をしている、誰にブラフマンを教えてもらったんだと聞くんですね。サティアカーマは、動物達が教えてくれたんですと答えます。それはどんな真理《ブラフマン》だったのかとお師匠さんが聞くんですけど、サティアカーマは言わないんですね。私はたくさんの先生達から自分の本当の師匠が語った言葉しか真理《ブラフマン》ではないということを聞いています、ですからお師匠さんから、お師匠さんの口で真理《ブラフマン》を教えてくださいと師匠に頼むんです。よし分かったというんで、ゴータマが自分の知得している真理《ブラフマン》を語るんですね。するとそれは先の十六分の十六のブラフマンと一言も違わなかったというふうに記されていて、「サティアカーマが牡牛から学んだブラフマン」という物語は終わります。

『ウパニシャッド』にはいろいろな物語が、物語といいますか、寓話のようなものが書いてある。今お話したのはその内でいちばん分かりやすい、しかもドラマ性にも富んでいて、内容的にもとても興味深い話だったのでお伝えしたんです。もっとややこしい、昨日のギリシャ哲学のタレスのようなものも『ウパニシャッド』の中には含まれているんですけど、私としましてはもうこれで十分だと思うんですよ。

ブラフマンということについて初めてその名前を聞かれる人もいらっしゃるだろうし、何のことかよく分からないと思われるかもしれませんけども、真理というものは単純なことです。非常に単純であるし素朴なことと思います。東西南北の全方位は真理である。地界、空界、天界、大海の無窮の広がりがそのまま真理である。火、太陽、月、稲妻の光明がそのまま真理である。それからこの呼吸《プラーナ》と目と耳と意識は依拠《えきょ》といいますけど、私達のよりどころとして真理であると言っているんですね。

この十六が一体となった真理《ブラフマン》は、単純素朴なものではありますけれども、それを実際に実現するということになったら、これは大変なことです。けれども真理《ブラフマン》は、ただ知識としてそれを知るだけでなく、自分の身体において実現するべき知慧なのですから、大変なことの中でももっとも大変な事柄になってくるわけです。その大変さは、サティアカーマが四百頭の牡牛を追って、幾星霜ともしれぬ旅に出たという設定において示されています。真理《ブラフマン》を学ぶということは、知識ではなくて人生の究極の真理を学ぶことなんですね。皆さんもどうか今日のことをきっかけとして、冒頭の痩せた四百頭の牛を追いはじめてください。

インド民族というのは、最初お話しましたように、紀元前十一世紀というような時代においてすでにしっかりした聖典を持っていた民族ですし、ゼロという数学概念を世界で最初に発見したのはヒンドゥー民族なんですよね。ヒンドゥー民族とそれから中南米のマヤ民族。この二つがほとんど同じ時期にゼロという概念に気がついているんですね。ギリシャや中近東、ないしはエジプトの文明も古いし、中国の文明も古いんですけれども、ゼロという概念には気がついてないんですね。ゼロという概念に気がつくということは、ただそのひとつのことだけで非常に哲学的な民族だということが分かるんですね。素朴に考えているだけではゼロという概念には気がつきません。そういう民族が生み出したブラフマンという概念については、有名な格言があります。

ブラフマンは最初、噂で耳にされる。それから実際に自分の身を切り開いてそのブラフマンを探し求めはじめる。そして最後にブラフマンは実現される。

おそらく皆さんはブラフマンという言葉を耳にされたのは今回が初めてだと思うんですよね。ですから、今回噂を聞かれたわけです。これからそれを求めるかどうかは、皆さん次第です。ヒンドゥー民族においては、ブラフマンという究極の概念は三千年間光り輝きつづけている概念なんです。中国ほどではないにしても、十億という人間が、今の今においてもブラフマンという言葉に究極の光を感じて、出来ることならそのブラフマンを自分に実現したいという希望を持っているんですよね。昨日言いました真理《ブラフマン》即自己《アートマン》、自己《アートマン》がそのまま真理《ブラフマン》であるという哲学を、現在においてもヒンドゥーの人々は追求しつづけています。それをヴェーダーンタ哲学というんですけれども、それは日本でいえば禅のようなもので、知ることと同時にそれを実現することに主眼があるわけですから、何百年たとうと、何千年たとうと古くはならないんですね。

カミの語源

今日は先ほどから月の詩を読んできたわけですけども、月というものがこの十六の真理の中には含まれています。それから土の詩も読んできましたけど、土という地界もまた十六の真理の内のひとつです。そして海の詩もありました。太陽の詩もありました。どこを見ても真理でないものはないんですよね。ぼくとしてはそのことを伝えたかったんですけども、真理というといかにもおおげさになりますから、それをアニミズムといいますか、片仮名のカミという言葉に置き換えて、月はカミである、土はカミである、海はカミである、太陽はカミであると、お伝えしつづけているわけです。東の方角自体がカミ、西の方角自体がカミであるというふうに歌い上げていくわけですね。そういうふうにとらえていきますとね、沖縄という風土にはもっとも色濃く残されていると思うんですけども、沖縄だけでなく日本の全土において森羅万象が、万物がカミであるという感性の伝統があるわけです。

それは一口に言って、八百万《やおよろず》の神々と呼ばれている世界です。木一本にも神が宿っている、岩ひとつにも神が宿っているという世界があるわけですよ。ブラフマンという言葉を使うか、神という言葉を使うか、カミという言葉を使うか、それはみな同じことなんです。

そこでこれからカミという言葉について少し考えていきますが、普通カミというと、この「神」という字を書いて、これをカミと読むんですけども、この語源というものを考えてみると、当然カミは上《かみ》なんですよね。ですから上《かみ》をカミの語源とすることからは逃れられないものがあるんですね。ですけど、国語学といいますか、語源学が最近はずいぶん進んできて、どうもカミというのはもともとはクマではなかったかといわれているんですね。これは現代の日本の国語学の有力な定説として出てきているものです。クマというのは、こもるという意味、かくれているという意味ですね。カミについて専門の谷川健一さんの説を紹介しておきましょう。カミはクマからきてる、クマが少しずつカミに移行していったということを聞き取ってください。

カミはふだんは幽暗な場所にかくれこもっていて、姿を見せない存在であった。そう推測できるのはカミとクマという語が関連があるからである。クマという語は人目から見えにくい場所、たとえば道や川の曲りくねったところ、あるいは谷の奥などを指す。紀州の熊野や肥後の球磨《くま》川、または球磨盆地はそうである。一方、神に供える稲をクマシネという。シネは稲を指す。神に供える稲を作る田をクマシロと呼ぶ。それは地名にもなっていて、「和名抄」には、石見国邑知郡《おうち》と淡路国三原郡に、それぞれ神稲郷《くましろ》が記載されている。こうしてカミとクマが関連のあることはまちがいない。

これは、つい最近に出た『日本の神々』（岩波新書）という本に書いてあることですが、ここでぼくにとって重要なことは、カミの語源がかくれたという意味を含んでいるということなんですね。かくれこもったもの、何かしらそういうところからカミという言葉が生まれてきたということが大事だと思うんです。そうするとさっきのブラフマンということとカミというものが無関係のものではないことが分かりますよね。ブラフマンというのは、事物の中に隠れてありながらその事物を構成しているものですから、カミと同じことなんですね。森羅万象の質量因でありながら森羅万象そのもの（形相）でもあるブラフマンと、クマから転じたカミとは同種のものだというふうにぼくは思っています。カミにせよ、ブラフマンにせよ、それが身にしみて自己のテーマになってくるのは、最初に読ませていただいた詩でお伝えしたように、「静かな心」においてであると思っています。

縄文の火

もう少し詩を読ませていただきます。今度は「いろりを焚く」という詩のシリーズです。

いろりを焚く　その一

いろりを焚く
いまはひとりの山人《やまびと》となって
静かに　静かに　いろりを焚く
音もなく燃える　明るい火色《ひいろ》の内には
それがわたくしである　時のない時がある
南無不可思議光佛
南無尽十方無碍光如来
静かに　こころをこめて　いろりを焚く
明るい火色の内には
わたくしの成就であり　わたくしのわたくしである
太古からのいのちがある
いろりを焚く
いまはひとりの山人となって
静かに　静かに　いろりを焚く

いろりを焚く　その二

いろりを焚く
いまはひとりの百姓となって
この世に　なんの楽しみがあるわけでもなく
静かに　静かに　いろりを焚く
音もなく燃える　明るい火色の内には
それがわたくしである　喜びの時がある
わたくしの死のその時でさえも
わたくしをして想わしめるであろう　そのわたくしが
明るい炎の内で燃えつきてゆく
夜ごとに行なわれる　死の練習
いろりを焚く
いまはひとりの百姓となって
静かに　いろりを焚く
南無不可思議光佛を焚く

昨日もちょっとお話しましたけど、あまり興味のない人には薦められませんけど、死ぬということの練習をするというのもひとつの生き方になると思うんですね。現代の日本では、ほとんどの風土で死ねば火葬場に送られて火に焚かれますよね。そして灰になるわけですけど、それを練習するんです。屍体となった自分がその火の中に燃やされていくのを連想するんです。そんなことは無駄なことだと思われる方は、そういうことをする必要もないんですが、もしこの中に自分の死ということに関心のある人がいらっしゃったら、死は練習する以外に越えていけない事柄であることが分かっていただけると思います。怖がっていくら逃げてもいずれそれは追いかけてくるわけですから。ぼく達の肉体も意識も、いずれは燃え尽きてひと握りの骨と灰になります。旧約聖書の創世記に「あなたは塵《ちり》だから、塵に帰る」と記されているとおりです。灰に帰るのです。カトリックの行事で「聖灰水曜日」というものがありますが、あれも死後に灰に帰る練習をしているわけです。

そのことは別において、今生きている火について、少しお話をしてみましょう。

ある時古い友達が来て、二人でいろりを焚いていたんですね。もうだいぶ前のことですけど、当時はお酒も好きで、屋久島だから焼酎ですけども、焼酎を飲みながらいろいろと話をしていたんですよ。だんだん夜が更けてもう十二時を過ぎた頃だったでしょうか、その時にふっとその友達が、この火は縄文時代に燃えていた火と同じ火だねって言ったんです。その時にぼくもはっと気がつかされたんですね。それまでぼくはその火は今燃やしている今の火だとばかり思っていたわけです。ところがその友達が、縄文時代と同じ火だねと言った時に、まさしくそうだったんですね。突如としてぼくらは、縄文時代の火と同じ火を焚いていたんです。そのことに気づかされて、いま読んでいる詩集の内のひとつの章のタイトルを「縄文の火」としたんです。火を燃やせば、その瞬間に誰が燃やそうとも、縄文時代の火と同じ火がその瞬間に燃えたちますね。沖縄という風土は冬でもそんなに寒くありませんから、焚き火やいろりの文化はあまりないかもしれませんけれども、それでも寒い時期になったら火があっても邪魔にはならないと思いますから、縄文の火を味わっていただくのもいいんじゃないかと思います。縄文の火は、生の火であり死の火であり、つまり人間の火です。カミなる火であり、ブラフンマンの火です。もう少し詩を読みましょう。

いろりを焚く　その三

火が燃えていないとき
いろりは　ただ灰の世界である
火が燃えるとき
そこには　火がやってきて燃えている
夜がふけて
やがて火は　暖かい灰となり
朝には冷たい　灰となる
いろりは　そのことをくりかえす
そのことを　くりかえし習うことがうれしくて

夕方になると
毎日いろりを焚く
心をこめて　静かに　いろりを焚く

いろりを焚く　　その四

家の中にいろりがあると
いつのまにか　いろりが家の中心になる
いろりの火が燃えていると
いつのまにか　家の中に無私の暖かさが広がり
自然の暖かさが広がる
家の中にいろりがあると
いつのまにか　いろりが家の中心になる
いろりの火が　静かに燃えていると
家の中に無私の暖かさが広がり
平和が広がる
それは　ずっと長い間　僕が切なく求めつづけてきたもの

家の中にいろりがあり
そこに明るい炎が燃えていると
いつのまにか　その無私が　家の中心になる

火というのには、もちろん私がありませんよね。無私ですよね。太陽にも私がない。ですから無私ですね。月にも私がない。無私ですね。稲妻にも私がない。無私。私があるものが中心になると世界は乱れますよね。それが力になり権力になりますね。私のないものが中心になった時に、世界には平和が広がりますね。家の中心にその無私の火があると、それだけでなぜか平和が広がりますね。暖かいという平和だけではなくて、無私の中心という平和が広がります。それこそはカミであり、ブラフマンですね。

いろりというものはこのようにいいんですけども、ひとつだけ欠陥があります。それは煙と煤《すす》が出ることですね。煙はすぐに馴れますけども、煤は家中にからみつきますから、家具や布団や衣類なんかも全部煤けてしまいます。だから清潔好きな人にはあまりこれは薦められないです。生き方としていろりを焚く場合には、これからは上に大きな換気扇でもつけて煙は全部外に出しちゃうとかの工夫が必要になるでしょう。

火を原理としたヘラクレイトス

さきほどから古代インドのブラフマンとしての火のお話をしたんですけども、ほぼ同じ頃に西洋でもヘラクレイトスという人が、火を見つめていました。その話をこの時間の最後にちょっとしたいと思います。

水を原理としたのはタレス。空気を原理としたのがアナクシメネス。三番目に火を原理としたのがヘラクレイトス。四番目に水と空気、火に土を加えて総合したのがエムペドクレスというふうに、ソクラテス以前の自然哲学者達は自然の原理を探究してきました。

ヘラクレイトスは、紀元前ちょうど五百年の頃に男盛りであったという記録が残っています。ですから紀元前六世紀から五世紀にかけての人なんですね。さきほどの古ウパニシャッドの時代は紀元前八世紀ですから、二、三百年ぐらいヘラクレイトスの方が後ですけども、ブッダとはだいたい同じ時代の人ということになります。この人はギリシャのエペソスという地方から出た人ですけども、これからいくつか読むような断片がヘラクレイトスの言葉として残されています。

ひとつの言葉は、「私にではなくて、ロゴスに聞いて、万物が一つであることを認めるのが、智というものだ」というものです。ロゴスというのは西洋哲学では普通理性を意味しますが、新約聖書で、「言葉は神であった」という時の言葉は言葉《ロゴス》であったと記憶しています。ギリシャ語のロゴスというのも本来は言葉という意味なんですけど、ヘラクレイトスが使っているロゴスは理法という意味に近いようにぼくは感じています。私、つまり自分の勝手な心にではなくて、理法というものに聞いて、万物がひとつであることを認めるのが知慧というものだ、とヘラクレイトスは言っているんですね。

次のヘラクレイトスの言葉は、「円周では、初めと終わりとが共通だ」というものです。当然といえば当然のことなのですが、生というものをひとつの円と考えると、誕生というものは死と共通であるということになり、この言葉の意味が深まります。

次に、「生と死、覚醒と睡眠、若年と老年は、いずれも同一のものとしてわれわれのうちにある。このものが転化して、かのものとなり、かのものが転化して、このものとなる」とも言っています。まさしく円周の思想です。

それから、ここからは火についてなんですけども、「この世界は、神にせよ人にせよ、これは誰が作ったものでもない、むしろそれは永遠に生きる火として、きまっただけ燃え、きまっただけ消えながら、つねにあったし、あるし、またあるだろう」と言っているんですね。この言葉は重要ですから、黒板に書きます。この言葉が残されているので、ヘラクレイトスは火を原理とした哲学者というふうに言われているわけですね。

さらにもうひとつ、火についての言葉が残されています。「万物は火の交換物であり、火は万物の交換物である、あたかも品物が黄金の、黄金が品物のそれであるように」というものです。明白に、世界原理として火を立てているわけですね。

ですけども、後に読んだ言葉よりも、先に書いた、「この世界は神にせよ人にせよ、これは誰がつくったものでもない。むしろそれは永遠に生きる火として決まっただけ燃え、決まっただけ消えながら常にあったし、あるし、またあるだろう」という言葉の方が美しいですね。

ヘラクレイトスという人は難解なもの言いをしたせいか、「闇の人」というあだ名を持っています。闇の人と呼ばれていたんですが、この言葉を噛みしめてみると、この太陽系の起源というものをヘラクレイトスは感じてたんじゃないのかなと思うんですね。この世界は神にせよ人にせよ、誰がつくったものでもない、というんですね。むしろそれは、永遠に生きる火として燃えているというわけですからね。

この地球を含む太陽系というのは、永遠に生きる火として決まっただけ燃え、決まっただけ消えるんですね。もう五十億年たったらそれは消えるわけですよね。だけどもまた宇宙塵として集まってきて新しい太陽系が出来るわけですが、常にあったし、あるし、またあるであろう、というところまで読んでいくと、ヘラクレイトスが太陽系というひとつの系を直観していたということはありえることだと思うんです。太陽系そのものを直観していたというより、おそらく彼は目前に燃えている、先ほど読んだようないろりの火というようなものを見つめながら、この宇宙全体の闇というものを感じ、太陽という厳然たる火をも見ていたんですから、この世界が太陽の転換物であるという理法を見抜いていたに違いないと思うんですね。

この言葉は、現在の宇宙論としても通用するほどに、太陽系という火の理法《ロゴス》に当てはまっている。寸分の狂いもない認識ですよね。そういうものを紀元前五、六世紀という時代において見ていた人がいるんですね。

最後にもうひとつ、ヘラクレトイスの火についての言葉を紹介しておきましょう。

「すべてのものに、火が近づき来《きた》って、裁き、宣告するだろう」

この言葉は、あたかも太陽系の終えんを予告するかのようであり、あるいはまた、原子力というわれわれの火が暴走して、地上のすべての生命を消し去ることを予告しているようにさえ、ぼくには聞こえます。どう裁き、どう宣告するのかを明言していないところに、「闇の人」ヘラクレイトスの恐ろしさがあるようにも感じます。

しかしながら、ぼく達という生命が、太陽系という火のちょうどよいバランス点において発生し、太陽という火にその源を持っていることは、物理学上の事実です。それをただに物理学上の事実、知識として保持するか、生命の根源として尊敬し讃えていくかは、私達一人一人の生き方にゆだねられていることです。

ぼくとしては、ヘラクレイトスの言うところのロゴス、理法（物理学）というものをあくまで大切にしながらも、その火、その太陽というものを、母なる太陽と呼び、カミなる太陽と呼び、ブラフマンと呼ぶ生き方を、自分の人生としたいと願っています。

最初に読んだ詩のテーマに戻りますが、人生のそのような願いは、静かな心において選ばれるものです。そうであるからには、私達にそのような選択をもたらす「静かな心」、それ自体もまたひとつのカミであるということができると思います。

第十三話——びろう葉帽子の下で

ヨーガの五つの道

最終日の話に入ります。

昨日、少し火についての話をしたんですけれども、ひとつだけ言い残したことがありましたので、火についての詩を読ませていただきます。

「いろりを焚く」という詩のシリーズで、「その七」という詩を読みます。

いろりを焚く　その七

いろりを焚く
二本の太木《ふとぎ》を　間《ま》をあけて並べ
その真ん中で　火を焚く
その真ん中で　よく乾いた細木を燃やしていると
やがて炎は太木に移り
ゆっくりと　じわじわと　二本の太木が燃えはじめる

そうなれば　しめたもの
右と左の太木の熱にはさまれて
その真ん中で
静かに　いろりが燃えあがる
静かに　いろりが燃えるとき
じつは静かに　わたくしが　燃える
両側の太木が　たのもしい
阿弥陀経と　法華経がたのもしい
ラーマクリシュナと　ラマナ・マハリシがたのもしい
老子と荘子が　たのもしい
亡き父とまだ在る母が　たのもしい
天と地とが　たのもしい
二つあることが　たのもしい
いろりを焚く
二本の太木を　間をあけて並べて
その真中で
今晩も　心をこめて　いろりの不思議を焚く

「いろりを焚く」という時代がもう過ぎてしまってますから、あんまり実用的なことではないかもしれませんけど、いろりの焚き方を図で説明します。これは、ヘラクレイトスの火の哲学と同じように大切なことです。

これがいろりだとしますと、両脇に太い木を二本、置くんですよね。そしてこの真ん中で細い木で火をたきはじめるわけです。するとこれが燃えますから、これが燃えてる間に両側に火が少しずつ移るわけですね。この両側に火が移ると、今度はこの両側の太い木から熱が出はじめますから、この太い木が言ってみれば燃えているかまどの役割を果たしはじめるわけです。そうすると、この真ん中の温度が両側から輻射されて上がってきますから、あとはここに小さい薪を少しずつ、二本か三本入れるだけで、いつまでもいろりが燃え続けるわけです。

長い間いろりを焚いていると、だんだんそういう知恵がついてくるんですけれども、おそらく世界中のどこの国に行ったとしても、火の焚き方というのはだんだんそういう形になっていく、これが一番合理的な焚き方なんですね。

それで、この真ん中の部分が燃えつきて灰になったとしても、両側の太い木の部分がじわじわと燃えてますから、一時間や二時間火が消えたとしても、またそこに新しい薪を入れて焚きはじめると、すぐ火が燃えるんですよね。まあ、今の世の中ではあまり実用的な話ではないんですけども、世界人口の半分以上は、今も薪という再生可能なエネルギーを使用しているわけですから、そのことにも思いを馳せてみてください。

今日、なぜこの詩を読んだかといいますと、これまで何度かお話をしてきたラーマクリシュナと、もう一人のラマナ・マハリシという人の、この二人の聖者の聖性のあり方というのがずいぶん異なるんです。聖への方法がずいぶん異なる。そのことをちょっと説明したくて、今の詩を読んだんです。二本の太い薪について、ですね。

ラーマクリシュナという人は「神を求めて泣きなさい」という言葉を残した人ですけど、ラマナ・マハリシという人は「私は誰か」という問いを、ぼく達に残していきました。それはずいぶん異なる方向ですね。

インドの、三千年あるいは三千五百年という宗教伝統の中で培われてきた、聖なるもの、あるいは真理に至る方法論というのが、大きく分けて五つあるんですけれども、それは何もインドの伝統を知識として学ぶということじゃなくて、その方法を今ぼく達が学べば、自分の現在の生き方にすぐにでもそれを応用することができるんです。それでこれからその五つの道を、二人の方法論も含めて、お話しようと思います。

ラーマクリシュナのように、ひたすら神を愛して、それこそ泣くほどに神を愛するという方向を、バクティヨーガといいます。バクティヨーガというのは、日本ではあまりそういう方向性がないので、適切な訳語がないんですが、一般的には信愛の道と訳されています。キリスト教の一部には比較的バクティヨーガの感じがあります。聖テレジアとかアシジの聖フランシスのキリストへの愛、信愛に象徴的に見られるように、深く愛することによって、聖なるものに至るという、そういう道がひとつあります。日本の場合でも、法然上人が始めた浄土宗や、法然と同じ時代の華厳僧である明恵上人という人は、仏への信愛をとおして聖性を獲得するという点で、バクティヨーガの要素があります。これがラーマクリシュナ的な神への愛の道です。

次にラマナ・マハリシ的な道というのは、「私は誰か」と自らに尋ねていくわけですから、非常に知的な方向性ですよね。それをインドではジュナーニヨーガと呼びます。知性によってというか知慧によって聖なるものに至るという方法論です。

この二つが、いわゆる宗教といいますかね、宗教的な方法論の大道になるかと思います。この数日間沖縄に滞在しながらぼくが感じるのは、この沖縄という風土は、バクティ、信じて愛する雰囲気といいますか、深く愛するといいますか、それが非常に濃い土地柄だという気がします。この土地は、バクティヨーガ、信じて愛するという、ひとつの生き方といいますか、そういう個性を持っている人にとっては、非常に住みよい土地になるんじゃないかと感じています。

何度もお話しますけれども、あの黄色いユウナの花を見るたびに、そこに溶かされてしまいそうな悦びを受けるんですけれども、カミなる対象に溶かされて自己がなくなる道をバクティヨーガと呼ぶんです。どこの風土にもそういう信愛の光は放たれていますけれども、この沖縄という土地は、その色合いといいますか、気配が特別に濃いように思います。

今こうして、聖なるもの、ホーリーということをテーマにしているんですけれども、ホーリー、聖なるものにあまり興味がないと思われる方は、その聖というものをライフ、生命《いのち》ということに転換して考えていただいてちっともかまわないと思います。生きるということにおいて、信じて愛して生きるという方法論ですね。あるいはもうひとつの、知性をみがいて、知性を尽くして生きていくといいますかね、そういうことも人間の生命の根本的な在り方としてあるわけですよね。

この二つの道がインドでは非常に大事にされて、バクティヨーガ、ジュナーニヨーガと呼ばれています。

三つめに、カルマヨーガという道があります。これもまたインドでは非常に大切にされているものです。カルマというのは、ふつう日本語に訳す時は業《ごう》、という字を当ててるんですけれども、行為、がいいと思うんです。行為というのはどういうことかというと、働きかけることです。学生であれば、学ぶということが最大の行為になるわけです。その行為によって聖なるもの、あるいは生命《いのち》の核心にたどり着いていくといいますか、実現していく方法をカルマヨーガというふうに呼んでいます。

ヨーガというと、ヨーガ体操みたいなものを連想されるかと思いますけれども、本来のヨーガというのは、心の統一という意味です。「ヨーガスートラ」というヒンドゥー教の経典がありますけども、その「ヨーガスートラ」の第一章に〈ヨーガとは心の統一である〉ということが書いてあります。ですから、いろんなヨーガのポーズをとって心身を鍛えていくのは、そういう型を通して心を統一する方法論のひとつにすぎないんです。

ヨーガというのは、すでに日本語として定着していますが、むしろ日本語では、道、というふうに理解したほうがいいと思います。信愛の道、あるいは知慧の道、あるいは行為の道というものだと思うんです。それによって聖なるものに、生命《いのち》の核心に到達する。

もう二つあります。

クンダリーニヨーガあるいはラージャヨーガというんですが、これはちょっと説明するのがややこしいんです。人間の体の中には背骨が通ってるわけですが、その背骨に沿って尾てい骨から頭頂まで一本のエネルギーの管が走っているという考えです。尾てい骨の下にあるエネルギーを次第に上部に上げていき、頭の頂点から天空へ向けて開放していくという方法論なんですが、この道というのは、瞑想の道、と呼ぶことができるかと思います。日本の禅宗なんかも大きく見るとこの瞑想の道、つまりクンダリーニョーガの内に入ると言えます。

最後の五番目のハタヨーガというのが、先ほど言った体操ですね、体操のヨーガ。体操のヨーガって言うとちょっと軽く見られるかもしれませんけれども、人間というものは身心一如ですから、身と心はひとつのものですから、体が非常に健康であれば心も健康になります。また心が健康であれば体も健康になる。そういう関係にありますから、最後のこのハタヨーガというのが、日本に入ってきてヨーガの象徴になったことで分かるように、体の型を整えるというのが、軽いヨーガの道であるとは言えないんですね。

皆さんご存じかどうか分かりませんけれども、野口晴哉《はるちか》さんが始められた「整体法」であるとか、野口三千三《みちぞう》さんという方が始められた「野口体操」のような、大変すぐれた身心のヨーガ法がありま す。お二人の野口さんくらいになりますと、ヨーガという言葉はもうまったく関係ありません。日本独自の野口晴哉哲学、野口三千三哲学です。同じ野口さんですが親戚でも何でもなくてまったく違う方ですが、この二人の方の身心論といいますか、身心方法論は非常にすぐれたものです。ですからいつか皆さんが身心を壊したという時には、そういう本を参考にされたらいいんじゃないかと思います。まあそういうふうに、体から入っていくというのがハタヨーガ、体の道です。

インドでは大きく分けてこの五つの道、生きることを充実させ完成させていく道としてこの五つを挙げて、それこそ何百万、何千万という修行者達がいるんですが、その五つの内のどれかを主体にして行《ぎょう》をやっているわけです。どの道から入っても、行きつく先は自己の生命性の実現、聖性の実現です。

ここで大事なことは、五つの内のどの道から入っていったとしても、残りの四つの道はどうでもいいということにはならないということです。それぞれの人の個性によって、信愛が個性の人は信愛を主体にしますけれども、あとの四つも同時に学びながら自分の人生を完成していきます。知性の人は知性を主体にしますけどもむろん愛を学びますし、行為することも学ぶ。カルマヨーガ、つまり行為の道の中でいちばん重視されるのは、無私、ということ。私のない行為ですね。無私の行為を一生続けていくことが合ってるタイプの人でも、そこには当然愛が必要だし、知性、知慧が必要だし、瞑想することも、体を整えることも必要だということになります。ですから、それぞれが独立してるんではなくて、個性によってこの五つのどれかを主体にしながらもほかのものの助けを借りて自分の人生を完成させていくというのが、ヨーガというものの本来の方法論だと。そこまでくるともうヨーガという言葉もあまり意味がなくなって、道という言葉になりますけれども、こんな五つの道があるということをお伝えしたかったんです。

と同時に、お伝えしたかったのは、先ほども言いましたように、この島の風土、空気、人の特徴は、信じること、愛すること、バクティヨーガを基幹に文化というものがつくられてきているように思います。

この現代というのは、ひたすらに信じること、愛することという、人間にとっていちばん大事なものが社会的に本当に希薄になって、日一日とさらに希薄になっていくような時代ですよね。そういう時代であればあるほどに、信じること、愛すること、バクティの道というものを風土的文化的に保持しているこの沖縄はとても重要な場であるし、こういう場で学んでいける皆さんというのは非常にラッキーだと思います。大いに、信じること、愛することを学ばれてください。と同時に、ここは大学という知の場であるわけですから、知性の道、知慧の道というものを自己の道として大いに学ばれてください。

国《くに》と郷《くに》

この『びろう葉帽子の下で』という詩集には、「びろう葉帽子の下で」というタイトルそのものの詩を二十四篇ほど入れてあるんですけれども、その中で沖縄ないしは奄美に関する詩がいくつかありますので、その詩を読んでみます。

びろう葉帽子の下で　その五

びろう葉帽子の下には
島唄　という名の絶望がある
絶望という　激しい実情がある

びろう葉帽子の下には
だから
唄　がある
絶望しても　生きて行かねばならぬから
絶望してはならない　唄のわけ　がある
昔の　ショドンヌナガハマ
今の　チェルノブイリ
びろう葉帽子の下には
島唄　という名の絶望がある

今の詩は、よく味わってください。この絶望という言葉の奥にこそ真実の希望があるんです。そのことを味わっていただけるとうれしいです。

この詩をつくった時のぼくの胸の内には、むろんチェルノブイリ原発の爆発という十年前のあの事件があるんですけれども、さらにその奥には、この南西諸島の島々をかつて襲った薩摩藩による圧制や琉球王朝政府による人頭税と呼ばれた搾取の体系、さらには沖縄戦による二十五万人もの犠牲者の歴史が、今でもはっきりとぼくの胸の中には残っています。その絶望の中から、唄、というものが生まれてきたんですね。だから島唄には、今も力があるんだと、ぼくは思っています。唄というものは、いちばん最初にお話ししましたように、猪《しし》が矢で射られた時に雄叫びをあげる、訴える、その叫び声から唄というものが始まったとすれば、島唄だけではないんですが、すべての唄の底には、絶望の叫びがあります。苦悩するから唄い、絶望するから唄うんですね。

昨日、ここでの講義が終わってからちょっと、チビチリガマ、読谷《よみたん》のチビチリガマというところへ案内していただき、それから砂辺《すなべ》というきれいな海岸を訪ねてそこで沖縄ソバをご馳走になりました。砂辺の浜は、もう少し汚れた海じゃないかなと思っていたんですが、きれいな海でほっとしました。その浜辺に下りて、海の水が透明だったもんですから、とても喜んでいたら、その瞬間に、低空を三角翼のアメリカ空軍のジェット機がガーッと音をたてて飛んでいきました。アッと気づかされるものがありました。これはこの島に住んでいらっしゃる皆さんにとっては日常性なのかもしれませんけれども、ぼくにとっては非日常的な出来事なんです。

その時ぼくが気づかされたのは、この島はつねに過去からの伝統的な文化を大事に守っていると同時に、やがて二十一世紀を迎えようとする世界全体の、この間もちょっと申しましたけども、中近東問題にしろ、北朝鮮問題にしろ、中国台湾問題にしろ、あるいはチベット問題にしろ、そういう世界の政治の危険事態というものの最先端を担っているんだということだったんですね。本当にリアルに、二十世紀末という時代の絶望的な現実を生きている島なんだなということを、わが目と耳で深く感じさせられました。

もうひとつ読ませていただきます。

びろう葉帽子の下で　その十八

びろう葉帽子の下で
絶望　ということばを
みだりに使っては　ならない
絶望とは　まさしく　死に至る病　にほかならぬのだから
びろう葉帽子の下で
何万年も消えぬ　スリーマイル島と　チェルノブイリの灰を足下に踏み
三十三基の日本原子力発電所の廃棄物を足下に踏み
なおも
なおも
人間を希望として
わたくしとして
より深く　ただいまここに　在るほかはない
びろう葉帽子の下で
絶望　ということばを
決して使ってはならない

この詩はちょっと古い詩ですので、当時は原発は三十三基しかなかったですが、いまはもう、わずか十何年の間に、五十五基まで増えてしまいました。まだまだ日本政府は原発をつくろうと考えています。世界では、ドイツもそうですし、スウェーデン、デンマーク、イギリス、アメリカも、これから原発はどんどん減らしていこうという時代ですが、日本とフランスだけはまだ増やしていこうとしている。

「びろう葉帽子の下で　その十九」という詩を読みます。これから読む詩の中でクニという言葉が出てきますけれども、その言葉は、この郷《くに》という文字です。

びろう葉帽子の下で　その十九

びろう葉帽子の下で
郷《くに》ということばと
郷人《くにびと》ということばを　つぶやく
屋久の郷《くに》
屋久の郷人《くにびと》
奄美の郷《くに》
奄美の郷人《くにびと》

沖縄の郷《くに》
沖縄の郷人《くにびと》
アイヌの郷《くに》
アイヌの郷人《くにびと》
ホピの郷《くに》
ホピの郷人《くにびと》
びろう葉帽子の下で
郷《くに》ということばと
郷人《くにびと》ということばを
心をこめて　つぶやく
統治のない　郷《くに》
原子力発電所のない　郷《くに》
核兵器のない　郷《くに》
その郷人《くにびと》の永い永いなりわい
びろう葉帽子の下で
パプアの郷《くに》
カリフォルニアの郷《くに》
コーカサスの郷《くに》

日本の郷《くに》
その郷人《くにびと》　その永い永いなりわいと——
心をこめて　つぶやく

国《くに》と郷《くに》、この漢字を二つ並べてみるとはっきりしますよね。こっちの、ステイトを意味する国という字は四角く囲ってあって、ここからここまではわが国と四角く囲って、中に王様がいるんですね。これが国という、国家というものの姿です。ネイションステイトですね。こっちの郷《くに》は、英語でいうカントリーですね、故郷の郷の字です。

今ぼく達の時代はこれだけ情報がいきかう時代になってきているわけですから、このクニガマエの、人為的にかこまれた国というのは、限りなく事実として超えられていっているわけです。ですけれども、いぜんとしてこのクニガマエの四角の中に囲まれた、日本国家の中にしかありえないというのが現状ではあるんです。もしそれが、とてもいいことだと皆さんが思われるのであれば、それはこれからも持ち続けていけばいいわけですけれども、こういう国という囲まれたシステムはもういいんじゃないかと皆さんが思われるならば、次の世紀には、このクニガマエははずして、もうひとつのカントリー連合、地域連合ですね、そういう方向へと国内及び国際政治を展開していくことも出来ると思います。

地域、という言葉は、どこまでも広がっていきます。この那覇なら那覇というのはひとつの地域です。それを沖縄本島地域へと広げられます。南西諸島地域へと広げられます。日本全体、日本という地域まで広げられます。アジアという地域に広げていけます。地域という言葉はどこまでも広がるし、逆にどこまでも小さくなれるんですね。地球がひとつの地域であるということがリアリティを持つ時代がすでに来ています。

ぼくは政治学には疎《うと》いので、理論的なことは言えませんけど、直感として、これからの政治学の基本はどこまでも小さくなれると同時にどこまでも大きくなる、この地域《リージョン》という概念にあると思っています。国という概念は地域という概念に変えられていかなくてはならない。それを選んでいくのはぼく達一人一人なんですね。ぼくもこれからずっと選び続けていきますけれども、皆さんも選び続けていただきたいと思うんですよね。そして圧倒的多数の人々がもう国家というシステムはいらないんじゃないかと思うようになったら、その時にはいつのまにか自然にこのクニガマエがなくなって、カリフォルニア・カントリー、あるいはペンシルバニア・カントリー、あるいはコーカサス・カントリー、グレートブリテン・カントリーという形になっていくんじゃないかと思うんです。

今日配りました資料の、小さいほうの紙をごらんください。これはずっと読み続けてきました『びろう葉帽子の下で』（野草社）という詩集のあとがきなんですけれども、ぼくとしてはやはり今読ませていただきたいので、聞いていてください。

『びろう葉帽子の下で』というタイトルについて、少し説明しておきたい。

昨年（一九八六年）の五月、初夏の陽射しが強くなりはじめた頃、一湊《いっそう》のお店で、麦わら帽子にそっくりではあるが、びろう樹の葉で編んだ一目で手作りと判るその帽子を見つけた。昨今は、麦わら帽子といえどもすべて機械編みであるから、手作りであれば高価であろうと思いつつ値段を聞くと、なんと二百円ということであった。お店の人の話では、それは倒産した奄美大島の問屋が放出した品物なのでそのように安いということであった。それを聞いて、安い、と喜んで買い求めた私の気持はさっと冷えた。またひとつ奄美の手の文化が滅びて行くのだ。それはただ奄美のびろう葉帽子作りという文化が滅びることを意味しているだけではなかった。

琉球の、東南アジアの、中央アジアの、アフリカの手の文化が、音をたてて滅びて行きつつあることの、ひとつの象徴であった。それらの美しく高貴な手の文化に代って、単一単相の物理科学文明がこの地球上を覆い尽くそうとしていることのしるしであった。

私は、この物理科学文明を全的に拒むものではむろんないが、自分の身心をはっきりと奄美的文化の側に、琉球的文化の側に、アジア・アフリカの文化の側に置くものである。それらの多様な文化相の豊かさによって、単一単相の機械科学文明の乏しさを補おうとするものである。

昨年の初夏以来、その放出されたびろう葉帽子をかぶって、野良仕事に精を出した。私一個においては、少なくとも奄美の手の文化と共にありたい気持であった。その心情とは別に、びろう葉帽子にはもうひとつよいものがあった。麦わら帽子にしてもそうなのだが、ツバが広いので、視界がその分だけ制限される。視野が制限されると、人はなぜかその分だけつつしむものである。つつしんで仕事をすると、作業はおのずからゆったりとした動作になる。びろう葉帽子の下で、昨年の初夏以来私はそのことを習ってきた。

また同時に、一服の休みの時に、びろう葉帽子を脱いで頭部に風を受け、急に広くなった視野世界を眺めることも、ひとつのかけがえのない楽しみであった。一九八六年の夏は、チェルノブイリの灰降りしきる夏であったが、その絶望的状況にあっても、世界は変わらず美しいものであった。

ドイツ・ローマン派の詩人ノヴァーリス（一七七二年～一八〇一年）の『青い花』の扉には、次のような言葉が記されてある。

すべて詩的なものは童話的でなければならぬ。
真の童話作者は未来の預言者である。
あらゆる童話は到るところにあってどこにもない、かの故郷の世界の夢である。

この言葉は、詩の本質を見事に射抜いていると、私は感じる。現代詩あるいは現代詩人と呼ばれているものの多くは、自己を習うのではなく自我を追求する時代遅れの近代思想のもとにあるので、ノヴァーリスが童話と呼んだ詩の本質を遠く逸脱し、本来万人のものであるべき詩を、特殊な詩壇内の合言葉のようなものに狭めてしまった。

詩をもう一度、万人のものに取り戻したい。それが私の、心からの願いである。万人の胸に開かれた自己としての神が宿っているように、万人の胸に詩が宿っているはずである。それを掘ることを、土を掘ることと同じく、自分の終生の仕事としたい。

この五日間にわたってこの詩集を読みつづけてきたのは、いま読ませていただいたような気持からであったわけです。もちろん、ぼくにとりましては、詩というものはひとつの信愛の道、行為の道、知性の道なんですけれども、それぞれの皆さんの行為の道、知性の道、あるいは信愛の道が必ずやあると思います。その道をしっかり歩いていかれてください。それがいちばん幸せなんです。

もちろん、苦しみということは、どのような道を歩いても生きていく中には必ずあります。楽あれば苦あり、苦あれば楽ありと古い諺にありますけれども、それは事実です。それは覚悟の上で、それぞれの道を見つけられて、じっくりと歩いていかれてください。

縄文杉への道

この時間の最後にですね、「びろう葉帽子の下で　その二十四」という長い詩を読ませていただきます。これは読むのに約二十五分かかる長い詩なんですね。どうしようかな、読むのはやめようかなと何度も思ったんですけれども、やはり読みたくなりましたので、読ませていただきます。もし退屈して眠たくなっちゃった人は、どうぞ遠慮なく眠ってください。そしてもし目をさまして聞いてくださる方があれば、どうぞ聞いてください。

簡単に言いますと、これは最初の日に「聖老人」というタイトルで読んだ縄文杉へ登る詩です。この杉は山奥にあるんですが、車で行けるところまで行って、そこから約五時間歩かないと着かないんです。その縄文杉まで登っていった私の心象を、風景も含めて、そのまま書いた詩です。ですから、もしよろしかったら、ご一緒に縄文杉へ登ってみましょう。

びろう葉帽子の下で　その二十四

びろう葉帽子の下で
山に登る
手すりのない　長いトロッコ橋を渡り
大岩をくりぬいたトンネルを脱けると
そこはすでに　この世ではない
山霊《さんりょう》の支配する　山の霊の世界
見上げる巨大な一枚岩から
幾すじもの霊水がしたたり落ち
古代のもうせんごけが　きらきらと光る
足元の崖下遥かには
原始のままの安房《あんぼう》川が蛇行する
ナナカマドの木が　異界を指標するがごとくに繁り
ノリウツギの白い花が咲き
精霊《ショウリョウ》クサギの花が咲いている
びろう葉帽子の下で
ゆっくりと歩きつづけて　ほぼ三キロ

小杉谷小学校跡に　至る
そこには　かつてこの世があった
そこで男達は　樹齢千年を越す屋久杉を伐りまくり
女達は飯を炊き
子供達は　学校へ通った
むろん商店があり　公衆浴場があり　映画館すらあったという
男達が　何千本何万本という屋久杉を伐り終わり
もはや伐るべき樹がなくなって山を下ってから
この地は再び　昔ながらの山霊の手に還された
小学校のだだっ広い校庭跡に
今は無人の　うす緑色の霊の風が吹いている
この世が滅びた悲しみと
この世が滅びた喜びの　ふたつながらを噛みしめながら
びろう葉帽子の下で
道を左方　翁《おきな》岳の方向へ進む
僕達の世界では　深い知恵を持った老人を翁と呼ぶが
山霊の世界では　それは不動の山自体を意味する
その山の方向へゆっくりと進む

やがて三代杉に至る
祖父なる巨杉が伐り倒された　その切株に
父なる巨杉が生い繁り　その父も伐り倒された二代目の切株に
子なる巨杉が　　すっくと天を衝いているがゆえに
三代杉と　人は呼ぶ
人の三千年の年月を　山霊の世界の生きものは
わずか三代　祖父と父とその子において生きる
三千年前
すでに縄文式土器がこの世に現われていたが
天皇制はむろん　国家と国民の関係は　そこにはまだ見当たらず
日本列島の到るところには
竪穴式の住まいを作り　その真中にいろりを焚き
石器を作り　その石器で木を削り
船さえも作って食べものを集め
石の霊《カミ》　木の霊《カミ》　海の霊《カミ》　川の霊《カミ》　物言わぬの山の霊《カミ》と共に呼吸をしていた人々の
小さな集落があった
びろう葉帽子の下で
安房川の谷底は　さらに遥か彼方の崖下となり

すでに南の熊蟬は鳴かず
北のつくつく法師ばかりが鳴き静まる道を行く
尽く尽く法師
三日を唱《とな》え尽くして　土に還ってゆく　小さな小さなこの世の法師
この世の呼吸　この世の祈り
かすかに灰色の霧が流れてきて
大株歩道入口まであと三キロ　の標識を見る
びろう葉帽子をかぶりなおし
山に登るということは　じつは山に沈むことであると　識る
霧と雲の切れ間の遥か彼方に
一瞬　翁《おきな》岳の幻を見る
やがて　大株歩道入口に着く
そこには清らかな谷川が　とうとうと音をたてて流れ
喉を渇らした人はその水を　その霊を手ですくっては何杯も飲む
平らな大花崗岩上に身を投げ出して
眼を閉じ　その岩の霊《カミ》にしばし休らう
びろう葉帽子の下で
それまでのなだらかな登り道に別れを告げて

いきなり急峻な山道の登攀《とうはん》にかかる
いきなり濃くなってきた霧を
山霊の厳粛な出迎えとして
最初はあえぎつつ　やがてはそこに呼吸を合わせて
一足一足　ゆっくりとそこに沈潜してゆく
森が深まり　巨木の影があちこちに姿を現わすが
それを見定める呼吸の余裕はない
岩から岩　苔《こけ》から苔
いたるところから浸み出す湧き水の気に包まれて
人は意志ある　水となる
不意に　翁《おきな》杉に至る
根廻り一九・七メートル　樹齢推定三千年
灰色の霧が樹頂を閉ざして定かではないが
かすかに緑色の梢も見えて
この大きな虚《うろ》を持つ巨木が
やがて枯死する老木ではなくて
その内部に水を吸いあげ
その頂きに緑を繁らせる

生きて在る山霊であることを　告げる
ごわごわとしたその木肌に額をつけて
人は　その霊に染まることを乞う
霧が　細かな雨に変わる
翁杉に別れて
びろう葉帽子の傘の下で
さらにうっそうと繁る森の道を沈んでゆく
すでにつくつく法師も鳴かず
森から浸み出す小さな流れだけが
ちろちろと静かな音をたてる
人は　少しずつ人であることを失い
ふたたび意志ある水となって　その道を登ってゆく
やがて　ウィルソン株に至る
根廻り十三メートル
すでに枯死した切株の虚《うろ》に入ると
そこには小さな神社が祀られており
地面をさらさらと水が流れている
その水を　ひとすくい飲む

切株は枯死していても　その水ゆえに切株は死なない
木霊《こだま》神社と
誰が呼んだか　切株にかかげられた小さな表額が
霧の雨に濡れている
死は　生の終わりではなく　また始まりでもない
死は　霧のようなもの　雨のようなもの　また　水のようなもの
森の中の　森の出来事　ただの出来事
霊の中の　霊の出来事　ただの出来事
虚《うろ》の片隅に雨を除けて　しばしの休みを取る
びろう葉帽子の下で
すでに三時間の歩行と登攀が続き　休息が心地よい
死とはまた　枯死　深い休息のようなもの
さらさらと　水が流れている

びろう葉帽子の下で
雨が上がり　霧がはれるのを仰ぐ
一瞬の青空
しかしまた　すばやく白い霧がたちこめてくる

その霧は山の霊の呼吸　より深いもののより深い呼吸
明るくしっとりした森の中を
縄文杉目指して　ふたたび歩きはじめる
ヒメシャラの赤い巨木の肌が　不意に眼の前に現われて
そのあでやかさに　人は思わずそっと手で触れてみる
森と霧に閉ざされて　いささかもその姿を現わしてはくれないが
彼方にはこの島の主峰
母なる宮之浦岳が　そびえている
かつてわたくしは
あなたは母であるか父であるか　男神《おとこがみ》であるか女神《おんながみ》であるかと
宮之浦岳に問うてみたことがあった
もとより女神《めがみ》であると　やがて応えがあった
森の樹々たち
うっそうと繁る巨木大木の群れは
さすれば　その女神《めがみ》を讃える男神《おとこがみ》達であった
けれども　明るい赤い肌を持つヒメシャラの樹だけは
他の樹々とは異なっていた
ヒメシャラの樹は

宮之浦岳と性を同じくする　やさしい女霊《にょれい》の姿であった
その肌にそっと手を触れ
霊で冷やされた身心を　少しだけ人の身心に取り戻す
びろう葉帽子の下で
道はふたたび急峻な登りとなり
白い霧は　濃くなってはうすらぎ　濃くなってはうすらいで
ほとんど地上までも降りてきて　視界をさえぎったが
雨になることはなかった
やがて　大王杉に着いた
樹齢推定　三千年
大王杉の名にふさわしく　それはつやつやと輝く肌を持ち
黒くすっくと巨大に　天を衝いて繁っていた
山霊の世界にも　王があるのではない
それは　この島の無垢の心の人々が
幼児のような讃嘆と　驚きをもって　思わずそう呼んでしまった
この世の呼び名
偉大なものを讃え　偉大なものと共に生きんとする
仮りの　憧れの呼び名

大王杉の根方に至り
急峻な登攀の疲れも忘れ
人はまたもやその肌に額をつけ
あなたがわたくしであり　わたくしがあなたであることを
あなたが　すべてのわたくし達であり　すべてのわたくし達が　あなたであることを
乞う
額をあげると
一瞬またも霧がはれ　青空がのぞいた
美しい青空
山霊が霧となって現われ　また青空となっても現われることを
人は　識らないわけには行かなかった
しかしながら　ふたたび白い霧が空をおおい
森をおおい　わたくしをおおって　やがてまた細かな雨となった
雨と霧の中で　その雨もまた山霊の現われであると　識るほかはなかった
びろう葉帽子の下で
びろう葉帽子を傘として
全身しっとりと濡れながら　水となりながら登ってゆくと
まもなく夫婦《めおと》杉に着いた

夫婦《めおと》杉の手前にはツガの巨木があり
その黒々とした輝く肌を　杉よりも好ましい男神《おとこがみ》の姿として
黒い精霊のようなものとして尊崇するが
その谷下からそびえ立つ　二本の巨木
一本の枝でしっかりと手をつないでいる　二本の巨木は
夫婦《めおと》という　ゆかしい呼び名に値するものであった
森の中の巨杉の夫婦《ふうふ》
何千年も人の言葉を交わさず　ただしっかりと手をつなぎ合って並んでいる　霊《カミ》
ここは　黒いツガの木の森でもあるが
より深く　屋久杉の森であった
夫婦《ふうふ》に幸《さいわい》あれ　男神《おとこがみ》と女神《おんながみ》の　手をつなぐことに幸《さいわい》あれ
原初の姿に　幸《さいわい》あれ
ツガの木　モミの木　ヤマグルマ　サクラツツジ　ハイノキ
ミヤマシキミ　ヤクシマシャクナゲ
原初の霊は　それぞれの姿をなして　樹木としてそこにあり
夫婦《めおと》杉もまたそのようにして　そこにあった
男神《おとこがみ》と女神《おんながみ》の　手をつなぐことに幸《さいわい》あれ
びろう葉帽子の下で

びろう葉帽子を傘として
さらに登攀はつづく
ここまでくれば　もう縄文杉は近い
しかしながら　近づけば近づくほど　それはまた遠い
樹齢推定七千二百年
その杉がこの世の生を受けたのは
縄文時代もまだ早期のことであった
イエスキリストはむろんのこと　ブッダも老子もまだこの世に現われておらず
むろん天照大神もまだその名で呼ばれず
太陽として照り　雨が降り
人々はただいのちある人々として　その下で
小さな里を作って真実に暮らしていた
マグロ　カツオ　ブリ　マダイ　クロダイ　ウナギ
アワビ　サザエ　マツカサガイ　カラスガイ　ヤマトシジミ
ミツバ　ウド　ゼンマイ　フキ　ヒョウタン
クルミ　ドングリ　トチの実　ヒシの実　モモ　クリ
シカ　イノシシ　カモシカ　カワウソ　テン　ウサギ
人々はそれらのものを狩り集めて食べ

アサやカジノキやコウゾ　アカソで編んだ衣服をまとい
頭には　ヤブツバキの木でこしらえ漆《うるし》をぬった櫛《くし》さえも飾っていた
しっかりした木造の家の中心には　盛んにいろりが燃え
大小の土器の中には　冬を越す食物が貯えられてあった
むろん　病気や死の不安があり　大きな天災の恐れもあった
餓死の恐れがあり　獣達におそわれる危険もあった
しかしながら　それは今の時代とてもおなじこと
そしてその頃には　核兵器の恐れも原子力発電所の犯罪もなかった
国家という人工の装置もなく
経済の魔力も支配してはいなかった
山は神であり　川は神であり　海は神であった
土が神であり　樹木が神であり　火が神であった
神とは生命《いのち》であり
生命《いのち》そのものが　その震動が神であった
びろう葉帽子の下で
また雨が止んだ
雨は止んだが　霧はますます濃くなり
森じゅうが　しっとりとした白い髭《ひげ》におおわれているようであった

不意に　森が切れ
そこに縄文杉があった
縄文杉もまた霧に巻かれていたが
その霧は明るいほどに白く
黒々とそこに在る杉を　おおい隠すことはしなかった
霧に染まり　水と森に染まって　人はその妙に明るい空間に歩み入る
根廻り四十三メートル　樹高三十メートル
ごつごつとした　杉とも思えぬ巨体が　眼の前にあった
しかしながら人は　その巨大さに驚いていることはできない
驚きにきたのではなく　会いにきたのだから
見にきたのではなく　聴きにきたのだから――
人は　人の宝である米と土とをふところから出し
そのこぶだらけの根方に　そっと供える
あなたが生命《いのち》なら　わたくしも生命《いのち》　生命《いのち》であることは同じであるが
あなたの生命《いのち》は　あまりにも永く　深い
あまりにも霧たちや雨たちと　交わりつづけてきたためであろうか
あなたと霧は　まるで同じ種族に属するものであるかのようだ
祈りのことばは　なかった

祈りのことばは　霧
あなたを飾る　あなたの姉妹なる霧であった
人は立ち上がり
びろう葉帽子の下で
白い霧とともに　ゆっくりとあなたを右遶《うにょう》する
かつて八年前　初めてあなたを尋ね登った時には
あなたは　深い編笠をかぶった一人の老僧の姿を　示して下さった
その小さな老僧の姿は
なぜかインドの　初代サチャ・サイババと呼ばれた乞食僧の姿に　よく似ていた
わたくしは
あなたの内なる　編笠をかぶったその老僧を　驚きとともに受領した
三度目と四度目に尋ねた時には
あなたは　ガネシャ神の姿を示してくださった
ヴェーダ聖典をこの世にもたらしたと伝えられる
象面人身のガネシャ神
まごうかたないその大きなガネシャ神を　あなたの内に合掌した
あなたへの五度目の登攀
どのように眼をこらしても　老僧もガネシャ神の姿も見当たらず

霧が濃くなってはうすらぎ　濃くなってはうすらぐばかり
あなたはついに　霧そのものとなってしまわれたか　と思われた
右遶《うにょう》七度目、七度目にあなたの囲りを廻った時に
不意に　あなたはライオンを示して下さった
前足を立て
すっくと首をたてて　眼を閉じているライオン
それは
ライオンではあったが　ライオンでなく　むしろスフィンクスであった
そのスフィンクスは　深く目を閉じたまま
その眼尻から　涙を流しているかのようであった
びろう葉帽子の下で
深い森の静かさの中で
人は　ひとつの門を見る
その門は　さらに深くさらに濃い霧の流れる　はるかな森の奥へと至る門
人が記憶したことがらによれば
今からおよそ二百万年前　ホモ・ハビリス（猿人類）が
東アフリカ・タンザニアのオルドバイ峡谷で
ようやく石器というものを作り始めたという

その人とも猿ともわかたぬ　森の一日
森の年月——
人の意識の原初の　やわらかな水のような光
人の原初の意識の　焚火の炎のような至福
そこに立ち　その門に涙を流すスフィンクス——
びろう葉帽子の下で
——会うことは終わり　聴くこともまた終わった
ひとつの姿として　門が与えられた
どちらが前で　どちらが後とも判らぬ　円環の道に
前足を立て　眼を閉じるライオンの姿があった

霧深い縄文杉の木陰で
びろう葉帽子の下で
人は　この世の遅い昼食をとる
玄米のおにぎり　きゅうりに生みそ　落花生
子供達　あるいは妻　あるいは夫
あるいは愛　あるいは慈悲
あるいは生　あるいは死

霧が流れ　霧がこの世の人の手首を濡らす
karma《カルマ》 と kama《カーマ》 は同じもの
愛《カーマ》と業《カルマ》とは同じもの
愛は霧　業《ごう》もまた霧
濃くなってはうすれ　うすれてはまた濃くなり
生命《いのち》を濡らす
びろう葉帽子の下で
山に登る
人は意志ある水となり
水に濡れて　山に沈む

長い詩を読ませていただきました。聞いてくださってどうもありがとうございました。

これも本当は資料としてお渡ししようと思ったんですけど、ちょっとあまりにも長すぎてコピーをとるのが大変だということで資料とはしませんでした。この詩は、縄文杉讃歌であると同時に縄文文化そのものへの讃歌なんですが、そのことは別にして、最後の「愛《カーマ》と業《カルマ》とは同じもの」という一行を皆さんに心からさしあげたいと思います。

第十四話——回帰する時間

親和力

それではこれから午後のお話に入ります。

午後は、『三光鳥』（くだかけ社）というタイトルの詩集を読みながら、またお話をさせていただきたいと思います。

最初に「アザミ道」という詩を読みますけれども、今は残念ながらアザミの季節ではありません。先ほどの休み時間に、キャンパスの植えこみの中にアワユキセンダングサという小さな白い花が咲いているのを見つけました。雑草です。こちらではサシグサというようですが、屋久島ではヒッツキバナといいます。アザミは雑草ですので、雑草の花をイメージしていただければいいかと思います。

アザミ道

アザミの花が　ずっと咲いているので
そこを　アザミ道と呼んだ

アザミ道を歩きながら
やっとここまで来たと　思う
平々凡々
凡々平々の　アザミ道
赤紫の花々が　さわやかな風にひとつひとつ揺れるのを眺め
なにごともなく
なにごとの不足もない
歩いていくだけで
それですべてが備わっているのだ
(本当にこれでいいのだな)
と　わたくしが問えば
本当にこれでいいのだ　と
アザミ道がこたえる

アザミの花が　ずっと
百メートルも咲いているので
そこをこの頃は
アザミ道と呼んでいる

次は、資料としてお渡しした「アオスジアゲハ」を読みたいと思います。
アオスジアゲハというのは、ぼくもこのキャンパスで一度見てますから、沖縄のほうにも当然います。両羽を広げて六、七センチの大きさの、小型のアゲハチョウの仲間なんですけれども、羽根に青い筋が三本、両方で六本くらい入ってますから、すぐ分かります。きれいなコバルトブルーのラインが入っています。それがアオスジアゲハです。

アオスジアゲハ

アオスジアゲハの五、六羽が
むれをなして
水たまりのへりに止まり
だまって水を飲んでいる

水たまりには
空や白雲や緑陰が映り
アオスジアゲハ達自身の姿も　映っている

生死《しょうじ》ということは　こんなものなのかな
こんなものでは少し物足りない気もするが
これほど静かなのは
わたくしなどの及ぶところではない

アオスジアゲハの五、六羽が
水たまりのへりに止まり
だまって　永遠の水を飲んでいる

蝶というのは、不思議な習性を持っています。アオスジアゲハの幼虫は、ただ一種類の植物の葉しか食べないのですが、その植物は楠《くす》の木です。なぜアオスジアゲハは楠の木の葉しか食べないのかということは、誰にも分からないんです。アオスジアゲハにしか分からない。ここから見てもたくさんの植物があります。木もあれば草もある。ほとんど無限といっていいほどの植物がこのキャンパスの中だけでも生えている。その中で楠の木の葉っぱしか食べないというのは、なぜなんだろうか。

これはアオスジアゲハだけじゃないんです。先ほど見てたら、ツマベニチョウという蝶、アオスジアゲハと同じくらいの大きさの蝶ですけれども、羽根の端っこにオレンジ色の濃いふちどりがついている蝶が飛んでいました。アオスジアゲハとはまた異なったドキッとするほどに美しい蝶です。そのツマベニチョウの幼虫はギョボクという植物の葉しか食べません。ですから、ギョボクが自生してないところにはツマベニチョウはいないんです。逆にツマベニチョウがいるところには必ずギョボクが自生しています、という関係なんですね。これを蝶の食草といいます。

ほかにも、これほど極端ではないんですけれども、ふつうのカラスアゲハっていうんですか、黒いアゲハ類は、おおむね柑橘類の葉っぱに卵を産んで、その幼虫が蜜柑の葉を食べてチョウになります。また蝶の代表のようなモンシロチョウの類は、菜っ葉類、特にキャベツが大好きで、そこに卵を産みつけて、幼虫がその葉っぱを食べて、さなぎになって蝶になる。そういうふうに蝶の種類によって、食草というのが決まっているわけですね。

なぜモンシロチョウは菜っ葉を食べるのか、アオスジアゲハは楠の木を食べるのか、ツマベニチョウはギョボクを食べるのか、カラスアゲハは柑橘類を食べるのかっていうことは、分からないわけです。その蝶と植物の魅《ひ》きあう力というものは、DNAの段階で、DNAの中に、ギョボクを食べなさい、蜜柑類の葉っぱを食べなさい、菜っ葉を食べなさい、楠の木の葉っぱを食べなさいというふうに指令されているわけですね。何百何千種類の植物の中から、なぜDNAが特定のある植物だけを指令するのか、それは神秘というほかはありません。

その神秘な力というものを、ここでぼくとしては、親和力という言葉で呼びます。親和力という言葉は、たぶん皆さんご存じかと思いますけれども、かなり以前から日本にある言葉です。この言葉の発祥元は、ゲーテです。ドイツの十八世紀から十九世紀にかけての作家ですね。今年(一九九九年)はゲーテ生誕二五〇年に当たります。そのゲーテに『親和力』という、ずばりそのままのタイトルの作品があります。エードゥアルトという一人の初老の男とオッティーリエという名の一人のうら若い娘が魅かれあって悲劇に至る恋愛小説なんですけれども、その男と女が運命的に魅かれあう力というのを親和力という言葉で表現したわけです。

で、親和力についてお話するのですが、少し遠まわりをしなくてはなりません。

屋久島は人二万、猿二万、鹿二万といわれて、野生動物としては猿と鹿が多いんですけれども、京都大学の猿の研究所、霊長類研究所の分室がおいてあって、そこに世界中から野生の猿を研究する若い研究者達が訪れてきます。その中に、二、三年前からドイツのミュンヘン出身の女性研究者が滞在していて、猿の研究をしていました。しかも「緑の党」の党員です。ぼくは「緑の党」の支持者ですから、それも手伝って、もともと興味のあるゲーテの話をしてたんです。

彼女は日本語が漢字も含めて少しできるもんですから、実は自分は『親和力』という作品に大いに興味があるという話をしたら、彼女は、ゲーテには『親和力』というようなタイトルの作品はない、って言うんですよ。ないったって、こちらは読んでいるんだから、ないわけないんですけれども。それでいろいろ話をしてたら、要するに最初に『親和力』という日本語訳をした人が意訳をしてるわけです。もとの意味とは違う言葉を、新しい『親和力』という言葉をつくっちゃったわけです。

ではドイツ語のもとのタイトルは何かというと、wahl《ヴァール》 verwandt《フェルヴァント》 schaften《シャフテン》っていうんです。ぼくはドイツ語はだめなんですが、辞書で調べてみると、wahl《ヴァール》というのは、wallen《ヴァーレン》、選ぶという動詞の語幹です。verwandt《フェルヴァント》っていうのは、血筋、親戚、家系、血族、という意味です。schaften《シャフテン》は、言葉の語尾について抽象名詞の女性を形成するものです。ですからこれを総合すると、その本来の意味は、「選びとられた血縁性」というようなものなんですね。血縁というのは、同族ということですから、類は友を呼ぶって言いますよね。そういうふうに、同じものが同じものの匂いを嗅ぎつけて、それを選びとる力のことを、最初にゲーテを訳した日本人は「親和力」と訳したんですね。これを元の意味に戻して考えると、アオスジアゲハが楠の木の葉っぱを選ぶという時には、アオスジアゲハと楠の木は、同族として血がつながっているわけです。血縁になるわけです。その力を親和力と呼んだわけですね。ぼくは、親和力という言葉はとてもいい日本語だと思いますから、これを改めよと言っているわけではまったくないんです、親和力というものの説明をより詳しくするために、この話をしたんです。

私達の世界では、たとえば一人の男の人と一人の女の人が結びつくという時に、男からすれば女性は無限にいるわけですけれども、一人の女性に魅かれる。こういうことの中には、やはり何か必然の結びつきというか、本来的に選んで選ばれる、結びつける力が働いているんだと思うんです。ですから人間で、異性でなくても、同性同士でも、ある人と友達になるし、ある人とはあまり仲良くならない。その選び選ばれる力というのは、このヴァールヘルヴァントシャフテン＝親和力によって結びつくんだと思うんですね。

ぼく達の世界には、人間同士においても、人間と植物においても、人間と動物においても、あるいは植物同士においても、植物と昆虫においても、あらゆる世界に親和力というものが働いていて、その親和力がうまく成就した時に、幸せになるといいますか、生命が成就するという関係性があると思うんですね。

ですからそれをもう少し抽象化していくと、森羅万象の中にはある親和力が働いていて、その親和力によって、この森羅万象は成り立っている、地球というひとつの大きな生態系は、ある意味でこの親和力の総合によって成り立っている、あるいは太陽系というひとつの系でさえも……ということが言えると思うんです。

アイ・キン・イー

ところがです。二日目でしたかね、『リトル・トリー』というアメリカインディアンの少年の物語があると紹介しましたよね。その本のあとがきに、宮内勝典が大変興味深いことを書いています。ネイティブアメリカンの人達の会話に出てくる習慣なんですが、たとえばおじいさんが子どもに対して「お前を愛してる」と言う時、ふつう英語では「I love you」と言いますよね。ネイティブの人達は I love you とは使わないっていうんです。彼らも日常的にある程度は英語を使うんだけど、I love you とは言わない。

それは何か分かるような気がするんです。ぼく達日本人も、love＝愛という言葉は知ってるけれども、「ぼくはお前を愛してるよ」なんて、なかなか面と向かって言えないですよね。何か言語感覚が違うから、愛しているという言葉や愛という言葉そのものをなかなか表現することができない。で、そのネイティブの人達も自分達の造語をつくり出しているんですけれども、I love you の替わりに I kin ye と言うのだそうです。

ye《イー》っていうのは you の俗語です。

で、問題なのがその前の kin なんです。これが何と、血筋あるいは同類、親族、血統という意味で、先ほどのverwandt《フェルヴァント》というドイツ語とまったく同じなんです。

「私はあなたを愛してる」という時に「私はあんたに属してるんだよ、あんたと同類だよ、あんたの血筋だよ」と。それは、おじいさんと孫であれば当然血がつながってるわけですが、そうじゃなくて恋人同士でも、親しい人同士でも、愛をこめて挨拶をかわす時に、「アイ・キン・イー」と言う。アオスジアゲハが楠の木に対して「アイ・キン・イー」と言うか言わないかは別にして、卵を産みつけるのと、まったく同じなんですね。同類ということ、血がつながっているということが、愛するということのリアリティであるわけです。

これは最近の、二十世紀後半のアメリカ大陸の出来事で、ヴァールヘルヴァントシャフトというのは、十九世紀前半のドイツのネーミングです。それがまったく同じ中身というか、同じ表現をしているってことに、ぼくは本当にびっくりしたんですよね。そのことを知ったのは去年の暮れだったんですけれども、それからますます、ぼく達の生命、生きるということは、何かの血筋につながっていくことであり、何かと同類になっていくことであると、親和力という言葉が自分の中で深まり、キーワードのひとつになってきました。

たとえば、さっきちょっと雨が降ってすっかり気持がよくなりましたけど、この雨が気持がいいということは、やっぱり生命と雨というものは血筋が同類であるから、気持がいいんですね。雨に対して、アイ・キン・イーということが出来るんですね。森なら森、木蔭なら木蔭で、木に対して気持がいい時には、木と自分は同類だよ、アイ・キン・イーということができると思うんです。そういうふうに、親和力というものは、個体を越えて、どこまでも広がっていきます。その親和力のアンテナを鋭敏にみがいて、自然の中へ、人間関係の中へどこまでも踏み入っていくのが、これからの新しいアニミズムであると考えています。

アイ・ラヴ・ユーという言葉はもう私達はよく知っているし、よく知っているにもかかわらずなかなか使えないんですけれども、アイ・キン・イーという言葉であれば、意外とうまく使えるような気がするんですね。事実、『リトル・トリー』という本が出版されてもう七、八年たつんですが、これまでに一回だけある人がこの言葉を使っているのを見たことがあります。

「子供問題研究会」という障害を持った子どもと親を中心に集まっている人達の集まりが毎月出している『ゆきわたり』という会報の中で、ある中学校の先生をしている人が障害を持つ子ども達に対して、アイ・キン・イーという、この言葉を使ってたんです。それがとてもうれしかったです。彼はもちろん障害を持っていません。だけど子ども達に対して「同類だよ」って言ってるんです。そういうふうに使ってるのを、一回だけ見たことがあります。こういうよい言葉は、どんどん広がっていくとよいと思います。

そのことは別にして、親和力において私達はこの世界に生きているし、生かされてもいるんです。それゆえに、親和力という言葉自体への親和力をも含めて、その力をみがいていくことが、より善く、より深く生きていくためには是非とも必要であると思います。

ぼくは沖縄は今回で三度目なんですけれども、来るたびにこの風土への親和力というものが深まる一方であることを感じています。

山にすんでいると

山に住んでいると　ときどき
美しい　神秘なできごとに出会う
たとえば
西の山に　みか月が沈んでゆく
ようやく日が暮れきって
空の底が濃紺色にふかまり

無数の星たちが　霊的なまばたきを送りはじめてくるころ
どかんと
西山にみか月があって
見ているあいだに
ぐんぐんと沈んでゆく
沈む音が聞こえるほどである
なぜなら
月が沈みきり

山の上にしばらく残っていた明りも消えてしまうと
あたりが急に静かになって
それまでは聞こえなかった谷川の音が
ふたたび流れはじめ
聞こえはじめるからである

山に住んでいると
ときどき　不思議なできごとに出会う

「月が沈む音がする」というと、いかにも詩的な表現と思われるかもしれませんけども、今この詩で示したように、月があまりにも見事に沈んでいく、それに気を取られていると傍《かたわ》らに流れている川の音が聞こえなくなってしまうわけです。なぜその音が聞こえなくなるかといえば、やっぱり月が音を持っているっていうか、月に自分が気を取られているからです。もちろん気を取られているのは目です。目が取られているんですけれども、目が取られてしまえば耳も取られることになります。耳が消えてしまいますから。そういうふうに、何かに集中した時には、実はそこに全部取られてしまうという認識の構造を、人間の感覚と意識は持っているんです。

その認識の構造を先日もお話した唯識論といいます。これは仏教哲学のひとつですが、唯識論というもっとも古い哲学のひとつです。これは簡単にいえば、唯識という文字が示している通りにこの世界というのはただ意識の反映でしかないという立場です。この世界というのは、自分の意識の鏡であるという立場です。ですから今ここで空調の音がかすかに響いてますが、空調の音に気を取られてしまうと、ほかの世界が消えてしまってこの空調の音が世界になってしまう。この空調の音は聞こえながらも、今度は窓の外の木に目を移していくと、いつのまにかこの音は消えてしまって、世界はこの木の世界に変わってしまう。そのように世界というものは自分の意識の鏡である、意識の向け方しだいで変わるというのが唯識論の立場です。ですから百人の人がいれば百人の世界があるという立場なんです。

今ここに三、四十人の人がいて、それぞれの立場で世界を見てるわけですが、共通性はもちろんあるんですけれども、それぞれ十人十色の、十様の世界を見て、かつ感じるわけですね。私が喋っているこの言葉自体も、三十人、四十人それぞれの理解において入ってるはずです。ということは、お一人お一人の意識の反映でしかない。私が喋ってるんですけれども、聞いてらっしゃるのは、実は自分の意識に映した自分の声を聞いてらっしゃるんです。皆さんそれぞれの、一人一人の声を聞いていらっしゃる。それしか聞こえないんです。という構造を人間は持っているというのが、この唯識論という哲学の立場です。

これが正しい哲学であるかということは皆さんが検証されればいいわけで、ぼくはこれが絶対的に正しいとは思っていません。客観存在としての世界が存在することも事実だからです。ただこれは、絶対的ではないとしても、相当に深いリアリティをもって人間性というものを開示しているということは、少しの説明でしたが、皆さんにも分かっていただけたかと思います。それを知っておくと、独断というものから逃れることができます。何かものを見ている時に、これは自分の目にすぎないんです。世界を見ている時に、この風景は私の見ている世界にすぎないんです。どんなに頑張ってみても私の鏡の世界にすぎないんです。ということを知っておくと、独断から逃れられる、世界を見ている百人の人がいれば百人の世界があるという客観的な事実があるんですから。

その一方ではこの認識方法はもっと積極的なことでもあるんです。逆に世界をどんどん変えていくことも出来るわけです。ただそれが、見ている人の鏡の主体が自我というか、エゴイスティックな自我であれば、そこに映る世界もエゴイスティックな世界が映ります。世界はエゴイスティックな世界へとどんどん変わっていきます。けれども逆にこの自我が消えて、無私の世界に立つことができれば、そのようなものとして世界は映し出されていくと思います。ぼく達に備わっている本来の生命親和力に導かれた調和ある世界が、世界として現実に出現してくるんです。

おそらくそのような生命親和力が、これからのぼく達の世界を善い世界へ変えていくんだと思います。自我の世界からは世界は変わらない。戦争、苦しみ、悲惨というのはみんな自我から生まれてきます。それはもう何千年も前から変わらなかった人間の歴史ですから、客観的に見れば今すぐそれが変わる可能性というのはそんなにないとは思いますけれども、それでもやはり世界を変えようと思って生きていくのが人間ですし、そのためには唯識という仏教の認識論は一定のポジティヴな力を持っていると思います。

直進する時間と回帰する時間

残り時間がだんだん少なくなってるようですから、この間、文明の進歩についてちゃんと自分の立場をお話ししますと約束しましたので、今この時間に、そのお話をします。進歩する文明ということと、それに対峙するもうひとつの回帰する時間というものについて。

ぼく達が生きていく時間の中には、大きく分けて二つの相があります。そのひとつとして、進歩する文明の時間というのがあります。これはいつから始まったものかは正確には分かりませんけれども、文明というものがある程度かたちを整えてきたのは、皆さんが中学や高校で習われた通り、世界の四大文明の発祥地、エジプト、メソポタミア、インダス川流域そして中国の黄河流域ですよね。紀元前四千年くらいですか、そういうあたりから、人類の文明史が始まってきます。

この文明というのは、道具をもとにして始まるわけですね。道具とともに文明は始まる。ということはいったんぼく達が手にした道具というのは、後戻りすることはない。たとえばある人達が石器というものをつくり出したとします。尖った石でモノを削る、それを尖らせれば尖らせるほど鋭く切れる。そういう石器という道具を発見するというか、つくり出す。すると、ずっとその技術は広がるし、この切れ味を逆に鈍くするという方向には絶対進まない。ですから進歩せざるをえない。それが技術になり、やがてサイエンスになってくる、科学技術にもなってくる。

技術文明という事実においては、時間は決して後戻りしないわけです。ですから十九世紀より二十世紀のほうが、明らかに技術文明は進んでる。そして二十一世紀、次の世紀をみれば、今の時代より必ず進んだ文明社会に私達は突入していくだろう。

この進歩する文明の時間というのは、過去から未来へ向かって上昇するかどうかは分かりませんけれども、少なくとも一直線に進んでいます。決して後戻りしません。時間的に縄文時代に戻ろうとしたって戻ることとできません。ですからぼく達はこれから二十一世紀へと向かっていかざるをえないし、そうすることを未来への希望という重要な価値観として生きています。そういう時間をひとつ、ぼく達は生きています。このことは、誰でも実感していることです。

沖縄やぼくの住む屋久島の場合には、これからお話するもうひとつの時間が色濃く流れていますから、進歩する文明の時間一辺倒という実感は切実でないかとも思いますが、たとえばこの話を東京でするると、時間というのはこの進歩する時間しかないとほとんどの人が日々の暮らしの中で実感しています。時間というのは前にしか進まないと。けれどももうひとつの時間がある、時間には限りなく回帰する側面があるんだという話をすると、万人が知っていることであるにもかかわらず、エッとびっくりしてしまいます。この風土の中ではもうひとつの色濃い時間というものが流れていることを、皆さんたぶん体感してらっしゃるんで、話もしやすいです。

もうひとつの自然の時間というのは、簡単にいえば太陽系の時間ということです。太陽系の惑星達は、自転してますし、自転しながら少しずつ太陽の周囲を公転してますね。地球の場合も一日に一回自転をしながら太陽の周りを一年かけて回りますね。この太陽系のシステムというのは、太陽系が宇宙の中に発生した四十六億年前から現在に至るまで、まったく進歩してないんです。ただ同じ道を回帰しているだけ、循環しているだけなんです。一日が二十四時間というこの時間は、一万年前も現在もまったく変わっていないんです。もちろんいくぶんのぶれというものはあっただろうけれども、日本のような温帯においては、春夏秋冬が繰り返される。このことは一万年先、一千万年先、一億年先も、ほとんど変わらないはずです。これが太陽系の自然時間です。そういう時間の中にも私達は生きているわけです。

もう少し具体的な話をしますと、人間が、個人が生まれて成長していく、そして死んでいくという時間も、これも進歩しない、決して進歩しない。文明は限りなく進歩しますけれども、私達個人が生まれて成長して年老いて死んでいく、ということは、一万年前も現在もまったく変わらない。一万年後も変わらないはずです。クローンができてその人の生を引き継ぐ時代がくるかもしれないけれども、このクローンもまた、成長し年老いて死ぬというサイクルは繰り返さざるをえません。

そういう意味においては、どんなに文明が進歩しようとも、私達個人一人一人が生まれ成長し年老いて死ぬというこの姿は永遠に変わらない、人類が存在している限り変わらない。私達の肉体と意識は回帰する、あるいは循環する自然の時間に属してるんです。そこに属しながら、人類という種全体としては、進歩してやまない文明をつくりつづけているんです。今はその文明の速度がコンピューター関連技術に象徴されるように、目を奪うほどに早まっていますから、この文明の進歩についていくことだけが人生の目的であるかのようになってしまって、個人としての身心が、循環する、一歩も進歩しない時間に属していることを忘れてしまうんですね。

ぼくの考えるところでは、今の多くの社会不安、社会病理のようなものは、この二つの時間の相剋、個体としては循環する生（生理）の内にあるものが、つまり進歩しない時間を自らの内に内蔵しているものが、進歩する時間に奪い取られてしまっていることに原因していると思います。それを具体的に言えば、皆さんはいま学生という身分ですからそれほど厳しくはないかもしれませんが、学生であってもすでに大学というひとつの文明システムの中に取り込まれているわけです。この大学システムの目標は、ごく大まかに言えばそれなりに定められた一定の知識を学習して、卒業して、産業社会に入って、そこで有能な人間になるということを目指してるんですね。

むろんそれだけではありませんが、社会全体としての大学の位置は、産学共同、という言葉で表わされているように、より有能な人材を育成して文明度の高い日本社会をつくり上げていく、そういうシステムの一員となることを求められています。ここを卒業して実社会に入っていけば、朝から晩までの勤務時間において、経済という形や科学技術という形で現われているこの文明を、一歩でも前に進めるために努力するように義務づけられているんです。そうすると皆さんの時間は、個体的生理的にはあくまでも循環する時間の内にあるものであるにもかかわらず、意識としてはまっすぐ前を見るということにしか価値観が持てなくなります。

このことを数字で申し上げますと、昨年一年間の日本における自殺者の数は過去最高ですね、三万二千人。一昨年より三十五%増えているといいます。これは不況のせいもあるでしょうけど、一年間に三万二千人もの人がもう生きられないと、死んでいってるんですね。なぜこんなに死ななきゃならないのか。根元的にはこの進歩する時間に自分を奪いとられて、自己の生と文明総体との相剋の中で、死を選んでいったと思うんですね。年間の交通事故死が一万人に足らないくらいですから、自殺者はその三倍以上もあるんです。交通事故やその不安が、自動車文明とともにもたらされたのはもちろんですが、近代産業文明の進展とともに自殺者が増えつづけている事実は、進歩という価値観が万能ではないことをよく示しています。

けれども、進歩する、前に進むということは、人間の宿命でもあるんですね。科学技術、もっと便利なものつくりたい、あるいはもっと力強いもの、もっと快適なものつくりたいというのは、本能というか、人間性の必然でもあるんです。だからこれを否定することはできないんです。

二つの時間性がある。どっちの時間が悪いと言ってるわけではないんです。つい三十年くらい前までは、西洋的な進歩を追う価値観が万能の時代でした。ヨーロッパ、アメリカの価値観が万能だった。進歩することが至上であるみたいな時代がありました。

それを象徴したのが、「アジア的停滞」という言葉です。中国やインドも含めて、もちろんアフリカも南米も、要するにアメリカおよびヨーロッパ世界以外はアジア的アフリカ的南米的停滞、そういう意味では沖縄も奄美も屋久島もみんな、このアジア的停滞世界に含められる。そしていちばんいいのはパリであり、ニューヨークであり、東京であり、大阪であるという価値観だったわけです。だけど今はもう違いますね。この三十年間くらいで、時代はまだ部分的ではあるけれどもずいぶん大きく変わりました。

たとえば東京の人達、大阪の人達が沖縄に観光に来ます。そして本当に喜びます。それはもちろん海を含めた亜熱帯性の風土の豊かさ美しさもあると思いますけど、この島に色濃く流れている循環する自然の時間というものがあるからです。そこに体を置いた時、都市できりきり舞いを強制されていたかの如き身心が、ほっと緩むんですよね。そして本来の自然の生理を取り戻すといいますか、そういうことをたくさんの人達が実感しています。屋久島にも奄美にもたくさんの観光客が来ますが、その質は観光をしてそのまま都会に戻るだけでなく、敢えて移住をしようとする人達も増えていますね。これは南島だけでなく、北海道や東北にしても同じことです。かつてアジア的停滞と呼ばれていた諸要素が、逆にアジア的豊穣として認識されるようになってきたんです。アジア的停滞、あるいはアジア的豊穣というものを形成している底には、永劫に回帰し、循環する時間性というものがあることを、深く認識していただきたいと思います。その二つの時間の相の調和をつくり出していくことが、次の世紀、次の時代の最深のテーマだと思うんです。二つの時間の相が、完璧とはいえないまでも現時点においてかなりほどよく調和しているせいでしょうか、何かぼくはこの数日来、オーラみたいなものをこの琉球大学という場に感じています。

話を元に戻しますと、個人だけでなく家族という社会の構成単位も、やはり回帰する自然の時間に属しているんですね。両親がいて子どもがいる、その子どもが成長し結婚して再び子どもを産み、両親は亡くなって祖先になる。この循環というのは、これまた人類の誕生以来まったく一歩も進歩してない生命の姿ですね。家族というのは、循環する時間に属しているものです。ですから、家族の中にいると大抵の人はほっとやすらぐ。会社に行くともうストレス、会社には七人の敵がいるからです。まあ最近は家に戻ると八人目の敵がいるなんていう人もいますけども、やはり基本的に家族は循環する時間に属してますから、きりきりと進歩する時間の中で戦って生きている人には、やすらぎの時間なんですね。

ところが、その家族の時間の中に、テレビという進歩する時間の手先が入ってきたんですね。コマーシャルというのは、よりおいしいもの、より速いもの、より便利な生活というものを、これでもか

これでもかと全部突きつけてきますから。これを進歩する時間の手先だというと、いかにも進歩する文明の時間が悪者みたいですけども、もうわれわれは茶の間からテレビをなくすことはできません。けれども一方でよく知っておかなくてはならないことは、テレビという文明の時間が入ってくることによって、家族の団欒という循環する自然の時間が疎外されてしまうという事実です。これを悪いとは言いませんけれども、そういうシステムがいま出来上がってるということだけは知っておいてほしいです。家族の時間というものが大事だと思われるならば、その時間だけはテレビを消して、家族の団欒を深めることも出来ると思います。

そういうふうに見ていきますと、芸術や文学や職人の文化などの世界は明らかに回帰する自然の時間に属しているんですね。ぼくは自分の両足を二つの時間の相にそれぞれ置いているつもりですけれども、自分の軸足はどうしても回帰する時間の方へと置いてしまいます。置きがちです。

いま文学と言いましたけれども、俳句とか短歌をつくる人口がいま未曾有に増えています。それはどういうことかというと、俳句なり短歌というのは主として季節を歌うわけですね。季節というのはまさに回帰する時間そのものです。季節々々の植物なり動物に目を向けるということの中で、自然に回帰する時間に身心が入りこみますから、癒しがあり喜びがあるわけです。それで俳句ないしは短歌人口が未曾有に増えてるんだとぼくは思ってるんです。

アメリカでもそうです。今回ぼくをここに呼んでくださったのは英文科の山里勝己先生なんですけど、山里先生がゲイリー・スナイダーという詩人を研究テーマにされてるという、その縁で呼んでもらったんですが、そのゲイリー・スナイダーという現代アメリカを代表する詩人で思想家は、進歩する文明の時間というものを決して全面的には支持しないということを、はっきりと言っています。むしろ回帰する、循環する……特に循環という言葉を彼は盛んに使いますね、回帰というのはぼくの言葉ですが。そしてそれがアメリカ社会の中で、新しいひとつの動かしがたい力になってきているんです。一九五〇年代から始まって、もう五十年近い歴史を持つ細々とした流れが、ようやく社会の中で本流とまではいかないけれども大きな流れになってきたんですね。

ビートジェネレーションと呼ばれて、一九五〇年代から始まったゲイリー・スナイダー、アレン・ギンズバーグそれからジャック・ケラワックなどという、当時の若手の詩人や作家達が、一生をかけて今のそのアメリカ社会を準備してきたんですね。循環する時間というものをもっと大事にしようじゃないか、自然というものを価値としようじゃないかということを推し進めてきたわけです。今アメリカでは、それは新しい自然環境文学《ネイチュアライティング》として定着しています。

ぼくも同じように、日本の社会において、東京で生まれて東京で成人しましたけども、東京的な文化・文明だけではなくて、自分の中でもうひとつの生き方といいますか、回帰する時間というものを大いに大事にしようということをずっとやってきたんです。つまりそこに、先ほどの話でいえば回帰する時間への大いなる親和力が働いているのです。

こういう話をしますと、どうしても直線的に進歩する文明の時間を悪者にせざるをえないように聞こえるかもしれません。事実として二十年前には、ぼくにはこの進歩する文明の時間というのは悪であるという気持が強くありました。正直に言ってです。けれどもこの十五年ないし二十年の間にいろいろなことを体験もし勉強もしていくうちに、特に宮沢賢治という人と出会い、サイエンスというものが持っている力、美しい力というものを知ることができました。決してそれは悪だけではない、文明というものもまた善、深い善のひとつであるということは、繰り返し申し上げておきたいと思います。

第十五話——日月燈明如来《にちがつとうみょうにょらい》

石になる、樹になる

それでは最後の時間に入ります。

お渡しした資料にのっている、「石」という詩を読むことから始めます。

石

石は
終わりのものである
だから人は　終わりになると　石のように黙りこむ
石のように孤独になり
石のように　閉じる

けれども
ぼくが石になったときは

石はむしろ　暖かいいのちであった
石ほど暖かいものはなかった

あまり暖かいので
そのままいつまでも　石でありつづけたいほどであった
事実ぼくは　一週間ほどは石であった

石は
終わりのものではない
石は　はじまりのものである
石からはじまると
世界はもう崩れることがない

今の世の中といいますか、世界というものは、孤独であるということが、あまりよくないことのように思われていると言えると思います。これはずいぶん古い話ですが、ネクラという言葉がはやった時期がありました。今はもうあまり使わなくなったと思いますけども。このネクラという言葉が社会的現象として意味していたことは、孤独ということを否定することだったと思うんですね。その言葉が流行したすぐあとに、ネアカというこいわばネクラ側からの逆襲があって、ネクラと言われた人達がすぐにネアカと切りかえすということも行なわれたわけですけども、この言葉の流行のやりとりの中で、日本の社会において形成された心理学的なものは、大変健康なものだったと思っています。

そういう社会現象があったとしても、今も孤独というものはあまりポジティブな状態ではないと、一般的には感じられているのではないかと思います。ぼくは、孤独というものは、確信をもって言いますけども、決して悪いものではない、ネガティブなものではないんです。もちろん孤独である自分というものを感じた時にそれはさびしいですから、ネガティブなものです。けれども客観的に見れば、孤独というものなしにこの世界を生きていく、自分の人生を生き切ることはできないんだと思います。

何か友達で集まって、そして軽い話題をたくさんかわして、表面的にはにこやかに、あるいは明るく、あるいは楽しく過ごすということの技術、技術というのは少し言いすぎかもしれませんけども、そういう会話の役割、コミュニケーションの方法が身についたとしても、決して実現されも充たされもしない自分というものがあると思います。一人一人の本当の幸福というものの底には、それが本来的に解放されない限り決して満たされない何かがあるからです。その根源を解放していく道筋といいますか、そういう場所に立つためには、どうしてもこの孤ということを体験しなければならないんだろうと思うんですね。本当に孤であれば、そこに本当の親和力が喚起されて本当に二であることができるし、三であることができると思います。

そういうことを「石」という詩で言い表わしたわけですけれども、その石自体は、これも何回目かの時間に話をしたと思いますけれども、どのような石であれ、何万年何千万年という時間をもっているわけですから、その長い時間のもっている力というものがあります。その石の限りなく深い力をもらうことができます。時には自分を石に化する、化石じゃなくて、石に化する。午前中に、野口体操の身心論ということを少しお話ししましたけども、心身を石に解き放ってみるということも、決して悪いことではないと思います。

石になってみるとじつに暖かいんですね。少しオーバーにいうと、石ほど暖かいものはないといえるくらい、石という状態はいいものですね。ちなみに、物理的にいえば、生命が生まれたのは、むろん水から生まれてきましたけども、水だけではない。生命の源は、石でもある、岩石でもあるわけですね。その証拠にわれわれ脊椎動物の背骨や歯を形成しているのは、アパタイト（燐灰石）という石なんです。

石だけではちょっと寂しいので、こんどは「樹になる」という詩も読んでみます。

樹になる

ぼくは時どき
樹木にもなる
たとえば一本の　椎《しい》の樹になる
全身で

ただそこに根をのばし
幹となり　枝をひろげているだけの
椎の樹になる

すると
ぼくは　青いよ
ぼくはみっしり繁る葉だよ
静かに陽が当っているよ
マメヅタやヒトツバやタマシダ

緑の苔　灰色のカビ
それにノキシノブまでいっしょに
ひとつの生態系だ
ぼくは　ただ在る
ただ在る青いひとつの生態系だ

ぼくは時どき
樹になる

この島では椎の樹というのは北のヤンバルあたりまでいかないと自生していないかもしれないけれど、今回のぼくの経験では、あのデイゴの樹の葉の繁りようですね。ガシッとしていて、あまり高くはないけれども、大きな葉をしっかり豊かに繁らせている。たとえばあのデイゴの樹の姿になってみればいいんじゃないかと思います。それぞれに自分の好きな樹というものがあるでしょうから、それに応じてその樹の姿になってみる。これはやっぱり目を閉じた方がいいと思います。目を閉じて自分の好きな樹木の形に、たぶん枝が広がりますから、手も広げることになると思いますけれども、これを十分でも五分でも、短い時間でいいですから、目をつぶって、本当に自分の好きな樹の姿そのものになるわけです。地面から、足から、自分を樹として生《は》やして、枝をひろげて、風を受けて、太陽を受けて……。

これは一種の身心論、ヨーガといってもいいし、最近でいえば気功というような、中国伝来の身心術がありますよね。もしかしたら、すでに皆さんの中で気功を実践している方もいらっしゃるかもしれませんけど、この気功術の中には実際に樹木気功という方法論もあるんですね。それは自分を身心ともに樹木にさせる、特に心を樹木の静かさにすることが大切です。そんなやり方があるんです。石になってみるのもいいし、樹になってみるのも、これはまた石とはちがった喜びがあります。

海如来

次に「海如来」というタイトルの詩です。この詩を読む前に、ちょっと如来ということの説明をしたいと思います。

如来というのは、ご存じのように、釈迦如来、阿弥陀如来、薬師如来、あるいは大日如来というような、仏の呼び名のひとつですね。これは読んで字のごとく、来ている如《ごと》きと書きますね。来ている如きもの、それが如来なんですね。如来の元の言葉は、サンスクリットではタターガター(Tathāgatā)といいます。タターというのは、ここという意味です、英語でいうと、ヒア。ガターというのは、来るとか行く、両方の意味をもっています。ですから、タターガターというのは、ここに来ている、ここを行くもの、そういう意味です。如来というのは、これをうまく中国語訳しているわけです。中国語訳がそのまま日本に入ってきたものです。

そのようにこの語源を考えてみると、ここに来ているものが本来はすべて如来なんですね。ですから如来というのは、お釈迦様とか、阿弥陀仏とか、大日如来とか、そういう特定の仏だけではなくて、ここに来ている大いなる価値のあるものすべてが如来なんです。もっと具体的にいえば、今この教室に集まっている皆さんの一人一人の実存の姿、一人一人の生命の姿、それが如来なんですね。生命あるものだけではなく、この机なら机というものもまた、もし皆さんが価値を見いだすならば机としてここに如来しているわけです。というふうに、如来というものの本質は、ここに来ているもののことですから、海如来というのは、海としてまさにそこに存在している存在、それを海如来と言っております。

仏教は半ばは死んでしまいましたから、もう仏教という言葉を聞いただけで皆さんは興味がないと思われるかもしれませんけど、ぼくは仏教というものは生命に関してものすごく深い知慧をもっていると思っていますので、それをもう一度現代の言葉に直して、それにもう一度生命《いのち》を吹き込みたいんです。新しく解釈し直したいという願いをもっているんです。少なくともブッタの時代以来、ブッタが紀元前五百年くらいの人ですから、今から二五〇〇年前ということになりますけど、そういう時代から現在まで消えることなく私達に伝えられてきた知慧というものが、もしそれがいい加減なものであったり、無意味なものであったり、極端な場合うそであったりすれば、そういうものであればとっくに人間の知性がそれを過去におしやっていたはずですよね。どんな時代のどんな人間であろうと、一生懸命、命をかけてその時代時代を生きてきたわけですから、もし仏教というものや神道というものが、キリスト教にしても同じですけど、あるいは宗教というものは同じですけど、本当に何のリアリティもない、力もない、知慧もないものだとしたら、とっくに消滅していたはずです。

沖縄では、あまり仏教は盛んではないと思いますけど、ここでいえばユタを中心とする自然神信仰、いわゆる琉球神道ですね、そういう伝統がずっと続いてきているのは、そこに知慧もあり、力もあり、生命があるからですよね。ただ言葉が古くなってしまったということがあるわけですね。そこにもう一度アニミズムという視野も含めて新しい息吹を吹き込みたいというのが、この五日間のぼくの願いでした。それでは、「海如来」という詩を読んでみたいと思います。

海如来《うみにょらい》

海が

海如来であることを知ったのは
少し前のこと
今年の冬のことであった

春が過ぎて　夏がきても
もう　海はかわらず
海如来としてそこにある
海如来の浜辺で
わたしは楽しみに貝を採る

海如来の浜辺で
子どもたちとお弁当を食べ
妻と語る。
海如来の浜辺では

なすべきことがらはない
ただ青い
青い久遠の現前に見守られて

貝を採ったり　石を拾ったり
焚き木を拾ったりするばかりである

存在するものはすべて如来である、存在するものはすべてカミ（神）であるという、今回のアミニズムというテーマにまっすぐつながる自覚が、ぼくに初めて訪れた時の、これはぼくにとっては、記念すべき大切な詩なんです。海自体がカミなんです。琉球文化の伝統には、海の彼方にニライカナイと呼ばれる理想郷があるということは、皆さんもご存じと思いますけど、海の彼方にあるニライカナイと呼ばれる理想郷を、ウチナンチューでないぼくまでが共有できるんですね。屋久島で海を見ていても、その彼方にニライカナイがあるわけです。これはちょっと別の話になりますけど、屋久島のある集落では人が死ぬと屋形の一メートルくらいの舟をつくります。その屋形舟に死者の魂を乗せるんですね。その舟の名前が先島丸というんです。先島というのはこのずっと先の八重山諸島のことですよね。屋久島の一部の人々にとっても、先島がニライカナイなんですね。どうしてそうなっているのかは分かりませんけど、そういうことが屋久島の中にも残っています。

海を見て、あの青い海の広がりを見て、気持の悪くなる人はそんなにいないと思います。青空と同じように、ほとんどの私達が、海を見れば気持がよくなる。シケの日はそうではないですけど、海を見れば気持が大きく広々と広がっていく。そういう幸福を与えてくれるものがカミなんですね。如来なんですね。深く善い気持を与えてくれるものはすべてカミになります。それを人間は昔からカミと呼んできたんです。もちろん海という固有名詞はありました。その海が与えてくれる、善いもの、広がりあるもの、美しいもの、なぐさめてくれるもの、それらをすべて総合したものをほかに呼びようがないからカミというんです。昨日の話に続けて言えば、隠れて見えないわけですよ。なぜ海が喜びを与えてくれるか、その真実が隠れているんですよね。だからカミと呼ぶんです。だからまた、まさしく如来と呼ぶんです。

もう少し仏教の話をさせていただきますと、これまでに読んだ詩の中で、観世音菩薩という名前が何度か出てきたと思うんですけど、これも恐らく皆さんは、観音とか観世音とか観自在菩薩などというのは、別に悪い感じはしないけれども、この世の中に存在しないと思っていらっしゃると思うんですね。

実際に人格としての観世音菩薩なんてものは存在しません。ですけど、たとえば今こうやって前に座っているあなたが、もし急に気分が悪くなって倒れたとしたら、隣のあなたはそのままほっておけないですね。どうした、とおそらく声をかけると思うんですね。ぼく達は誰か傍に困っている人がいたら、その人を本能的に助けたいという気持がおこりますよね。あるいは傍にとても幸福な人がいたとする。そうしたらその人の幸福を羨む場合もあるけれども、その幸福は自然に伝わってきて自分も喜びますよね。お互いがもっと近い関係であれば、たとえば病気の子どもがいれば、親は共に苦しみます。病気が治れば共に喜びます。その愛情といいますか、人間性の中に普遍的に見られる慈しみの気持、悲しんでいる人といっしょに悲しむ気持、それを同悲同苦といいますけども、そのような人間性を、昔の人が観音様と名づけたんですね。

ですから、観音様というのはもちろん人格として存在しているわけではないんですけども、今この瞬間においても、この教室の中に、こうやってお話している皆さんの心のうちに、一人一人独自の観音性が立ち上がっているはずなんです。観音性は実在しているんです。逆に言えばそのような人間性を仏教では観音、あるいは観世音、あるいは観自在菩薩と呼んできたんです。

そういうふうに仏教は、いろいろに仏の名前をつけています。薬師如来だとか、阿弥陀仏だとか、これは全部実体があるわけですね。それをひとつひとつ説明する時間はありませんのでやめますけども、皆さんの一人一人の性質、人間性として、人のうちに仏性はあるんですね。それと同時に私達を含む全生物を産み出してきた自然存在としても、仏性は存在するんです。

日月燈明如来

詩としては最後になりますけども、「三光鳥」という、この大学という学問の場にふさわしい詩を読みます。この詩集全体のタイトルにもした詩ですので、ぼくとして大事な詩のひとつです。この三光鳥という鳥は、たぶん沖縄にも生息していると思います。

　　三光鳥

世界には　不思議な鳥がいるものである
三光鳥という鳥である

夜が明けるとすぐに
ツキ　ヒー　ホシ　ポイポイポイ
ツキ　ヒー　ホシ　ポイポイポイ
と啼きだし
一日中
森をとおして　日が暮れるまで啼いている

月《ツキ》　日《ヒー》　星《ホシ》　ポイポイポイ
月《ツキ》　日《ヒー》　星《ホシ》　ポイポイポイ
三つの光を　讃えて啼くのだという

不思議な鳥の啼く森に住んで
わたくしもまた
三つの光を讃えることを学ぶ
学ぶことに　いつしか月日も忘れてしまう
夜になると
三光鳥は啼かない
三光鳥の眠る森の空で

この三光鳥という鳥は、人里が好きではないですから、あまり市内では聞けないでしょうが、静かな森の中などでポイポイポイと啼くのが聞かれます。ツキ、ヒ、ホシの部分はあまりはっきり聞きとれませんけど、下のほうのポイポイポイというのは誰が聞いてもはっきり分かりますから、どこかの野山を歩いていて、ポイポイポイと聞こえたら、それは三光鳥です。

ぼくは今年（一九九九年）の春に、『法華経の森を歩く』（水書坊）というタイトルの本を出したんですが、その法華経の序品《じょほん》の中に、次のようなことが書いてあるんです。

数えることができないほどの太古の太古の時代にですね、日月燈明《にちがつとうみょう》如来という仏がこの世界に現われたというんです。数えることのできないほどの太古の時間を、サンスクリット語ではカルパと呼びます。日本語では永劫の劫の字を当てます。数えることのできない劫、カルパの昔というんですけど、ヒンドゥー民族というのがどんなに思索的な民族かということを伝えるために、その劫《カルパ》というのがどういう時間の単位かということをちょっとお話したいと思います。

ある所に直径一キロぐらいの大きい岩があったというんです。そこに百年に一ぺん、天から天女が降りてくる。そして絹の衣でさっと岩をなでて、また天にもどっていく。百年に一回降りてきて、それを繰り返して、その岩がすりきれてなくなる時間を一カルパと呼ぶというのです。衣がすり切れるのではなくて、岩がすり切れてなくなる時間が一劫《カルパ》なんです。

カルパにはいろんな解釈の仕方があるんですけど、今お話したのが盤石《ばんじゃく》説とよばれている説です。

そんな気が遠くなるようなカルパという単位をこしらえて、次にはそれを五カルパ、百カルパ、一万カルパと積み重ねていくんです。そういうふうにして数えることのできない無量の時間に実体を与える描写をするわけです。

そういう無量に無量を乗じたようなカルパの昔に、この世界に日月燈明如来という仏が現われたと書いてあるんです。そしてその日月燈明如来の寿命が尽きてこの世を去ると、また同じ名前の日月燈明如来という仏がこの世に現われたと書いてあるんです。そしてそのことが二万代続いたと書いてあります。同じ日月燈明如来という仏が二万代生まれ出て、そしてその最後の二万代目の日月燈明如来が、この世界に初めて法華経を説いたというふうに書いてあります。

それを解釈すると、日月燈明如来というのは、太陽と月以外の何物でもないんですね。日月という燈《あか》り、太陽という燈明、月という燈明。さっきの三光鳥が月、日、星を讃えるのと同じなんです。それが二万代つづいたということは、同じ太陽と同じ月が、二万回昇ったり沈んだりを繰り返したということなんですね。その太陽と月が法華経を説いたということは、太陽と月そのものが、この世界を貫いてある理法を説いたことになるわけです。

法華経というのは、法《ダルマ》の華《はな》の教えということで、つまるところその法《ダルマ》というのは宇宙の摂理、この世界を貫いてある理法ということなんです。美しい世界の摂理を説いたのが法華経です。この宇宙の理法そのものである太陽と月が最初にその理法を説いたというんですから、これは大変に合理的なことです。

そういうふうに解釈すると、法華経というのはちっとも難かしい経典ではなくて、まさにアニミズムなんですね。太陽がカミである、月がカミであるということを、それが法《ダルマ》である、仏であるというふうに、別の道すじから辿り着いただけのことなんです。

三光鳥が、ツキ、ヒー、ホシ、ポイポイポイ、と鳴いている姿、それから何日か前にお話した奄美のユタの方が、神様を拝むのは忘れてもいいけれども、太陽と水を拝むのを忘れてはいけません、というのもそういうことなんですね。神様は拝まなくてもいいんです。太陽と水そのものが神なんです、ということに直接つながるんです。太陽と月がそのまま美しい法《ダルマ》なのだということを、法華経は説いているのです。

三つの光を讃えて啼く三光鳥という鳥に関連して、ほんの少しだけ法華経についてお伝えしましたが、法華経の説く法《ダルマ》という概念は、私達東洋人だけが保持してきたわけではありません。今からほぼ百年前、一九〇〇年に死んだフリードリッヒ・ニーチェというドイツの哲学者は、「神は死んだ」という言葉によって二十世紀の西欧社会及びわれわれ日本人にも大きな影響をもたらした人ですが、その言葉が出てくる『ツァラトゥストラ』の中で、さらに興味深いことを述べています。これは先ほどお話した回帰する時間ということにも大いに関係があることです。

ツァラトゥストラというのは、ゾロアスター教の創始者である古代ペルシャの予言者、ゾロアスターのドイツ語読みで、ニーチェはキリスト教の神に替わってそのゾロアスターを通して新しい神を探ったわけなんですが、その本の中に次のような言葉を託しています。これは大切な言葉なので黒板に書きましょう。

すべてのものは逝き、すべてのものは再び還り来たる。存在の車輪は永劫に回帰する。すべてのものは死し、すべてのものは再び花開く。存在の歳は永劫に馳せ過ぎる。

ここでニーチェは、ニーチェ哲学の鍵概念《キーコンセプト》のひとつである「永劫回帰」ということを述べているんですが、その「存在の車輪は永劫に回帰する」という洞察こそは、法華経の説く法《ダルマ》という概念にほかならないとぼくは思うんです。日月燈明如来が二万世代同じ名前で現われては没していくという洞察は、逆にいえば、永劫回帰する存在の存在性にほかならないからです。

もうひとつ、ニーチェが面白いのは、彼が西洋哲学史の中で一番興味をもったのは、この間から何回かお話した、ソクラテス以前のギリシャの自然哲学者達の世界だったんですね。ソクラテス以降は西洋の精神は堕落したと、なにもかもこてんぱんにやっつけて、晩年は孤独と狂気の内に死んでいった哲学者なんですけども、ある意味で百年さきがけて自然というものをカミと観、大切にした哲学者です。

新しい時代への道

いよいよ最後になりますけども、これからの展望ということを含めて、ちょっと別の話をします。まったく別な話ということではないんですが、ぼくの考えに比較的近い位置で仕事をすすめている、見田宗介さんという社会学者がいます。この人は真木悠介という名でも何冊か著作を出しているので、ご存じの方もいらっしゃるかもしれません。ぼくとしては彼を日本を代表する思想家の一人だと思っているんですが、岩波新書で『現代社会の理論』という本を比較的最近に出しています。安い本ですので、もしどこかで目に入ったら、読まれてみるのもいいと思います。

この見田さんの説なんですが、彼は社会を五つの層に分けて考えているんですね。社会の基底としての第一層、これは生命体としての人間、つまり生物学的な存在としての人間ということですね。次の第二層は、ただ生物であるのではなく、生物から人間としての自覚を持つに至った人間の社会。第三層を、見田さんは文明人としての人間と言ってるんですけれども、その内容はムラ的共同体を形成した人間社会。第四層が、ムラ的共同体を超克して個人というものを確立していく近代人の社会。第五層が、現代人としての人間。この第五層の社会を、見田さんは、ありあまる自由のさなかで立往生している個人の集合社会というふうに分析しています。

第一層、一番深い層は、生命体としての人間の層。これは理解していただけると思います。これはぼく達は全部、生物としての人間であるということです。その次の二層は、自分はトンボではない、チョウではない、木ではない、というように人間社会が始まった時に、そこには人間であるという自覚は当然ついてまわりますので、それも承認していただけると思うんですね。そして次の段階に至ると私達は社会というものをつくり始めますよね。それを見田さんは、文明段階の人間と言っているんですけども、ムラをつくり始めた、ムラ社会をつくり始めた人間と規定するんですね。何千年、何万年と人類はこの文明段階をつづけてきたわけですが、やがて近代に入ってくると、このムラ社会というものを窮屈に感じるようになるんですよね。ムラ社会にはどうしてもいろいろなしばりがある。封建社会という言葉で言われるように、いろいろ縦のしばり、横のしばりといいますか、この沖縄にまだムラ的共同体の色濃い社会があることは、地元出身の方は理解しやすいと思います。もちろんそのよさもありますが、それがいやだから人間は自由な都市というものをつくり始めたんですね。近代人としての人間というのは都市をつくり始める人間です。都市の始まりは古くて、十一世紀ぐらいからヨーロッパでは中世自治都市というものがつくられ始められたそうです。都市の空気は人を自由にする、という言葉がありますよね。自由を求め始めた人間、ムラ社会から脱して自立した個人としての自由を求める人間。それが第四層を形成することになります。それが次の段階の第五層、今現在の時点というところにくると、自由を獲得した個人の集合体であるこの社会にあっては、私達は、これはあくまでも象徴的な意味においてですが、ありあまる自由の中で立ち往生しているという状態にあると言うことができます。自由であるべく呪われている、と表現している人もいます。

私達は自由を求めて個人として自立したわけですけれども、個人になってしまったら、次にその個人として何をしていいか分からない。個人にとっては、これは前にも少しお話しましたが、すべてが他者なんですね。すべての人間が、極端にいえば家族さえもが、基本的には自分と関係のない他者として出現してくる。個人と他者という関係が心の奥底において支配的になっているのが、この現代社会の特徴であるわけですね。この現代社会が決して最善の社会でない以上は、当然私達はそれを変革して次の社会のヴィジョンを出していかなければならないわけですけれども、その拠《よ》り所を何に置くかということを見田さんは模索しているわけです。

普通の社会学者であればその手前の分析までで終わってしまうわけです。次のビジョンを示すというのは、学者の仕事ではなくて、こんどは思想家や詩人の仕事です。思想家としての見田さんは、第一層の生命体としての人間、そこに拠り所をもって個人を超える新たなる共同体を回復しようじゃないかと言っているんですね。他者も生命体である、私も生命体である、個人も生命体である。同時に、植物達も動物達も生命体である。生命体という一番原初の層において、人間性の共同性を回復しようではないかという理論を、見田さんは出されているわけです。

この思想は、基本的に正しいと思います。ぼくも大賛成です。ですけどもよく考えてみると、この五層の考えには欠けているものがある。何が欠けているとお思いでしょうか。生命体の前の非生命体との共同性が欠けているんですね。私達という生命体を生み出してきたさらに基層の非生命体との共同性ということが欠けているんです。これは別に見田さんを批判してるんじゃないですよ。見田さんの理論にそのことを付け加えて、その理論をもっと豊かな、もっと普遍性のあるものにしたいとぼくは思うんです。一番原初にあるものは生命体ではなくて、それ以前にこの惑星といいますか、太陽系、生命を産み出した非生命の世界を置かなければならないと思いますね。その中の一番基本になるものは、やっぱり太陽と水と岩石、そして月です。法華経が法《ダルマ》と呼び、あるいはシャーマンやユタの人達がカミと呼んできたものがそこに含まれます。

見田さんの考え方によれば、同時にこれはぼくの考え方でもあるんですが、今までは共同性というものは、どちらかというと人をしばる役割をしてきたわけですから、共同性を脱して自由な個人になるという、そういう社会をつくろうとしてきたわけです。ですけども、今言いましたように、共同体を脱し切ってしまった昨今の都市的な世界的な現実としては、自立した個人はありあまる自由の前に立ち往生している。これからの生き方の方向性というのは、共同体を脱して個人になるという方向性からも脱して、自立した個人として生命体および非生命体をも含んだ新たな共同性をもういっぺんつくり直すという方向に行くべきであろうというものです。その時に条件が三つある、と見田さんは言っています。それをぼくの考えも含めてお伝えします。

一つは自由な共同体。この場合共同体という言葉にはあまりこだわらなくてもいいと思います。これを地域において実現していく。自由な地域ということをより具体的にいうならば、自由な沖縄という地域をこれからここでつくり出していこうということです。

二つめは、開かれた共同体という言葉を見田さんは使っています。もちろんこれを地域といってもいい。ご存じのように、地域ないし地域共同体というものが閉ざされて沖縄ナショナリズム一辺倒になるとしたら、ぼく自身をも含めて、本州、ヤマトの人間は排除されます。あるいは外国からきた人達が排除されるということになるならば、それは決して善い地域共同体ではない、つまりそこで人間は楽しくは生きられない。単純なことです。開かれた共同体、それがひとつです。

最後に見田さんは、深さをもった共同体という表現をされています。この深さという言葉が何を意味しているのかは、皆さんがそれぞれ考えていただけばいいと思います。見田さん自身は、これを何と言っていいか表現できないけれども、とりあえず「深さ」という言葉を使いますというような意味で使っています。深さをもった地域共同体とは、この五日間お話してきたように、さまざまな生命体の内にカミを見ることができ、さまざまな非生命体の内にもカミや法《ダルマ》や仏を見ることができる場であるとぼくは考えていますが、今言いましたように、皆さんお一人一人にとってそれが何であるかは、お一人一人がよく考えてみてください。

話を元に戻しますと、見田さんにおいては、個人が自由であるということがいちばん大事にされています。ぼくもこのことには基本的に賛成です。私達は今ありあまる自由の前に立ち往生しているのかもしれませんが、それでもなおかつ自由であることは、基本的にもっとも大事なことだと思います。けれども、最後にその自由な個人ということについてもう一度ぼくの考えを言えば、両親も祖父母も兄弟も子ども達もない自由な個人の世界というものが本当にあるのでしょうか。伝統のエートス（風習・習慣）というものから完全に自由な世界というものが本当にあるのでしょうか。つまり深さという問題ですね。そこらへんも皆さん一人一人がよく考えてください。いづれにしても、望むと望まざるとにかかわりなくこうしてぼく達は日々に次の社会、次の時代をつくり出しているわけです。新しい自分を見つけることが、新しい時代をつくることにまっすぐつながっているのです。今皆さんが持っている自由を、そのことにしっかりと注いでください。

五日間にわたる長い時間聴いてくださって、どうもありがとうございました。

あとがき

ヒトという生物の特徴はさまざまにあるが、その中で欠かすことのできないことのひとつは、それがカミ（神）という意識を持つ生物である、ということにあるだろう。

東洋の広い地域の人々にとっては、それは仏という意識におきかえられる。

カミ（神）ないし仏という意識は、意識のひとつの究極として訪れるものであるから、それを受け入れるにせよ、否定するにせよ、もしヒトが十全に生きたいと願うならば、避けて通ることのできない主題であるということができる。

カミ（神）ないし仏に関わる文化、つまり宗教というものは、ある時は狂信性を生み出し、ある時は排他性そのものとなり、ある時は偽瞞のシステムともなり得るゆえに、現代はその価値が地に落ち、ひとどおりの理性の持ち主であるならば、そのような道に踏みこむことは愚かなことだとする通念が形成されてきている。

そのことは、二十世紀をかけて私達が獲得してきた良識であり、宗教があいもかかわらず戦争や社会的悲惨や束縛の原因となっている事実は、もとより容認されるべきことではない。

しかしながら一方では、私達というヒト科の生物が、意識の究極を自覚化したいと願う生物である特徴を喪失して、ただ享楽や情報を含む物資のみの獲得で満足できる種にこの百年をかけて変質してしまったわけではないという事実もよくよく見ておかなくてはならない。

それゆえに、カミ（神）という意識や仏という意識が、これまでにはなかった新しい地平において、もう一度とらえ直され、吟味され、再構築されるべき時に私達は立っている。

この本は、一九九九年の七月十二日（月）から七月十六日（金）までの五日間、琉球大学で行なった集中講義の記録であるが、その主題を「アニミズムという希望」としたのは、今記したような意味においてである。

森羅万象に向きあう個人が、その中の一象に意味性や喜びとしてのカミを見いだし、それを他者と共有していく新しいアニミズム思想は、個人が個人でありながらそれを超えていく自由を内蔵していると同時に、環境問題という私達に突きつけられてある必須の課題を解決していく、小さいけれども重要な方法論でもある。

「ありあまる自由さのなかで立往生している」のは若い人達だけではなく、日本の社会全般であるが、この本は琉球大学の学生に向けて直接語りかけたものであるだけに、日本全国の各地の大学で学んでいる学生達に、わけても読んでいただきたいと願う。むろん大学生だけでなく、この世界で生きる意味を問うすべての人々に、この本は捧げられている。

本文中にも多少触れたことであるが、琉球大学で講義をする機会をつくってくださったのは、同大学英文学教授の山里勝己さんである。山里さんの友情がなければ、講義もこの本ももとよりなかった。ここにあらためて心から感謝する次第である。

また、期間中何かと世話をしてくださり、昼食や夕食を共にしてくださって、大学というシステムにあまり馴じまないぼくの気持をほぐしてくださった、同大学英文学専任講師の喜納育江さんに、同じく感謝と友情を記したい。

また、時限ごとの資料のプリントやお茶入れをしてくれたのをはじめとして、彼女がそばにいてくれるだけで、ユウナの花のようにとろかす沖縄の心性を添えてくれた英文科大学院生の宣野座綾乃さんに、感謝と友情を記したい。

昨年の七月は、野草社の石垣雅設さんにとっては、出版社と並行した事業である自然食品店「野草広場」を開店したばかりの多忙きわまる時期であった。それにもかかわらず一週間にわたって琉球大学へ同行してくださり、全講義をカセットテープに録音していただいた。

その録音を表現舎の竹内将彦さんがテープ起こしをしてくださり、それにかなり入念な手入れをして、ほぼ一年をかけてこの本が出来た。お二人にも心から感謝を記したい。

野草社から本を出すのは、一九九一年に出した『島の日々』以来九年ぶりのことである。再び石垣さんとご一緒の仕事ができて、こんなうれしいことはない。一人でも多くの真摯な読者に支えられて、これからも詩と思想の継続という困難な仕事と、出版という困難な仕事の共生をつづけていけることを願わずにはいられない。

山尾三省

二〇〇〇年五月二十日

講義で紹介された本や作品

第一話
C・G・ユング『自我と無意識の関係 新装版』野田倬訳、人文書院、二〇一七年(第二部第二章「アニマとアニムス」所収)
白川静『中国古代の民俗』講談社学術文庫、一九八〇年
——『中国古代の文化』講談社学術文庫、一九七九年
『播磨国風土記』沖森卓也他編、山川出版社、二〇〇五年
ノヴーリス『青い花』小牧健夫訳、岩波文庫、一九五〇年(旧版・改版)
ロマン・ロラン『ロマン・ロラン全集』十五・伝記Ⅱ、宮本正清訳、みすず書房、一九八〇年(「ラーマクリシュナの生涯」所収)
『リグ・ヴェーダ讃歌』辻直四郎訳、岩波文庫、一九七〇年

第二話
カルロス・カスタネダ『ドン・ファンの教え』真崎義博訳、太田出版、二〇一二年

第三話
『季刊 生命の島』一九九九年夏号、屋久島産業文化研究所
ゲーリー・スナイダー『新版 野性の実践』重松宗育・原成吉訳、思潮社、二〇一一年

高良勉『琉球弧(うるま)の発信——くにざかいの島々から』御茶の水書房、一九九六年

第四話

ゲーリー・スナイダー、山尾三省『聖なる地球のつどいかな』山里勝己監修、山と溪谷社、一九九八年(二〇一三年、野草社より新版刊行)
フォレスト・カーター『リトル・トリー』和田穹男訳、めるくまーる、一九九一年
エリク・H・エリクソン『アイデンティティ——青年と危機』中島由恵訳、新曜社、二〇一七年

第五話

カミュ『シーシュポスの神話』清水徹訳、新潮文庫、一九六九年(本文では『シジフォスの神話』)
ジャン・ポール・サルトル『嘔吐 新訳』鈴木道彦訳、人文書院、二〇一〇年
——『自由への道』全六冊、海老坂武・澤田直訳、岩波文庫、二〇〇九〜二〇一一年
宮台真司『終わりなき日常を生きろ』ちくま文庫、一九九八年
池澤夏樹『すばらしい新世界』中公文庫、二〇〇三年

第六話

『新訂 一茶俳句集』丸山一彦校注、岩波文庫、一九九〇年
『歎異抄』金子大栄校注、岩波文庫、一九三一年
石和鷹『地獄は一定すみかぞかし——小説 暁烏敏』新潮文庫、二〇〇〇年
ラマナ・マハリシ『ラマナ・マハリシの教え』山尾三省訳、めるくまーる、一九八二年(二〇一九年、野草社より

山尾三省訳の新版としてラマナ・マハルシ『ラマナ・マハルシの教え』刊行)

第七話

『琉球詩歌』(CD)、Dreamusic、二〇〇三年(西泊茂昌「風のどなん」収録)
吉村元男『森が都市を変える——野生のランドスケープデザイン』学芸出版社、二〇〇四年
『宮沢賢治全集』全十巻、ちくま文庫、一九八五〜一九九五年

第八話

喜納昌吉『すべての武器を楽器に。——喜納昌吉メッセージ集』エイト社、二〇〇四年
喜納昌吉&チャンプルーズ『すべての武器を楽器に』(CD)、日本コロムビア、一九九七年
——『火神』(CD)、日本フォノグラム、一九九四年(「未来へのノスタルジア」収録)

第九話

岩田慶治『草木虫魚の人類学』講談社学術文庫、一九九一年
——『カミの誕生』講談社学術文庫、一九九〇年
——『カミと神』講談社学術文庫、一九八九年
『初期ギリシア哲学者断片集』山本光雄訳編、岩波書店、一九五八年
ヨースタイン・ゴルデル『新装版 ソフィーの世界——哲学者からの不思議な手紙』上・下、須田朗監修・池田香代子訳、NHK出版、二〇一一年

第十話

『芭蕉 おくのほそ道』萩原恭男校注、岩波文庫、一九七九年
『一茶 七番日記』全二冊、丸山一彦校注、岩波文庫、二〇〇三年
『浄土三部経』下、中村元他訳註、岩波文庫、一九九〇年（「観無量寿経」所収）
『西行全歌集』久保田淳・吉野朋美校注、岩波文庫、二〇一三年

第十一話

『盤珪禅師語録』鈴木大拙編校、岩波文庫、一九四一年
宮内勝典『ぼくは始祖鳥になりたい』上・下、集英社、一九九八年
ジェファーソン・エアプレイン『シュールリアリスティック・ピロー』（ＣＤ）、ソニー・ミュージックエンタテインメント、二〇一三年（「おかしな車」収録）

第十二話

『原典訳 ウパニシャッド』岩本裕編訳、ちくま学芸文庫、二〇一三年
谷川健一『日本の神々』岩波新書、一九九九年
『聖書』聖書協会共同訳、日本語聖書協会、二〇一九年

第十三話

佐保田鶴治『解説ヨーガ・スートラ』平河出版社、一九八〇年
野口晴哉『整体入門』ちくま文庫、二〇〇二年

野口三千三『原初生命体としての人間——野口体操の理論』岩波現代文庫、二〇〇三年

第十四話

ゲーテ『親和力』柴田翔訳、講談社文芸文庫、一九九七年

山里勝己『場所を生きる——ゲーリー・スナイダーの世界』山と溪谷社、二〇〇六年

第十五話

フリードリッヒ・ニーチェ『ツァラトゥストラ』上・下、吉沢伝三郎訳、ちくま学芸文庫、一九九三年

見田宗介『現代社会の理論——情報化・消費化社会の現在と未来』岩波新書、一九九六年

山尾三省『びろう葉帽子の下で』野草社、一九八七年(二〇二〇年、野草社より新版刊行)

——『野の道——宮沢賢治随想』野草社、一九八三年(二〇一八年、野草社より『新版 野の道——宮沢賢治という夢を歩く』刊行)

——『カミを詠んだ一茶の俳句——希望としてのアニミズム』地湧社、二〇〇〇年

——『屋久島のウパニシャッド』筑摩書房、一九九五年

——『三光鳥——暮らすことの讃歌』くだかけ社、一九九六年(二〇二〇年、野草社より刊行された『五月の風——山尾三省の詩のことば』に収録)

——『法華経の森を歩く』水書坊、一九九九年

＊本や作品の情報に関しては、著者によって刊行年・発表年などが言及されている場合を除き、本書刊行時点で入手しやすい版のものを掲載した。

詩人・山尾三省さんが予言したこと

山極寿一

今やっと、三省さんの時代が来た。三省さんがかつて語った言葉に真摯に耳を傾け、それをひとりひとりが実行する時代になった。そう心から思う。

二〇一九年に発生した新型コロナウイルスの感染症が地球規模で一気に拡大したことによって、私たちはこの地球を支配しているのが人間ではなく、目に見えないウイルスや細菌であることを知った。彼らは北極や南極の氷の下にも、海面から一千メートル下の海底にも、地球上のいたるところに存在している。それればかりか、人間の体の表面にも、口の中にも、腸内にも数百兆個という微生物が取り付いていて、人間の体に影響を与えている。人間の遺伝子の八パーセントはウイルス由来で、人間の進化を助けてきたと考えられている。人間は細菌やウイルスとの共生体と言っても過言ではない。

しかし、この数世紀にわたって人間が環境を大規模に破壊したことで、細菌やウィルスがこれまでの共生の条件を破壊され、牙をむき始めた。すべての感染症は、人間が一万二千年前に農耕牧畜を始め、急激に人間と家畜の数を増やしてから起こった病気である。とくにウィルスは自力で増えることができず、生物の細胞にとりついてその部品を使って増える。だから、人間や家畜が大集団を形成し、移動が頻繁になれば、絶好の感染機会を得ることができるのだ。新型コロナウィルスはまさに現代の人口爆発と環境破壊、グローバルな動きが生み出した人為による病ということができる。

三省さんは、そうした問題のすべてが森羅万象をカミとして敬うアニミズムの思想が失われた結果だと警告を発し、新しいアニミズムを現代に普及させることを提唱する。五日間にわたる琉球大学における集中講義を編纂した本書から、その三省さんの熱い思いが驚くほどの迫力に満ちて伝わってくる。

とはいえ、本書は難しい本ではない。大学生ばかりか中学生にも理解できるようなやさしい言葉遣いで語られ、これまでに世に出した詩の朗読をたくさん織り込みながら、自分の住む屋久島や学生たちの住む沖縄の歴史や日常を例にとり、講義の合間に出会った風景への感動を栞のようにそっと差しはさむ心遣いに満ちている。そういった言葉の自然な流れの中に、いつしか読者は引き込まれ、三省さんの心の中に抵抗なく降りていくことができる。ああ、詩とはこのようにして作られていくのか、ということがわかると同時に、言葉が紡ぎだされる場所と三省さんが歩んできた歴史が溶け合って輝きを増すのが感じられる。これらの詩の一群を毎日肉声で聞いた琉球大学の学生は、さぞかし幸せな思いを抱いただろうと思わずにはいられない。

　私が最初に三省さんと出会ったのは、この琉球大学の講義の二十年以上も前の一九七〇年代の中盤だった。そのころ私は大学院の学生で、二年かけて日本列島のサルを北から南まで訪ね歩き、その分布の南限に当たる屋久島のサルの姿が一番美しいと感じて、永田という村落に住み始めたところだった。ちょうど三省さんも永田から北へ二つ目の一湊《いっそう》という漁村から二キロほど山を登った白川山《しらこやま》に居を据えたころだった。一湊で兵頭昌明・千恵子さん夫妻が「月曜の会」という勉強会を開いていて、「屋久島を守る会」の人々が集っていた。私も同僚の学生といっしょに参加し、当時「土建国家」による開発の嵐が吹き荒れていた屋久島の自然と人との調和をどう立て直すかという話をしていた。三省さんはいつも無口で、やさしい笑顔をたたえていて、ひとしきり議論が収まるとゆっくりと口を開く。インドへ巡礼したと聞いたので、修行僧のような人だなと思ったことを覚えている。

　しかし、その後私は、三省さんが東京で「部族」という対抗文化運動を起こし、「ほら貝」というロック喫茶を経営していたことを知って驚いた。そこは私が高校時代に何度か足を運んだスナックで、高校紛争に熱を上げていた私たちはこの船底のような場所で酒を飲み、たばこを吸いながら、社会のあり方や人の生き方について話し込んだものだった。ひょっとしたら、あのころ私は三省さんと会っていたかもしれない。青臭い学生だと三省さんに思われていたかもしれない。さらに本書で、三省さんが、そのスナックでロックをかけて何週間も踊り狂ったと知って、シャイで踊りが苦手に見えた、あの物静かな三省さんの内にそんな激しいリズムが共存していたのかと再び驚いたのである。

それは場所の力である、ということが今ではよくわかる。喧噪の渦巻く大都会の東京から、土と水が静謐な時を刻む屋久島へ移り住んで、三省さんは詩人としての自分に目覚めたのだ。「生命地域主義」という言葉で三省さんはその考え方を語っている。その地域、その場にこそ人間のリアリティはあり、実存がある。海、山、川という三つが森羅万象の核心をなす項目であるとし、そのすべてが輝き自分を開いてくれる屋久島に、三省さんは出会ってしまった。そこを「つい の栖《すみか》」として生き、そして死んでいく場所として選んだのである。

面白いことに、三省さんがかつて日本で知り合ったゲーリー・スナイダーというアメリカの詩人が、同じことをバイオ・リージョナリズムと称してアメリカの西海岸でやっていることが、三十年の時を経て明らかになった。一九六〇年代の日本をともに過ごしたことが、何千キロも離れた場所で同じ考えと実践を生む。これは偶然ではない。時代が二人に歩み寄ってきているのだと思わざるを得ないのだ。

実は私も、「生きる場」の大切さに最近、気づき始めた。西洋近代の科学思想は「我」を場から切り離し、環境を客観的に見ることによって発展を遂げてきた。近代の科学技術と資本主義は人間に都合のいいように環境を作り替える結果を導き、生物と無生物の自然のつながりを破壊して、多くの災害や気候変動、今回のような大規模な感染症の流行を引き起こすことになったのである。それは、自らが生きる場の中にカミを観ることができず、自然を模式化してそれぞれの部分の機能を重視した構図に作り替え、その中に支配者としての人間を置き換えた結果、生じた過ちだったと思う。この考えを改めて、人間も自然の網の目の一部であり、自分が意識した環境と同化し溶け合うことによって生きているという自覚を取り戻すべきだ。

日本の霊長類学を創った今西錦司は、第二次世界大戦中の一九四一年に遺書のつもりで出した『生物の世界』の中で、この世界の構造も機能も元は一つのものから分化し、生成したものであると述べた。生物が生きる場所とは「生物が自らに同化した環境」であり、「生物が生きるということは働くということであり、作られたものが作るものを作っていくということである」と語っている。これは、京都大学の誇る哲学者・西田幾多郎の「主体の環境化、環境の主体化」という考えに基づいている。西田は、行為的に働きかけるものこそが「生命的なもの」であるとし、今西は生物の主体性とは「生きる」ということとの表現と見なしたのである。それを三省さんは、「人がじっと木を観れば、木が人を観る」という言葉で表現している。世界というものはただに世界から与えられてくるものではなくて、自分の意識において意識的に世界を映し出すことができるようになる、というのである。西田幾多郎も仏教に多くを学んだ哲学者である。三省さんの思想とその源流においてつながっていると感じるのは私だけではあるまい。

西田は一九二七年に出した『働くものから見るものへ』という論考の序文で、「形なきものの形を見、声なきものの声を聞く」という日本人の感性について述べている。「本来は見えたり聞こえたりすることから隠れている根源的動性が、われわれの目や耳に一時的に捕まえられて可視化した姿」だというのである。三省さんは芭蕉の「閑《しづか》さや岩にしみ入《いる》蟬の声」、という俳句を例に引き、芭蕉にとって、蟬の声は閑さを告げるカミの声だったと読み解く。俳句の季語というのが、まさにアニミズムのカミに当たり、自然に隠れているカミを浮かび上がらせる役割を果たすというわけだ。

実はこの「隠れる」というのが自然の本質なのである。西田の弟子の池田善昭はその著書『西田幾多郎の実在論』の中で、ソクラテス以前の哲学者ヘラクレイトスが「ピュシス（自然）は隠れることを好む」と言っていたことを紹介し、西田がロゴスではなくこのピュシスのほうに自然の実在を見ていたことを記している。三省さんによれば、ソクラテスが「汝自身を知れ」と言い出したことから哲学は人間を対象とする学問になった。たしかに、このころから西洋では人間を自然界の頂点に置き、神から自然を支配する別格の地位が与えられた存在として見るようになったのではないだろうか。三省さんはヘラクレイトスの「万物が一つであることを認めるのが、智というものだ」という言葉を引き、知識よりも智慧を求める必要性を説く。智慧は知識のように情報として累積していくものではない。脳だけではなくそれぞれの個人の身体全体に内蔵されているものであり、個人の死とともに消滅する。それを個々の人は自然が持っている循環する豊かさの中で学び、「世界を不条理という視線から見るのではなく、生命に与えられる小さな喜びの相から見ていく」ことが必要だというのだ。

その具体的な方法を、三省さんは「親和力」に見出している。ある種のチョウが特別な種類の植物の葉だけを食べるように、自然の中には神秘な力が働いている。それを親和力、カミと言い換えてもいい。カミの起源は、喜びを与えてくれるもの、安心を与えてくれるもの、慰めを与えてくれるもの、畏敬の念を起こさせるもの、そういうものは何でもカミであり、現代においてもそれはいささかも変わらない、と三省さんは言う。

それは私にもよくわかる。三省さんと同じ屋久島で暮らしながらも、私は西部の自然林でサルを追いかけ、ひたすらサルの気持ちになり、サルと同じ世界を共有しようとしていた。ひとりきりでサルと一緒に過ごしていると、いつしか人間の言葉を忘れ、地形や風景がサルの五感で感じられるようになる。そのとき、サルが惹かれるもの、サルに惹かれるものが見えてくる。谷間に実るモクタチバナの赤い実、斜面に根を張るアコウの枝にちりばめられた無数のイチジク、海岸の絶壁に絡みつくオオイタビの紫色に熟した実につながる森の細い道が見えてくるのだ。我を忘れてたたずんでいると、ふと横にヤクジカがやってきていたり、足元からコイタチが見上げていたりする。森の中にはさまざまなものを結びつける親和力が働いていて、それを感じることがその場所のいのちのつながりを理解し、自己をその中に溶け込ませることにつながる。同じ感覚を私はアフリカの熱帯雨林でも抱いた。森が奥深いほど、多様性が高いほど、その力は強い。

三省さんは、何かに心を奪われていわゆる私という自我がなくなってしまうときに、本来の私が現れてくると言う。それが「まこと（真事）」であり、自分のアイデンティティだと言うのだ。だから、孤独になるというのは決して悪いことではない。私もよくひとりで森を歩いて、木々や岩や動物たちと会話を楽しんだことがある。ときには我を忘れて帰る道を見失い、森で夜を過ごすことにもなったが、不思議と不安な気持ちは抱かなかった。むしろ、森が私を温かく包んでくれるような気がしたものである。

そんな体験があるからこそ、私は屋久島でいくつかの活動に関わることになった。一つ目は、「月曜の会」で学んだ仲間たちと国による瀬切川《せぎれがわ》左岸の森の伐採を止め、国立公園に編入する運動である。三省さんが島で「聖老人」と名付けた縄文杉に出会ったように、私たちは標高一千メートルの上部に広がる瀬切川流域というカミの森に出会ったのである。そこは齢を重ねた巨木が立ち並び、清涼な水がゆるやかに流れる桃源郷だった。すでにその左岸は伐採されて、スギ、モミ、ツガの大木がばらばらに無残な姿をさらしており、林道を歩いた私たちは目を覆いたくなるような気持だった。そこを一緒に歩いた町議会議員（当時）の柴鉄生さんは、「ここの自然が残してくれと語りかけてきた。そのとき、ここは残ると確信した」と述懐している。当時、営林署は屋久島の森を切りつくし、最後に残ったこの地域で施業を展開しようとしていた。施業を止めれば、失業者が出る。それは地元にとって大きな痛みだ。しかし、ここを切ったら、屋久島の森の大きな力が失われる。それは未来に語り継ぐ神話を失うことに等しい。その必死の働きかけが実って、瀬切川上流域は国立公園に編入された。

次は、私たちがサルの調査をしていた西部地域の林道拡幅工事を止める運動だった。私が調査を始めたころ、道路は未舗装で、土の道をサルやシカが歩き、カエルが跳びはね、ハンミョウが道案内をしていた。しかし、八十年代に舗装され、一九九三年に屋久島が世界遺産に登録されると、この道を大型の観光バスが通れるように幅八メートルの道路に拡幅しようとする計画が持ち上がった。そんな道ができてしまったら、道の上下の植物や動物は連絡を絶たれ、森の調和が失われる。世界遺産になった理由は、この森が海抜ゼロから標高一九〇〇メートルを超える宮ノ浦岳まで連続植生が残っているということだ。これまでも気候変動によってこの斜面を植物や動物が上下に移動できたので、屋久島にはここにしかいない生物やはるかヒマラヤ山脈とつながる生物が生き残っている。そのいのちのつながりを壊してしまったら、自然遺産としての屋久島の魅力もまた失われてしまう。私たちは環境省、鹿児島県、上屋久町、屋久町に請願書を送り、マスコミにも訴えて、五年をかけて運動し、道路工事を凍結することができた。おかげで西部林道は美しい森の天蓋がある、自然の博物館に姿を変えつつある。

さらに、本書にも登場する屋久島の雑誌『生命の島』に、私も「世界の森　屋久島の詩」というシリーズを連載した。これは、三省さんと同じころに白川山に入植した日吉眞夫さんが中心になって一九八六年に創刊した雑誌で、屋久島から世界に発信していこうという取り組みだった。当時、私はアフリカのコンゴ民主共和国でゴリラの調査を、屋久島でサルの調査を同時並行的に実施していたので、二つの地域の森の物語をつないでみたかったのだ。屋久島では「あこんき塾」、コンゴでは「ポレポレ基金」という地元の若者が主体となる、自然との共生を図る活動を立ち上げるお手伝いもさせてもらった。それが実って、二〇〇一年にはポレポレ基金のメンバーを屋久島に招待し、エコツーリズムに関するシンポジウムを開いた。ポレポレ基金のメンバーや地元の人たち、それに学生たちと瀬切川上流域の森を歩いたときのことが忘れられない。柴鉄生さんが「ここは神様の森だから、靴を脱いで裸足で歩こう」と提案し、みんな裸足でスギの落ち葉の間をおそるおそる歩いた。そのとき、アフリカからきたポレポレ基金のメンバーが、「日本とアフリカが大地でつながっていることがわかる」と言ったことがとても印象に残っている。

実は、その直後、私たちが宮ノ浦川のほとりでアフリカの人々と交流会を開いていたとき、三省さんが亡くなったという報が届いた。驚きと悲しみで胸がはちきれそうになり、三省さんの友人たちが次々に川に飛び込んだ。そしてみんなで抱き合って泣いたことを覚えている。それほどまでに、三省さんは私たちの血となり肉となっていたのだ。

本書は、三省さんが亡くなる二年前に琉球大学で行った講義の記録である。すでにそのとき、三省さんの体は病に侵されていたはずだ。五日間にわたる講義は体にこたえたことだろう。しかし、本書の語り口にはそれが微塵も感じられない。熱意にあふれ、慈悲に満ちた言葉を、自らの詩に乗せて淡々と語り継いでいる。その光景が目に浮かぶようだ。

最後に、三省さんの「未来のアニミズム」について語っておこう。土と親しみ、鍬をふるいながら詩を魂の言葉とした三省さんにとって、地域と自分と生命は切り離すことのできない実存である。地域という言葉はどこまでも広がるし、逆にどこまでも小さくなれる。地球が一つの地域であるということがリアリティを持つ時代がすでに来ている、と三省さんは言う。地域の多様な文化相の豊かさによって、単一単相の機械科学文明の乏しさを補うことが今こそ必要だというわけだ。

人間というのはどんな時代にあっても常にその時代の神話を持つ動物であり、神話というのは、その時代時代において万人の心を奪う特別の光を放つからこそ神話と呼ぶのだ、とも三省さんは言う。これからは、「経済」や「科学」という神話ではなく、「新しい自然神話」「新しい自然地球という神話」を作り上げねばならない。そして、神話の本質はひとりひとりの願いの集積に他ならないので、私たちひとりひとりがその「まこと」において作り出していくその結果が神話になる、というのが三省さんの期待だ。親和力というものは、個体を超えて、どこまでも広がっていく。その親和力のアンテナを鋭敏にみがいて、自然の中へ、人間関係の中へどこまでも踏み入っていくのが、これからの新しいアニミズムである。そして、自己と対象とが調和して一つに融合したときに、「まこと」であり自分自身であるものがそこに現出する。それを見つけ出していくのが新しい時代のアニミズムである、と三省さんは宣言する。

これらの言葉は、まるで新型コロナウイルスの出現を予測したように私たちの耳に響く。感染拡大の防止のため、密集、密接、密閉の三密を避けて自宅にこもる今こそ、この三省さんの遺言をじっくりとかみしめようと思う。私たちは今自分が生きている場所をしっかりと見つめ、その地域の自然と文化との縁を再認識する必要があるからだ。そのうえで、「自然が持っている循環する豊かさ」に心身を預け、地域がさまざまないのちのつながりからできていることを自覚しよう。新型コロナウイルスをはじめとする感染症や地球温暖化による自然災害によって、世界の格差や分断化は一層深刻になり、科学技術や新自由主義は人々を競争に駆り立てて個人がバラバラにされてしまった。迫りくるこれらの脅威や社会の危機に対して、今こそ私たちは国境を越えて連帯して立ち向かわねばならない。「アニミズムという希望」は、私たちが文明以前の人間性を取り戻すことである。自分が出会うあらゆるものにカミを見出す暮らし。そこにこそ、世界が再び調和を取り戻して一つになる道が開けるのだと思う。

やまぎわ・じゅいち／霊長類学者・人類学者。一九五二年、東京生まれ。著書に『京大総長、ゴリラから生き方を学ぶ』（朝日文庫）、『スマホを捨てたい子どもたち』（ポプラ新書）、『人生で大事なことはみんなゴリラから教わった』（家の光協会）ほか多数。絵本の共著に『ヤクシマザルを追って』（野草社）など。

山尾三省　やまお・さんせい

一九三八年、東京・神田に生まれる。早稲田大学文学部西洋哲学科中退。六七年、「部族」と称する対抗文化コミューン運動を起こす。七三年～七四年、インド・ネパールの聖地を一年間巡礼。七五年、東京・西荻窪のほびっと村の創立に参加し、無農薬野菜の販売を手がける。七七年、家族とともに屋久島の一湊白川山に移住し、耕し、詩作し、祈る暮らしを続ける。二〇〇一年八月二八日、逝去。

著書『聖老人』『リグ・ヴェーダの智慧』『南の光のなかで』『原郷への道』『インド巡礼日記』『ネパール巡礼日記』『ここで暮らす楽しみ』『森羅万象の中へ』『狭い道』『野の道』『島の日々』『観音経の森を歩く』（以上、野草社）、『法華経の森を歩く』『日月燈明如来の贈りもの』（以上、水書坊）、『ジョーがくれた石』『カミを詠んだ一茶の俳句』（以上、地湧社）ほか。

詩集『祈り』『火を焚きなさい』『五月の風』『びろう葉帽子の下で』（以上、野草社）、『新月』『三光鳥』『親和力』（以上、くだかけ社）、『森の家から』（草光舎）、『南無不可思議光仏』（オフィス21）ほか。

本書は、二〇〇〇年に野草社より刊行された『アニミズムという希望――講演録　琉球大学の五日間』の新装版です。

新装 アニミズムという希望
講演録　琉球大学の五日間

2000年9月15日　第一版第一刷発行
2021年4月20日　新装版第一刷発行
2024年4月20日　新装版第三刷発行

著者　山尾三省

発行者　石垣雅設

発行所　野草社
〒113-0034 東京都文京区湯島1-2-5 聖堂前ビル
TEL 03-5296-9620　FAX 03-5296-9621

〒437-0127 静岡県袋井市可睡の杜4-1
TEL 0538-48-7351　FAX 0538-48-7353

発売元　新泉社
〒113-0034 東京都文京区湯島1-2-5 聖堂前ビル
TEL 03-5296-9620　FAX 03-5296-9621

印刷・製本　株式会社太平印刷社
装画・本文イラスト　ふしはらのじこ
装幀　納谷衣美

ISBN978-4-7877-2182-2 C0010